青少年信息学奥林匹克联赛实训教材

计算思维训练
——C++程序设计与算法初步

薛志坚　谢志锋
管赋胜　张婧颖　编著

东南大学出版社
SOUTHEAST UNIVERSITY PRESS
·南京·

内 容 提 要

本书由江苏省信息学奥林匹克竞赛委员会组织富有程序设计教学经验的省内知名一线教师编写。这是一本适合教师们校内开展信息学竞赛辅导、社团课、兴趣班的教材。本书没有繁琐的描述，一切从程序设计应用出发，通过循序渐进的讲解，让读者掌握 C++语言的基本语法，三大程序设计结构以及数组、函数，初步学会并应用 STL、穷举、搜索、贪心和动态规划算法。本书切合 2017 年版新课程标准，旨在普及计算机编程教育，培养读者的计算思维能力。

本书可作为中小学生计算机程序设计教材，也可供计算机编程爱好者参考。

图书在版编目(CIP)数据

计算思维训练：C++程序设计与算法初步 / 薛志坚等编著. —南京：东南大学出版社，2020.10（2025.2 重印）
  ISBN 978-7-5641-9160-3

Ⅰ.①计⋯ Ⅱ.①薛⋯ Ⅲ.①程序设计—中小学—教材 Ⅳ.①G634.671

中国版本图书馆 CIP 数据核字(2020)第 199151 号

计算思维训练——C++程序设计与算法初步
JISUAN SIWEI XUNLIAN—C++ CHENGXU SHEJI YU SUANFA CHUBU

编 著	薛志坚 谢志锋 管赋胜 张婧颖
出版发行	东南大学出版社
出 版 人	江建中
责任编辑	张 煦
社 址	南京市四牌楼 2 号 （邮编：210096）
经 销	全国各地新华书店
印 刷	常州市武进第三印刷有限公司
开 本	787 mm×1092 mm 1/16
印 张	24.75
字 数	587 千
版 次	2020 年 10 月第 1 版
印 次	2025 年 2 月第 5 次印刷
书 号	ISBN 978-7-5641-9160-3
定 价	78.00 元

本社图书若有印装质量问题，请直接与营销部联系。电话(传真)：025-83791830

推 荐 序

信息与计算机科技让我们可以对智能的未来进行大胆的畅想,同时赋予我们翱翔在浩瀚信息海洋的有力翅膀。如果将人类对信息、计算与智能的探索视为绘制在人类近代文明中的一幅宏伟图景,我们不难发现,在这波澜壮阔的画卷中,许多永恒的思想始终闪烁着真理和智慧的光辉。21 世纪以来,在众多领域先贤、教授、学者和产业界精英的共同提议和推动下,这些隐现在信息浩瀚海洋中的点滴光芒被一一拣选、琢磨、熔炼、锻造,最终呈现为人类的璀璨思想结晶——计算思维。

毋庸置疑,思维方式会影响人们对客观世界的认识并最终影响人们对事件的决策。计算思维以"问题的求解"为核心的思维模式,对人们在此前数百万年"非信息时代"里所建立的传统思维模式提出了挑战。这种挑战是我们不得不接受的,作为依赖各种信息重建个体和群体智能的现代人,计算思维的建立都会深远地影响我们看待事物的方式、处理关系的方法、解决问题的途径。

计算思维并不是与生俱来的。它可以通过认知、学习和训练在我们每个人的思想中生根、发芽;计算思维也不是一成不变的,它伴随着信息、计算与智能科技的发展快速演进,并最终成长为能够支撑我们每个人在信息时代面临各类问题的大树的主要枝干。我们要在学习和实践的过程中不断调整和重构头脑中的计算思维,让它成为我们看待事物和改变世界的一项基本的思维原则。

科学哲学中著名的"人工智能第一定律"(也称阿什比定律)认为:任何有效的控制系统都必须与其要控制的系统一样复杂。[①] 计算机是人类传统思维创造的杰作,而要控制计算机并让其产生类似人类甚至在某些方面超出人类的智能(当然希望这种智能是受控的),我们则需要走出传统思维的"舒适区",借着计算思维构建的强大枝干攀登并撷取问题之树上那些人类数百万年来从未曾遇见的珍奇。

学习并理解计算机面临的实际问题,通过抽象将这些问题化归为模型与相应算法,建立数据结构和程序并最终求解问题,评估并测试解决问题的效果。上述过程对应计算思维中的问题表示与抽象(abstraction)、基于自动模式的方案探索(automation)和问题解决与评价分析(analyses)这三个主要阶段(简称 3A)。显然,与我们传统看待问题的方式和解决问题

[①] "Any effective control system must be as complex as the system it controls." Ashby, William. *Design for a brain: The origin of adaptive behaviour.* Springer Science & Business Media, 2013.

的方案相比，计算思维显得有些远离人间烟火。但值得庆幸的是，经过国内外业界的研究与探索，我们认为计算思维在基础教育阶段最有可能得以高效地建立。美国在K12阶段（相当于中国的义务教育阶段和高中阶段）将计算思维融入STEM（Science，Technology，Engineering，Mathematics，即科学、技术、工程与数学）教育中并通过程序设计的学习与实践引导学生的计算思维发展，目前已取得了一些很有效的进展。

攀登挂满琳琅满目问题的参天大树当然很不容易，"工欲善其事，必先利其器"，计算思维的培养和构建同样依靠良好的引导和得当的训练。作为一个在高校计算机科学与技术系工作多年的教师和计算思维教育的关注者，我很高兴地看到这套以引导和训练计算思维为目标的信息学（计算机）奥林匹克联赛实训教材的诞生。本书作为丛书——程序设计的启蒙读物的第一册，内容中已浸润了许多着力计算思维培养的设计。

我希望以语文对于人文素养的作用来类比程序设计语言对于计算思维培养的作用：我们很难从点滴字词、语句和篇章中找到与语文要培养的人文素养和思想素质的直接对应，但语文对人的改变与塑造是润物细无声的，我们思想中流淌的传统文化思想和中国思维方式就表明了语文的学习默默承载了我们多年的思想训练和东方思想模式的构建；同样地，书中介绍的C++程序设计语言可以看作是承载计算思维的平台，我们在语言的学习过程中要注重将问题求解的思想融合到算法的设计和程序的实现之中。

作为启蒙读物，本书很好地融合了程序设计思想与算法设计思想两个方面，它们都是构建计算思维的重要桥梁。书中在每一章节都为读者构建了从传统思维到计算思维的导航，引导读者完成这种思维转换，相信通过引导和训练，计算思维也会润物细无声地进入读者的心灵。

本书作为全国青少年信息学奥林匹克联赛（NOIP）的入门级教材，为NOIP普及组选手和程序设计初学者提供了很好的自学与自我训练条件，所有的问题讲解均配以可实际执行的C++源程序；各小节后的实战练习颇为典型且多源自真实赛题，这些特色都是相对于传统信息学竞赛教材的创新，也是我推荐本书的原因。

吴　楠

（南京大学计算机科学与技术系）

前　言

当前已经进入了人工智能时代,人工智能的浪潮已经到来。要实现人工智能,计算机编程是其核心组成部分,必不可少。国家早在2017年7月就由国务院发布了新一代人工智能国家战略,在国家层面对人工智能进行了定位,其中提到"实施全民智能教育项目,在中小学阶段设置人工智能相关课程,逐步推广编程教育。"

正是基于这样的时代背景,近年来国内外青少年教育掀起了一股计算机编程的学习浪潮。其实欧美国家早就将计算机编程能力作为与阅读、写作、算术能力并列的四大基本能力之一,因为他们认为,计算机编程重视培养学生在实践中综合运用多学科知识解决问题的能力。史蒂夫·乔布斯曾说"这个国家的每个人都应该学会计算机编程,因为它能教会你如何思考。"麻省理工学院教授米切尔·雷斯尼克说"编程能够帮助人们构架起已有技能之间的桥梁,激发孩子们无限的创造力"。

为了向青少年普及计算机科学知识,给学校的信息技术教育提供动力和新的思路,给那些有才华的学生提供相互交流和学习的机会,在更高层次上推动普及,培养更多的计算机技术优秀人才,由中国计算机学会(CCF)主办,每年在青少年中开展的程序设计相关的全国青少年信息学奥林匹克联赛(NOIP)活动,深受广大学生的欢迎,多年来,为国家培养了一大批优秀的计算机人才。

本书的作者均为多年来从事NOIP活动的一线教练员,对程序设计初学者的情况有比较深入的了解,围绕初学者经常遇到的困难和需求组织教材内容,由浅入深、层层递进地对C++语言及其穷举、搜索和动态规划等常用的基本算法进行了系统的介绍。所以,本书主要面向程序设计的入门者,特别适合NOIP普及组选手或程序设计兴趣爱好者。当然,也可以作为大学生和其他人员的程序设计入门教材。通过阅读本书,可以帮助初学者轻松进入程序设计的世界,在精选的大量经典例题的帮助下理解相关知识、解决实际问题、感受程序设计的魅力,提升计算思维。

本书由江苏省青少年科技中心张婧颖策划并设计。其中,薛志坚(江苏省淮阴中学)编写第1、4、8章,管赋胜(苏州工业园区星海实验中学)编写第2、6、9章,张婧颖编写第7章,谢志锋(泰州市第二中学附属初中)编写第3、5、10章。

本书在编写的过程中,参考了江苏省多年来冬夏令营的相关内容,引用了许多NOIP的原题以及国内外一些网站的题目,这些内容给了我们很多启发和帮助。有很多朋友和同事,他们读过本书的初稿,给了我们许多中肯的建议。江苏省青少年科技中心统筹了本书的编写工作,东南大学出版社的编辑在本书的出版过程中付出了辛勤的劳动。对此,我们表示衷心的感谢!

  我们一直试图让每章、每节内容都趋于完美,但鉴于水平有限,书中难免存在错误或不妥之处,期盼广大读者的批评与指正。

编 者

2020.8

目 录

第1章 算法及其描述,认识Devcpp 1
 1.1 算法及其描述 1
  小节练习 4
 1.2 认识Devcpp 5
  小节练习 12
 1.3 初步认识并编程解决问题 12
  小节练习 15
 1.4 认识C++程序 16
  小节练习 21

第2章 C++基础及其顺序结构程序设计 23
 2.1 基本语句与关键字 23
  小节练习 24
 2.2 数据类型、常量与变量 24
  小节练习 27
 2.3 运算符与表达式 27
  小节练习 30
 2.4 C++基本语句 31
  小节练习 39
 2.5 顺序结构程序设计 40
  小节练习 43

第3章 分支结构的程序设计 45
 3.1 关系运算符和关系表达式 45
  小节练习 47
 3.2 逻辑运算符和逻辑表达式 48
  小节练习 51
 3.3 if语句 52

	小节练习 ……………………………………………………………	61
3.4	条件表达式 ……………………………………………………………	64
	小节练习 ……………………………………………………………	67
3.5	switch 语句 ……………………………………………………………	68
	小节练习 ……………………………………………………………	72

第 4 章 循环结构的程序设计 …………………………………………………… 73
- 4.1 for 循环及其应用 …………………………………………………… 73
  - 小节练习 …………………………………………………………… 82
- 4.2 while 和 do-while 循环及其应用 …………………………………… 85
  - 小节练习 …………………………………………………………… 92
- 4.3 循环嵌套 …………………………………………………………… 94
  - 小节练习 …………………………………………………………… 102
- 4.4 循环结构应用实例 ………………………………………………… 104
  - 小节练习 …………………………………………………………… 111
- 4.5 文件及其应用 ……………………………………………………… 113
  - 小节练习 …………………………………………………………… 120

第 5 章 数组及其应用 …………………………………………………………… 124
- 5.1 一维数组的定义和引用 …………………………………………… 124
  - 小节练习 …………………………………………………………… 125
- 5.2 一维数组的赋值 …………………………………………………… 126
  - 小节练习 …………………………………………………………… 130
- 5.3 一维数组的查询、统计 …………………………………………… 133
  - 小节练习 …………………………………………………………… 137
- 5.4 一维数组元素的移动 ……………………………………………… 138
  - 小节练习 …………………………………………………………… 146
- 5.5 二维数组 …………………………………………………………… 148
  - 小节练习 …………………………………………………………… 154
- 5.6 字符数组与字符串 ………………………………………………… 158
  - 小节练习 …………………………………………………………… 163
- 5.7 vector ……………………………………………………………… 165
  - 小节练习 …………………………………………………………… 170

第 6 章　函数及其应用 …… 172
- 6.1　自定义函数 …… 172
  - 小节练习 …… 178
- 6.2　函数的参数 …… 179
  - 小节练习 …… 190
- 6.3　函数的递归定义 …… 193
  - 小节练习 …… 202

第 7 章　结构体及其模板的应用 …… 207
- 7.1　结构体 …… 207
  - 小节练习 …… 214
- 7.2　模板及其应用 …… 216
  - 小节练习 …… 222
- 7.3　C++中的 STL 及其应用 …… 224
  - 小节练习 …… 233

第 8 章　穷举及其应用 …… 235
- 8.1　穷举法概念 …… 235
  - 小节练习 …… 240
- 8.2　算法评价及其穷举优化 …… 242
  - 小节练习 …… 251
- 8.3　基于递归的穷举 …… 254
  - 小节练习 …… 261
- 8.4　穷举法应用举例 …… 264
  - 小节练习 …… 273

第 9 章　搜索算法及其应用 …… 277
- 9.1　栈结构 …… 277
  - 小节练习 …… 287
- 9.2　队列结构 …… 290
  - 小节练习 …… 300
- 9.3　深度优先搜索 …… 302
  - 小节练习 …… 315
- 9.4　宽度优先搜索 …… 320

　　　　　　小节练习 ··· 332
　9.5　搜索的优化 ··· 336
　　　　　　小节练习 ··· 346

第 10 章　从贪心到动态规划 ··· 349
　10.1　贪心算法 ··· 349
　　　　　　小节练习 ··· 354
　10.2　动态规划入门 ··· 357
　　　　　　小节练习 ··· 364
　10.3　几种常见的动态规划问题 ··· 366
　　　　　　小节练习 ··· 373
　10.4　动态规划实战应用 ··· 375
　　　　　　小节练习 ··· 382

第 1 章　算法及其描述，认识 Devcpp

信息技术作为当今先进生产力的代表,已经成为我国经济发展的重要支柱和强国的战略支撑。特别是近年来随着人工智能的发展、大数据在日常生活中的应用,整个社会对于信息技术的依赖程度越来越高。在这种情况下,学习编程将对未来的工作、学习和生活具有更多的实际意义。

要学习程序设计,首先要了解编程解决问题的一般过程、编写程序所要用到的语言及用来编写程序的相关软件。

1.1　算法及其描述

著名计算机科学家、图灵奖获得者 Niklaus 曾经说过:算法+数据结构=程序。由此可见,算法在程序设计中具有非常重要的作用。要了解什么是程序,首先我们要了解什么是算法。下面来看一个具体的问题:

1. 渡河问题

两个大人带两个小孩来到渡口渡河。渡口只有一条船,船一次最多只能渡过一个大人或两个小孩,他们四人都会划船,但都不会游泳。现在请你帮他们设计一个渡河的方案。

因为只有一条船,而且这一条船只能渡一个大人或两个小孩,所以我们可以通过小孩的往返来实现把所有人渡到对岸。其渡河方案为:

第一步:两个小孩同船渡过河去。

第二步:一个小孩划船回来。

第三步:一个大人划船渡过河去。

第四步:对岸的小孩划船回来。

第五步:两个小孩同船渡过河去。

第六步:一个小孩划船回来。

第七步:余下的一个大人独自划船渡过河去。

第八步:对岸的小孩划船回来。

第九步:两个小孩再同时划船渡过河去。

2. 算法

在我们用程序解决问题的时候,通常要找到解决这个问题的方法和步骤,这就是算法。

上面渡河问题的渡河方案,就是一个解决方案,而非算法。

【例1】 猜数游戏。

张老师在自己的手心写了一个1~100的数字(包含1和100),现在请同学们来猜这个数字,要是同学猜的数字大了,老师会给出提示:猜大了;要是同学猜的数字小了,老师会给出提示:猜小了;要是正确,老师会给出提示:猜对了。谁猜的次数最少,谁获胜。

对于这个问题,我们可以按顺序猜,一种方法是我们从1开始猜到100,如果张老师手里的数字恰好是100,那我们需要猜100次。当然我们也可以从100开始猜到1,如果张老师手里的数字恰好是1,我们最多还是要猜100次。

当然,我们还可以随机猜,那么猜的次数就要看运气了。比如张老师手里的数字是57,我们随机猜了80,那么张老师提示猜大了,我们随机猜了2,张老师提示猜小了,我们随机猜了78,张老师提示猜大了⋯⋯

上面的随机猜法,最多猜的次数通常会比我们按顺序最多猜的次数要小,因为当我们猜80的时候,张老师提示猜大了,我们就不会再去猜80后面的数。那么,每一次随机猜哪个数,才能保证我们最多猜的次数最少呢?我们发现可以猜中间的数。比如张老师手里的数是57,我们可以这样猜:

第一步:我们猜1~100中间的数50,张老师提示猜小了(我们猜了1次)。

第二步:我们猜51~100中间的数75,张老师提示猜大了(我们猜了2次)。

第三步:我们猜51~74中间的数62,张老师提示猜大了(我们猜了3次)。

第四步:我们猜51~61中间的数56,张老师提示猜小了(我们猜了4次)。

第五步:我们猜57~61中间的数59,张老师提示猜大了(我们猜了5次)。

第六步:我们猜57~58中间的数57,张老师提示猜对了(我们猜了6次)。

第七步:输出猜的次数6。

进而,我们可以得出这个问题的算法:

第一步:设要猜的数为x,进入第二步。

第二步:设猜数范围的左边界为left=1,右边界为right=100,猜数次数n=0。进入第三步。

第三步:我们猜left~right中间的数mid,mid为left与right的和整除2,然后记录猜数的次数n增加1。如果mid小于x,我们进入第四步;如果mid大于x,我们进入第五步;如果mid等于x,我们进入第六步。

第四步:将left改为mid+1,然后返回第三步。

第五步:将right改为mid-1,然后返回第三步。

第六步:输出猜数次数n,猜数结束。

从以上的问题可以看出,一个问题可能会有多个算法。如在上述问题中,有从小到大猜数的算法、从大到小猜数的算法和从中间开始猜数的算法。对于同一个问题,不同的算法,效率可能也不一样。如从中间猜数的算法,一般就要比从小到大按顺序猜数的算法要高效。

3. 算法的特征

一个算法，要能最终通过计算机的程序来实现，通常这个算法要具有如下特性：

（1）有穷性：即一个算法必须在执行有限步后可以结束，而且每一步都要在有限的时间内完成。如例 1 的算法，当我们猜 1~100 的数字时，最多猜 9 次。

（2）确定性：对于算法的每一步应该执行的操作，在算法中都应该有明确的规定。

（3）可行性：算法中的每一步都必须可行，都可以通过基本操作运算能够实现。如例 1 中的第一步可以通过基本赋值操作 left＝1、right＝100 来实现。

（4）有输入：算法主要是用来解决具体问题的，对于待解决的问题我们一般要用具体的数值来表示。如例 1，我们用 1 和 100 来表示猜数的范围。所以作为算法加工的数值，通常需要通过输入来实现。有些输入需要在算法执行中给出，而有些算法看似没有输入，实际上已经包含在代码中。

（5）有输出：输出是指算法执行结束后得到的结果。如例 1，最后要输出猜的次数 n。

4. 算法描述——流程图

可以有许多方法来描述一个算法，如猜数游戏的算法，就是用生活中的语言文字来进行描述的，这种描述方式称为自然语言描述。下面我们重点来学习另外一种常见的用图形描述的方式——流程图。

（1）流程图的基本符号及其对应的基本操作见表 1.1-1：

表 1.1-1　流程图常见符号

符　号	符号名称	功能说明
（圆角矩形）	起止框	表示算法的开始和结束
（矩形）	处理框	表示执行一个步骤
（菱形）	判断框	表示要根据条件选择执行路线
（平行四边形）	输入输出框	表示输入或输出
↓ 或 →	流程线	表示流程的方向

（2）流程图的应用

下面是用流程图来描述"猜数游戏"的算法，见图 1.1-1：

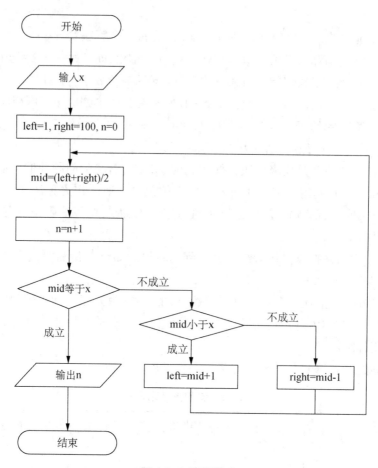

图 1.1-1 猜数游戏

此外,我们还可以用 N-S 图、伪代码来描述算法。每种描述方法各有自己的优缺点,如用自然语言描述算法通俗易懂,但容易具有歧义;而流程图描述算法清晰简洁,但画起来又比较麻烦。所以对于具体的问题,我们可以根据需要来选择合适的描述方式。

小节练习

1. 新学期开学了,小胖想减肥,健身教练给小胖制订了两个训练方案。方案一:每次连续跑 3 公里可以消耗 300 千卡(耗时半小时);方案二:每次连续跑 5 公里可以消耗 600 千卡(耗时 1 小时)。小胖每周周一到周四能抽出半小时跑步,周五到周日能抽出一小时跑步。另外,教练建议小胖每周最多跑 21 公里,否则会损伤膝盖。请问如果小胖严格执行教练的训练方案,并且不想损伤膝盖,每周最多跑步消耗(   )千卡?(2019CSP-J 入门级)

A. 3000　　　　B. 2500　　　　C. 2400　　　　D. 2520

2. 一些数字可以颠倒过来看,例如 0、1、8 颠倒过来还是本身,6 颠倒过来是 9,9 颠倒过来看是 6,其他数字颠倒过来都不构成数字。类似的,一些多位数也可以颠倒过来看,比如 106 颠倒过来是 901。假设某个城市的车牌只由 5 位数字组成,每一位都可以取 0 到 9。请

问这个城市最多有(　　)个车牌倒过来恰好还是原来的车牌?(2019CSP-J 入门级)

　　A. 60　　　　B. 125　　　　C. 75　　　　D. 100

3. 如果开始时计算机处于小写输入状态,现在有一只小老鼠反复按照 CapsLock、字母键 A、字母键 S、字母键 D、字母键 F 的顺序循环按键,即 CapsLock、A、S、D、F、CapsLock、A、S、D、F……屏幕上输出的第 81 个字符是字母(　　)。(2018 年 NOIP 初赛普及组)

　　A. A　　　　B. S　　　　C. D　　　　D. a

4. 2017 年 10 月 1 日是星期日,1999 年 10 月 1 日是(　　)。(2017 年 NOIP 初赛普及组)

　　A. 星期三　　B. 星期日　　C. 星期五　　D. 星期二

5. 设计算法:输入一个整数,判定这个整数是奇数还是偶数。用流程图描述。

6. 设计算法:输入一个整数,求出这个整数的因子个数,如输入 12,那么 12 的因子有 1、2、3、4、6、12 一共 6 个,所以 12 的因子个数为 6。用流程图来描述。

1.2 认识 Devcpp

对于一个问题,设计好算法后,下面要解决的就是如何把这个算法转换成计算机能够操作的语句,这些语句如何去编写和调试。这就需要了解程序设计语言及编写程序的相关软件。

1. 程序及程序设计语言

我们所说的程序,通常是指一组计算机能够操作的语句或指令。

就像我们写文章,要用具体的语言来描述一样,编写程序也要用具体的语言来实现。写文章或日常交流,我们有中文、英文、日文等。同样,编写程序的语言也有 C、Python、Java 和 C++ 语言等。

本书我们主要学习的语言是 C++,用来实现 C++ 语言编写程序的软件有很多,Dev-C++ 就是一款常用的软件。

2. Dev-C++ 软件的安装

Dev-C++ 的版本很多,目前用得比较多的版本是 5.11,这是一款免费软件,可以直接从官网下载。下面是在 Windows 系统中安装 Dev-C++5.11 的过程。

(1) 双击安装程序,开始安装,如图 1.2-1。

图 1.2-1　Dev-C++安装程序

（2）选择默认语言"Engligsh"，单击"OK"按钮，如图1.2-2。

图 1.2-2　选择语言

（3）单击"I Agree"按钮，赞成安装协议，如图1.2-3。

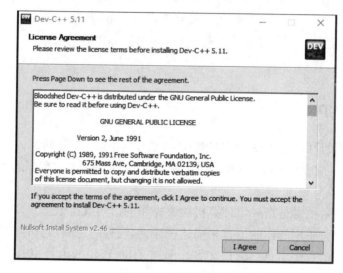

图 1.2-3　协议说明

（4）组件选项中，可以用默认选项，单击"Next"按钮，如图1.2-4。

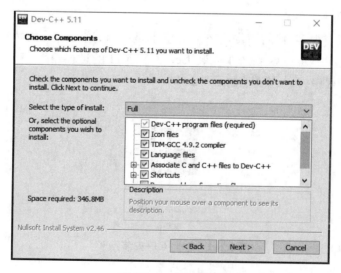

图 1.2-4　组件设置

(5) 设置安装位置,建议用默认位置。单击"Install"按钮,如图1.2-5。

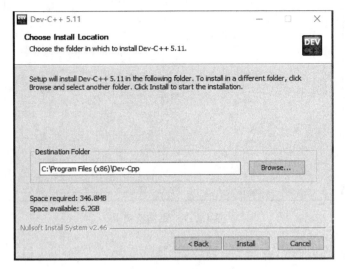

图1.2-5　设置安装位置

(6) 检查并勾选"Run Dev-C++ 5.11",单击"Finish"完成安装,并首次运行 Dev-C++ 5.11,如图1.2-6。

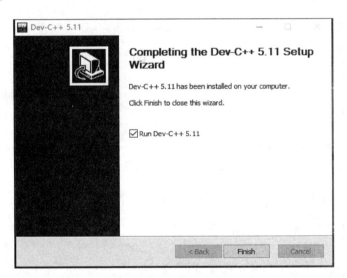

图1.2-6　安装结束

(7) 在"Select your language"中选择语言"简体中文/Chinese",单击"Next"按钮,如图1.2-7。

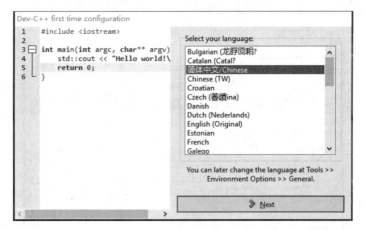

图 1.2-7　语言选择

（8）设置字体和颜色等，建议不要修改，用默认值，单击"Next"按钮，如图 1.2-8。

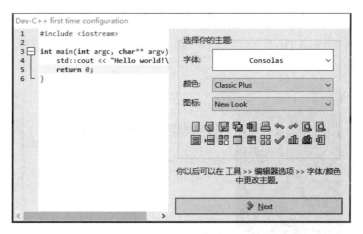

图 1.2-8　主题配置

（9）在设置成功窗口中，单击"OK"按钮，打开软件，如图 1.2-9。

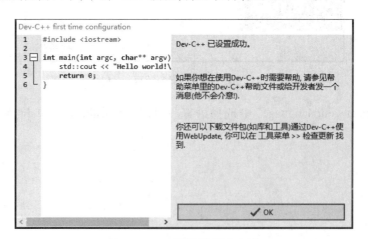

图 1.2-9　环境配置成功确认

3. Dev-C++软件介绍

在 Windows 桌面或开始菜单的"Bloodshed Dev-C++"中，找到快捷方式图标，如图 1.2-10，打开软件。

图 1.2-10　Dev-C++快捷图标

（1）界面介绍

和我们平常使用的其他软件一样，Dev-C++中也有标题栏、菜单栏、工具栏、文件窗口和一些浮动报告窗口等，如图 1.2-11。

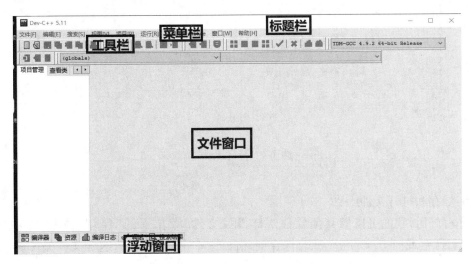

图 1.2-11　Dev-C++软件界面

（2）新建文件

选择"文件"菜单下的"新建""源代码"命令，即可创建一个源代码文件，如图 1.2-12。

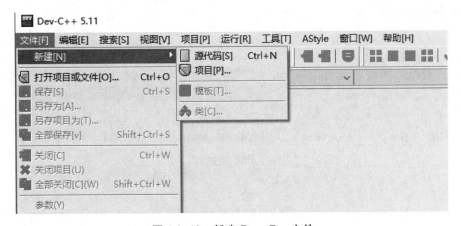

图 1.2-12　新建 Dev-C++文件

在创建的文件窗口中,我们就可以用C++语言来写一个C++程序,如图1.2-13。

```cpp
#include<bits/stdc++.h>
using namespace std;

int main(){
    int x;
    cin >> x;
    int left = 1, right = 100, n = 0;
    do{
        int mid = (left + right) / 2;
        n = n + 1;
        if(mid == x){
            cout << n;
            break;
        }
        else if(mid < x)
            left = mid + 1;
        else
            right = mid - 1;
    }while(left <= right);
    return 0;
}
```

图1.2-13　C++代码

（3）保存和打开文件

程序写好后,我们可以像其他软件一样,用"文件"菜单下的"保存"或"打开项目或文件"命令来保存或打开文件。一般,保存时用扩展名"cpp"来表示这个文件是C++类型的文件。

（4）编译和运行程序

如果要用编写好的C++程序来求解问题,那么就要运行这个C++程序。C++程序不能直接运行,它需要转换成可执行文件exe后才能运行,这个过程通过"运行"菜单下的"编译"命令来实现,如图1.2-14。

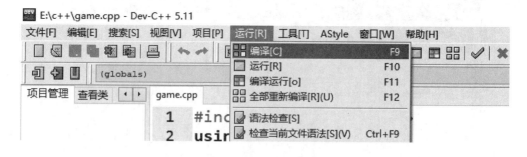

图1.2-14　Dev-C++编译

编译后，我们可以发现 C++ 源文件的位置会产生一个同名的"exe"文件，如图 1.2-15。

图 1.2-15　C++源代码及其可执行文件

然后，就可以用"运行"菜单下的"运行"命令来执行这个程序，如图 1.2-16。

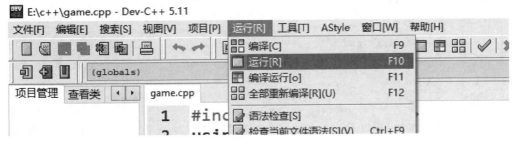

图 1.2-16　运行程序

程序运行后，在运行窗口中输入"57"，然后回车，就可以看到运行的结果是"6"，如图 1.2-17。

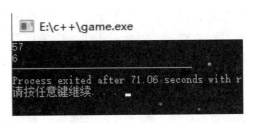

图 1.2-17　运行窗口

然后，可以按任意键关闭运行窗口，结束本次运行，回到 Dev-C++ 编辑界面。

上面的步骤是通过"编译"和"运行"两个命令来实现程序的执行，其实，在"运行"菜单下有"编译运行"这一个命令，所以可以通过这一个命令来实现。

此外，Dev-C++ 的"编辑"菜单中还提供了方便编辑 C++ 代码的"拷贝""粘贴""缩进"等命令，"搜索"菜单中提供了"搜索""替换"等方便修改 C++ 语句的命令，"工具"菜单中提供了"编译选项""环境选项""编辑器选项"等命令，用来配置编译命令、编辑文字大小和颜色等编译环境。

如果程序在运行过程中，语句出现一些语法错误，在 Dev-C++ 中还会有高亮条提示，下面的浮动窗口中也会有具体的文字提示。

小节练习

在 Dev-C++ 中创建一个"ex1.2_1.cpp"文件,在文件中输入以下的 C++ 程序:

```
1.  #include<iostream>
2.  using namespace std;
3.  int main(){
4.      const float pi = 3.14;
5.      float r, c, s;
6.      c = 2 * pi * r;
7.      cin >> r;
8.      s = pi * r * r;
9.      cout << c << endl;
10.     cout << s << endl;
11.     return 0;
12. }
```

输入 3 后按回车键,观察输出的答案,然后尝试输入其他一些整数,猜想其运行结果。

1.3 初步认识并编程解决问题

利用计算机快速运算的性能,我们可以通过自己编写的程序来解决日常生活中的许多问题,如数据的计算、汇总、筛选、查询等。那么对于生活中的问题,如果要用程序来解决,应该如何来实现呢?下面通过一个具体的例子来说明编程解决问题的一般过程。

津津的储蓄计划

津津的零花钱一直都是自己管理。每个月的月初妈妈会给津津 300 元钱,津津会预算这个月的花销,并且总能做到实际花销和预算的相同。

为了让津津学习如何储蓄,妈妈提出,津津可以随时把整百的钱存在她那里,到了年末她会加上 20% 还给津津。因此津津制订了一个储蓄计划:每个月的月初,在得到妈妈给的零花钱后,如果她预计到这个月的月末手中还会有多于 100 元或恰好 100 元,她就会把整百的钱存在妈妈那里,剩余的钱留在自己手中。

例如 11 月初津津手中还有 83 元,妈妈给了津津 300 元。津津预计 11 月的花销是 180 元,那么她就会在妈妈那里存 200 元,自己留下 183 元。到了 11 月月末,津津手中会剩下 3 元钱。

津津发现这个储蓄计划的主要风险是,存在妈妈那里的钱在年末之前不能取出。有可能在某个月的月初,津津手中的钱加上这个月妈妈给的钱,不够这个月的原定预算。如果出现这种情况,津津将不得不在这个月省吃俭用,压缩预算。

现在请你根据 2020 年 1 月到 12 月每个月津津的预算,判断会不会出现这种情况。如果不会,计算到 2020 年年末,妈妈将津津平常存的钱加上 20% 还给津津之后,津津手中会有多少钱。

1. 问题说明

上述的内容,我们通常称为问题描述。要用程序来解决这个问题,通常我们还要从问题描述中抽象出具体的数据,有些数据是确定的,如妈妈每个月给津津 300 元;有些数据是不确定的,需要我们从键盘输入。所以为了解决这个问题,在问题描述后,我们通常还要描述这个问题需要输入数据的格式。如上述问题,我们给出如下的输入数据格式:

12 行数据,每行包含一个小于 350 的非负整数,分别表示 1 月到 12 月津津的预算。

一般,当问题描述和输入格式确定后,就可以来编写程序了,但最终问题的结果如何呈现,这里还涉及输出的格式问题。所以在输入格式确定后,还要给出输出的格式。如上述问题,我们给出如下的输出格式:

一个整数。如果储蓄计划实施过程中出现某个月钱不够用的情况,输出 $-x_1$,x_1 表示出现这种情况的第一个月;否则输出到 2020 年年末津津手中会有多少钱。

最后,为了具体地说明问题,一般还会给出这个问题的输入样例,以及和输入样例对应的输出样例,有时为了说明问题,我们可能会给出多组样例。如上述问题给出下面的两组输入、输出样例:

输入样例 1	输出样例 1	输入样例 2	输出样例 2
290	-7	290	1580
230		230	
280		280	
200		200	
300		300	
170		170	
340		330	
50		50	
90		90	
80		80	
200		200	
60		60	

综上可以发现,为了说明一个问题,我们一般用问题描述、输入格式、输出格式,以及具体的输入样例和输出样例,来明确界定要编写的程序所需解决的具体问题。因为程序和算法的局限,有时我们还会对数据的范围进行单独的明确界定,如上述问题,我们界定妈妈每

个月给津津的零花钱数是"一个小于350的非负整数"。

2. 编程解决问题的过程

对于一个问题,要编写出符合要求的程序,一般要经过下面几个阶段:

(1) 分析问题

主要是依据问题的描述、输入、输出数据,来分析输入数据和输出数据的关系,从而形成解决问题的策略,为下一步设计算法提供依据。例如在上述问题中,通过分析,我们发现首先要解决是否出现钱不够用的月份,这个只要通过计算上个月剩下的钱加上妈妈当月给的零花钱是否会小于该月的预算即可。其次,要计算津津到年末手中有多少钱,通过问题分析,我们发现年末津津手中的钱 s,等于12月份结束津津手中剩下的钱 x、存在妈妈那儿的钱以及这些钱的利息三者之和。

(2) 设计算法

依据上述的问题分析,我们形成下面的算法,如图 1.3-1:

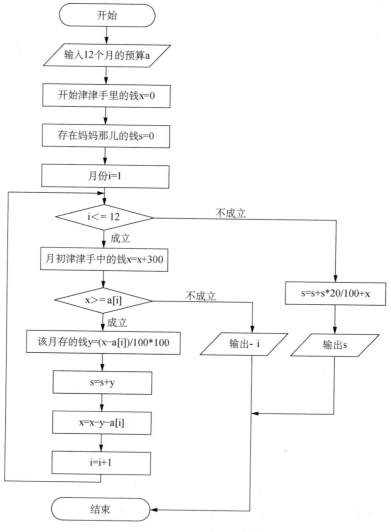

图 1.3-1　津津的储蓄计划

（3）编写代码

算法仅仅是我们解决问题的方法和步骤，要用程序来解决问题，还需要把算法转换成符合 C++语言规范的代码。依据上述算法，我们在 Dev-C++软件中创建一个文件，写出如下 C++代码：

```cpp
1.  #include<iostream>
2.  #define n 12
3.  using namespace std;
4.  int main(){
5.      int a[n + 10];
6.      for(int i = 1; i <= n; i++)
7.          cin >> a[i];
8.      int x = 0, s = 0;
9.      for(int i = 1; i <= n; i++){
10.         x = x + 300;
11.         if(x < a[i]) {
12.             cout << -i << endl;
13.             return 0;
14.         }
15.         int y = (x - a[i]) / 100 * 100;
16.         s = s + y;
17.         x = x - y - a[i];
18.     }
19.     s = s + s * 20 / 100 + x;
20.     cout << s << endl;
21.     return 0;
22. }
```

（4）调试运行

最后，在 Dev-C++中编译运行这个程序。如果程序运行过程中出错，还需要借助 Dev-C++来修改和调试，直到运行出要求的正确结果。

小节练习

小凯叔叔的服装店今天有一批新货送达。这批货包括领带 a 条、围巾 b 条、背心 c 件和夹克 d 件。现在小凯的叔叔希望不出售单一的服装，而是出售两种类型的套装：

套装 1：由一条领带和一件夹克组成；

套装 2：包括一条围巾、一件背心和一件夹克。

套装 1 的单价为 e，套装 2 的单价为 f。

小凯的叔叔想知道这批货物最多可以销售多少钱。

请你就上述问题设计输入格式、输出格式、输入样例和输出样例。并用流程图表示出求解该问题的算法。

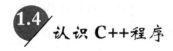
1.4 认识C++程序

C++是美国AT&T贝尔实验室在20世纪80年代初期发明并实现的。起初,C++是作为C语言的增强版出现的,从给C语言增加类开始,不断地增加新特性。

多年来,不管程序设计语言如何变化,C++始终是最主流的编程语言之一。很多操作系统和应用软件的底层都需要用C++语言来编写。

1. C++语言的特点

(1) 语言简洁紧凑,使用灵活方便

C++语言一共有84个关键字和9种控制语句,程序书写自由,一般主要用小写字母表示。

(2) 运算符丰富

C++语言的运算符包含的范围很广泛,共有34个运算符。

(3) 数据类型丰富

C++语言的数据类型有:整型、实型、字符型、数组类型等等。

(4) 结构化语言

结构化语言的显著特点是代码及数据的分隔化,即程序的各个部分除了必要的信息交流外,彼此独立。

(5) 生成的代码质量高

C++语言在代码效率方面可以和汇编语言相媲美。

(6) 可移植性强

C++语言编写的程序很容易进行移植,在一个环境下运行的程序不加修改或少许修改就可以在完全不同的另外一个环境下运行。

2. C++程序结构

在介绍C++语言程序的结构之前,我们先来看一个简单的例子:

【例1】 在屏幕上输出"Hello World!"。

```
1. #include<iostream>          //将库文件 iostream 包括进来
2. using namespace std;        //使用标准命名空间
3. int main(){                 //C++的主函数
4.     cout << "Hello World!" << endl; //输出"Hello World!"
5.     return 0;               //结束主函数 main()
6. }
```

运行结果:

   Hello World!

【说明】:

(1) 程序中,以"//"开头的表示注释,"//"后的内容用以对语句进行说明,不参与程序的运行。

（2）#include<iostream>

告诉编译器的预处理器，将输入输出流的标准头文件（iostream）包括在本程序中。这个头文件包括了 C++ 中定义的标准输入输出程序库的声明。因为该程序使用了输出语句 cout，它的声明在 iostream 中。

（3）using namespace std

使用 std（标准）名字空间。所谓名字空间是标准 C++ 中的一种机制，用来控制不同类库的冲突问题。使用它可以在不同的空间内使用相同名字的类或者函数。

（4）int main( )

为主函数（main function）的起始声明。main( ) 是所有 C++ 程序运行的起始点。不管它是在代码的开头、结尾还是中间，此函数中的代码总是在程序开始运行时第一个被执行。所有 C++ 程序都必须有一个 main( )。main 后面跟了一对圆括号（ ），表示它是一个函数。C++ 中所有函数都有一对圆括号（ ），括号中可以有一些参数。注意，圆括号中即使什么都没有也不能省略。int 表示该函数的函数值是整数。主函数 main( ) 中的内容，由一对花括号{ }括起来。

（5）cout << "Hello World!" <<endl

cout 是一个输出语句，告诉计算机把引号之间的字符串 Hello World! 送到标准的输出设备（显示器）上。注意，cout 的声明在头文件 iostream 中，所以要想使用 cout，必须将头文件 iostream 包括在程序开始处，否则程序无法识别 cout，导致出现语法错误。endl 是 C++ 语言的换行控制符，表示内容输出后，换行输出后续的内容。

（6）return 0

主函数 main( ) 的返回语句，一般是函数的最后一条可执行语句，即在 main( ) 函数中，只要遇到 return 0，即表示该函数已经执行结束，即使后面还有其他语句，也不会被执行。return 后面的数值 0 表示程序顺利结束，其他数表示有异常。

此外，在 C++ 中，语句间以"；"为分隔符。为了方便阅读，在 C++ 中一般一个语句占一行，但有时为了减少行数，也可以把多个语句写在一行。

结合例 1 的说明，下面我们再来看上一节的程序：

【例 2】 津津的储蓄计划。

```
1. #include<iostream>           //将库文件 iostream 包括进来
2. #define n 12                 //宏定义，即将 n 定义为 12，后面遇到 n 即表示 12
3. using namespace std;         //使用标准命名空间
4. int main(){                  //C++ 的主函数
5.     int a[n + 10];           //定义数组 a，用来存放津津 12 个月的预算
6.     for(int i = 1; i <= n; i++)   //将 12 个月预算的数据输入到 a[1]~a[12]
7.         cin >> a[i];
8.     int x = 0, s = 0;        //定义津津手里的钱 x，存在妈妈那儿的钱 s
9.     for(int i = 1; i <= n; i++){  //处理每个月 i，i 从 1、2、…、12
```

```
10.         x = x + 300;         //计算第 i 个月开始时,津津手里的钱 x
11.         if(x < a[i]) {       //比较 x 和第 i 个月的预算 a[i]
12.             cout << -i << endl;
13.             return 0;
14.         }
15.         int y = (x - a[i]) / 100 * 100;//计算第 i 个月存在妈妈那儿的钱 y
16.         s = s + y;           //计算第 i 个月结束,一共存在妈妈那儿的钱 s
17.         x = x - y - a[i];    //计算第 i 个月结束,津津手里还剩的钱 x
18.     }
19.     s = s + s * 20 / 100 + x;  //计算到年末,津津手中会有多少钱 s
20.     cout << s << endl;   //输出年末,津津手中的钱 s
21.     return 0;              // main()函数结束
22. }
```

【说明】

(1) #define n 12

宏定义,即 n 表示 12,在程序中只要出现 12,都可以用 n 来表示,这样有利于以后程序的修改和调试。

(2) int a[n + 10]

因为 n 表示 12,所以实际上是 int a[12+10],即 int a[22]表示定义 a 可以存放 22 个整数,实际我们只用来存放 12 个整数。在 C++中,为了避免数组越界,一般我们用到 n 个数时,通常会多加几个。

(3) for(int i = 1; i <= n; i++)
         cin >> a[i];

这是 C++里的 for 循环语句,表示 i 从 1 到 n,依次输入 a[1]、a[2]、…、a[n]。

(4) int x = 0, s = 0;

定义 x 和 s 两个整数变量,这两个变量的初始值都为 0。在 C++中,变量在使用之前必须先定义其数据类型,未经定义的变量不能使用。

(5) if(x < a[i]) {
         cout << -i << endl;
         return 0;
     }

这是 C++里的 if 选择结构语句,表示当 x<a[i]时才会执行 cout 输出语句和 return 返回语句。

(6) int y = (x - a[i]) / 100 * 100;

定义 y 为整型变量,它的值为 (x - a[i]) / 100 * 100,其中"/"表示整除,比如"26 / 10"的值为 2。

综上两例,我们可以发现 C++程序的一般结构为:

(1) 预处理指令

主要包括将库文件包含进来的 include 和 define 宏定义。

包含库文件的格式为：#include<库文件名>，如#include<iostream>，表示把库文件 iostream 包含到程序中。

宏定义的格式为：#define x y，如#include ll long long，表示用 ll 来表示 long long。

（2）名字空间

命名空间用来将全局作用域分成不同的部分，不同命名空间中的标识符可以同名而不会发生冲突。std 是 C++的标准命名空间，C++标准库中的所有的函数和对象都是在 std 的命名空间中定义的，所以我们一般用 using namespace std 语句来交代我们所用的命名空间，这样标准库中的 cin、cout 等输入和输出语句才可以直接使用。

（3）全局变量、常量声明部分

在 C++中，变量或常量必须坚持先声明再使用，变量或常量的声明可以放在函数内部声明，这时这些变量或常量只能在该函数内部使用，变量或常量的声明也可以放在函数外面，则其后的函数都可以使用之前已经声明过的变量。

（4）函数

函数是 C++程序的主要部分，每个函数都可以实现一定的功能。在函数里，主要有变量的定义、给变量赋值、输入输出等相关的顺序结构语句，以及选择结构和循环结构等相关语句，所有语句间以"；"作为分隔符。

main( )函数为 C++的主函数，是所有 C++程序运行的起始点，所有 C++程序都必须有一个 main( )函数。

（5）注释语句

程序中可以有注释，注释是为了使程序更易于理解，它不参与程序的执行。C++的注释语句分单行注释和块注释。

单行注释格式：//注释内容

块注释格式：

```
/*
注释内容
*/
```

此外，在编写 C++程序时，要注意：

（1）缩进

程序的编写要注意适当地缩进，一般采用"逐层缩进"形式，以便使程序更加清晰易读。

（2）严格区分大小写

要注意的是，在 C++程序中，要严格区分大小写。如定义变量"int num，Num；"是允许的，因为"num"和"Num"是两个不同的变量。

（3）要用英文标点符号

C++中的语句分隔符"；"、变量定义时的变量之间分隔符"，"都是英文标点符号。

3. 调试程序

（1）语法错误

在 C++程序中，如果有不符合 C++语法规范的语句，我们称之为语法错误。

在 Dev-C++中运行程序,如果出现语法错误,Dev-C++会给出提示,如图1.4-1:

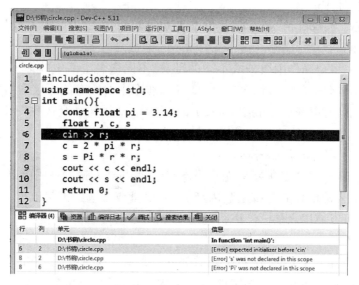

图 1.4-1　语法错误实例

运行程序"circle.cpp"时,第6行出现了高亮显示,同时在下面的的"编译器"标签下给出了错误提示,这就说明该程序存在语法错误,通过检查,我们发现第5行语句后面没有";",从而影响了第6行和第8行的程序执行,当我们把";"加上后再编译运行,可以发现错误提示消失了。

再如,下面的程序:

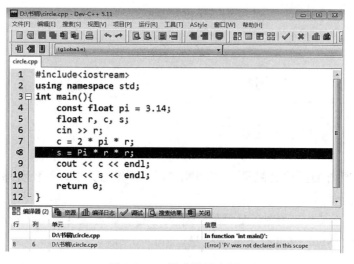

图 1.4-2　语法错误实例

第8行出现了高亮显示,通过检查,发现是因为把"pi"中的小写字母"p"写成了大写字母"P",从而在"编译器"标签中出现了"Pi"没有声明的提示。

此外,在初写C++程序时,还要特别注意C++中的变量间",""、语句结束";"等符号都是英文标点符号。

(2) 逻辑错误

在 C++程序中,如果因为算法上的错误或编写程序时的逻辑顺序不对,从而导致结果出现错误的,我们称之为逻辑错误。如图 1.4-3:

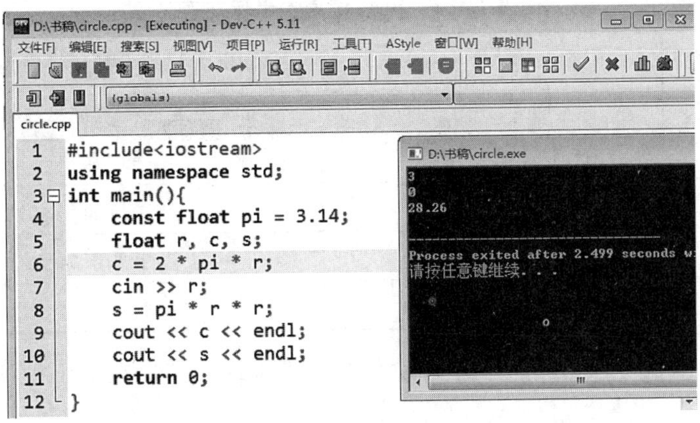

图 1.4-3　逻辑错误实例

该程序通过输入圆的半径,来求出圆的周长和面积并将其输出。可是当我们输入半径 3 的时候,却发现输出的周长是 0。为什么会出现这样错误呢?通过分析程序,我们发现把第 6 行的"c = 2 * pi * r;"和第 7 行的"cin >> r;"顺序写错了,因为在 C++中,程序是按顺序执行的,按照图中的顺序,首先计算圆的周长,而此时,圆的半径还没有输入给 r,所以默认 r 此时是 0,这就导致求出来的周长也是 0。而按照逻辑顺序,我们应该先输入半径 r,然后才能求圆的周长,所以把第 6 行和第 7 行的语句交换后再运行,结果就对了。

小节练习

1. 阅读程序"ex1.4_1.cpp",并在 Dev-C++中运行和调试。

```
1.  #include<iostream>
2.  using namespace std;
3.  int main(){
4.      float a, b, h, s;
5.      cout << "输入梯形的上底a、下底b：";
6.      cin >> a >> b;
7.      cout << "输入梯形的高h：";
8.      cin >> h;
9.      s = (a + b) * h / 2;
10.     cout << "梯形的面积为：" << s << endl;
11.     return 0;
12. }
```

2. 身体质量指数(BMI,Body Mass Index),是国际上常用的衡量人体肥胖程度和是否健康的重要标准,主要用于统计和分析人的健康状况。BMI 计算公式为:

$$BMI = 体重/身高的平方(国际单位 kg/m^2)$$

我国根据 BMI 值制定了如表 1.4-1 的健康参考标准:

表 1.4-1　BMI 健康参考标准表

BMI 分类	中国参考标准	与肥胖相关疾病发病的危险性
偏瘦	<18.5	低(但其他疾病危险性增加)
正常	18.5~23.9	平均水平
偏胖	24~26.9	增加
肥胖	27~29.9	中度增加
重度肥胖	≥30	严重增加

程序"ex1.4_2.cpp"是根据我国的健康参考标准编写的,请仔细阅读,并在 Dev-C++ 中运行和调试。

```
1.  #include<iostream>
2.  using namespace std;
3.  int main(){
4.      float height, weight, BMI;
5.      cout << "请输入您的体重: ";
6.      cin >> weight;
7.      cout << "请输入您的身高: ";
8.      cin >> height;
9.      BMI = weight / (height * height);
10.     if(BMI < 18.5)
11.         cout << "偏瘦,相关疾病发病的危险性较低! " ;
12.     else if(BMI <= 23.9)
13.         cout << "正常,处于相关疾病发病的平均水平!";
14.     else if(BMI <= 26.9)
15.         cout << "偏胖,会增加相关疾病的发病!";
16.     else if(BMI <= 29.9)
17.         cout << "肥胖,会中度增加相关疾病的发病!";
18.     else
19.         cout << "严重肥胖,会严重增加相关疾病的发病!";
20.     cout << endl;
21.     return 0;
22. }
```

第 2 章　C++基础及其顺序结构程序设计

程序设计语言分为机器语言、汇编语言和高级语言。计算机唯一能直接识别的是二进制代码组成的机器指令,即机器语言。它虽然效率高,但是难学、难记、难检查、难修改、难以推广和移植。而 C++是一种高级语言,它接近人们习惯使用的自然语言和数学语言,具有编程语言本身的共性语法知识,如数据类型、标识符、运算符、表达式、基本语句等。

基本语句与关键字

1. 语句

计算机程序是由一系列指令构成的,语句是 C++程序中最常见的指令类型,它是 C++语言中最小的独立计算单元。它的作用很像自然语言中的句子,当我们想将一个想法传达给另一个人时,我们通常用句子来写作或讲话(而不是用随意的单词或音节)。在 C++中,当我们想让程序做某事时,通常会编写语句。

C++中的大多数(但不是全部)语句以分号结尾。在诸如 C++之类的高级语言中,单个语句可以编译为许多机器语言指令。C++中有许多不同类型的语句,如:
- 注释语句
- 输入/输出语句
- 赋值语句
- 复合语句
- 选择语句(条件)
- 循环语句(重复)

2. 函数

在 C++中,语句通常作为函数单元的一部分。函数是程序要执行的语句的集合。函数以自己喜欢的方式混合和匹配语句。

每个 C++程序都必须具有一个名为 main(所有字母小写)的特殊函数。程序运行时,总是从函数 main 内部的第一条语句开始执行,当函数 main 中的最后一条语句执行完,通常也就意味着程序运行结束。

在 C++中,通过编写函数来完成特定的工作,因为它们是程序中最常用的组织工具。所以,一个 C++程序通常是由一些函数构成的。

3. 关键字(保留字)

C++保留了84个单词集(自C++17起)供自己使用。这些单词称为关键字或保留字,并且在C++语言中,每个关键字都有特殊的含义。在程序编写过程中,它们往往用特殊的颜色表示。表2.1-1是常用C++关键字(C++17)的列表:

表 2.1-1　C++中常用关键字

bool	enum	long	return
break	false	namespace	short
char	float	new	signed
const	for	not	sizeof
continue	friend	operator	static
delete	goto	or	struct
do	if	private	switch
double	inline	public	template
else	int	register	this
true	union	void	
typedef	unsigned	while	
typename	using	xor	

小节练习

1. C++中的大多数语句以_____结尾。
2. C++程序运行时,执行从主函数_____内部的第一条语句开始。
3. 以下不是C++关键字的是(　　)。

A. break　　　　B. double　　　　C. namespace　　　　D. boy

2.2 数据类型、常量与变量

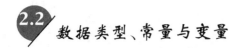

1. 数据类型

日常生活和学习中,我们经常会接触到各种各样的数据,例如学生的考试成绩、体检数据、图书借阅数据、气温、企业内产品的生产和销售数据等。人们对数据的认识越来越深刻,对数据的使用也越来越广泛,数据体现出前所未有的价值。

随着计算机和互联网的普及与发展,现代的数据已不再限于数字或数值,而是有了更多的内涵和更广的外延。数据可以是字符、图像、音频和视频等,通过数据可以对各行业相关信息进行记录、处理和分析。

程序就是通过操作(读取、更改和写入)数据来产生结果的。在程序中,可以通过多种方式获取要使用的数据,如从文件读取、键盘输入,或者直接在程序中赋值等等。在上一章的"Hello world"程序中,文字"Hello world!"被直接插入到程序的源代码中,为程序使用提供数据。

计算机上的数据为了存储或处理方便,通常要以一些类型来区分。因此在学习一门编程语言时,首先要了解该语言所支持的数据类型。

在 C++语言中,所支持数据类型有:基本类型(整型、字符型、实型、指针类型、空类型)和构造类型(枚举型、数组、结构体和共用体类型)。本节主要介绍基本类型中常用的整型(int)、实型(double)、字符型(char)和布尔型(bool)。

(1) 整型

在 C++中,整型主要分为整型和长整型两种。

整型用保留字 int 表示,所占字节长度为 32 位,即 4 个字节,其取值范围为 $-2^{31} \sim (2^{31}-1)$。

长整型用 long long 表示,所占字节长度为 64 位,即 8 个字节,其取值范围为 $-2^{63} \sim (2^{63}-1)$。

此外,在 C++中整型可以有符号,用保留字 signed 表示,也可以无符号,用保留字 unsigned 表示。在有符号类型中,最左边的位是符号位,余下的位代表数值。如果符号位被置为 1,数值被解释成负数,如果是 0 则为正数。在无符号类型中,所有位都表示数值。例如一个 8 位有符号的整型可以表示的范围为-128~127,而一个无符号的 8 位整型则表示 0~255 的范围。

(2) 实型

在 C++中,实型又叫浮点型,主要分为单精度型和双精度型。

单精度型用保留字 float 表示,所占字节长度为 32 位,即 4 个字节,其取值范围为-3.4E+38~3.4E+38(科学计数法,表示 $3.4×10^{38}$)的实数。

双精度型用保留字 double 表示,所占字节长度为 64 位,即 8 个字节,其取值范围为-1.7E+308~1.7E+308 的浮点数。

(3) 字符型

通常用来表示单个字符,在 C++语言中,用保留字 char 来表示。在 C++中,表示一个具体字符时,通常用一对单引号将其括起来,如字符'A''5''b'。

在 C++中,字符型所占字节长度为 8 位,即 1 个字节,其取值范围为-128~127。所以字符型也可以认为是一种整型。

(4) 布尔型

主要用来表示真、假两种情况,真可以用 true 或非 0 表示,在 C++中,一般用 1 表示真,假用 false 或 0 表示。在 C++语言中,用保留字 bool 来表示布尔型,其所占的字节长度为 1 位。

在不同的编译系统下,数据类型所占的位数会有差别。在 32 位机器的 Dev-CPP 下,C++语言常用的数据类型及说明见表 2.2-1。

表 2.2-1 C++语言常用的数据类型及说明

类型名称	基本型	所占位数	表示范围
整型	int	32	$-2^{31} \sim (2^{31}-1)$
	long long	64	$-2^{63} \sim (2^{63}-1)$

(续表)

类型名称	基本型	所占位数	表示范围
浮点型	float	32	$-3.4E+38 \sim 3.4E+38$
	double	64	$-1.79E+308 \sim 1.79E+308$
字符型	char	8	$-128 \sim 127$
布尔型	bool	1	0、1

2. 常量与变量

（1）常量

常量指程序运行过程中，其值不能改变的量，例如 1 024、"red" 等，在 C++语言中，常常用一个标识符来代表一个常量，称为符号常量。符号常量在使用之前要先定义，定义格式如下：

① 使用宏定义常量格式：

#define 标识符　数值

如"#define PI 3.1415926"，程序中遇到 PI 会自动替换为 3.1415926。

② 符号常量定义格式：

const 数据类型 常量名=值

如"const double pi=3.1415926;"。在数据类型之前使用 const 保留字。

注意两种定义方法结尾一个有分号，一个没有分号。

（2）变量

变量指程序运行过程中，其值可以改变的量。变量有变量类型、变量名、变量值三个要素。变量名用于标识存放数据的存储单元，亦称变量标识符。变量的定义格式为：

变量类型　变量名[= 值];

括号里面表示给变量一个初始值，在定义时，如果没有初始值，则可以省略。

如"double x;"，表示定义一个名为 x 的 double 类型的变量，"int ans = 0";表示定义一个初始值为 0 的 int 类型变量 ans。

注意，在 C++中，变量必须先定义再使用。

（3）标识符命名规则

符号常量、变量的名称(或函数名称等其他名称)称为标识符。C++命名标识符时必须遵循以下规则：

➢ 标识符不能是关键字(也称为保留字)。

➢ 标识符只能由字母(小写或大写)、数字和下划线组成。这意味着标识符不能包含符号(下划线除外)或空格(空格或制表符)。

➢ 标识符必须以字母(小写或大写)或下划线开头，不能以数字开头。

C++区分大小写，因此 nvalue、nValue 和 NVALUE 是 3 个不同的标识符。

此外，为了便于理解，标识符应具有一定含义，即"见名知意"。但是为了避免和保留字相同，不建议用完整的单词，可以在前面加上"my"。

以下是几个标识符(变量名)选择的说明。

表 2.2-2 标识符示例

示例	评价	说明
int c	可以	
int 3index	错误	数字开头
int void	错误	使用保留字

小节练习

1. 下列标识符中,符合 C++标识符规范的是(　　)。
A. char　　　　　B. b(x)　　　　　C. _dou　　　　　D. a+b
2. 下列为合法标识符的是(　　)。
A. h(x)　　　　　B. k-b　　　　　C. 3kg　　　　　D. Boy5
3. C++中 bool 类型的值分为_____和_____。
4. 在程序第 4 行,填上什么数据类型比较好。

```
1.  #include<iostream>
2.  using namespace std;
3.  int   main() {
4.      _____ a,b;
5.      a = 100;
6.      b = 200;
7.      cout<<a + b<<endl;
8.      return 0;
9.  }
```

2.3 运算符与表达式

运算符标明了对操作数(参与运算符计算的数据)所进行的运算,它与操作数连接而成的有意义的式子被称为表达式。表达式在进行运算处理后得到的结果,称为表达式的值。例如,2+3 就是一个表达式,其中的操作数是 2 和 3,而运算符是"+",表达式的值是 5。表达式的值可以赋给变量,也可以作为程序语句中的判断条件。

不同类型的数据可以进行不同的运算,如整型数据有取模运算(%),而浮点型没有。不同类型的数据使用同一种运算符运算时,常会产生不同的结果。例如,"/"进行整数运算时,是整除;而在进行浮点型运算时,就是实数的除法。

常用的运算符有算术运算符、赋值运算符、关系运算符、逻辑运算符,以及一些位运算等。关系运算和逻辑运算通常用来表示条件,所以会在下一章详细介绍,下面主要介绍算术运算:

1. 算术运算

（1）基本算术运算符

算术运算符主要进行算术运算，运算的结果为整型或浮点型。常见的算术运算符有加（+）、减（-）、乘（*）、除（/）、取模（%）和负号（-）等，如下表：

表 2.3-1　常见的基本算术运算符

运算符	含义	举例（x 为 10，y 为 3）	表达式值
+	加法	x + y	13
-	减法	x - y	7
*	乘法	x * y	30
/	除法	x / y	3
%	求余、取模	x % y	1

说明：

（1）+可以作为加号，也可以作为正号运算，-可以作为减号也可以作为负号。当作为加号、减号时，它们是双目运算符，即操作数为 2 个；当作为正号、负号时，它们是单目运算符，即参与运算的操作数只有 1 个，如+6、-5。

（2）在写乘法表达式时，乘法符号不能省略。如 5 乘以 a 必须写成 5 * a，而不能写成数学里的 5a。

（3）除法运算的操作数为整型时，表示整除，如表达式 9 / 2 的值是 4，而不是 4.5；而当操作数为浮点型时，则表示除法，如表达式 9 / 4.0 的值为 2.25。另外，C++中没有分式，数学里的分式在 C++中一般转换成除法，如在 C++中应该写成 x / y。

（4）求余（取模）运算的操作数为整型，其运算结果也为整型，余数 r 遵循此公式 r = a - (a / b) * b（其中 a、b 分别为被除数和除数）。如 6 % 4 的结果为 2，-15 % 2 的结果为-1，15 % -2 的结果为 1。

【例1】　将算式表达式转为 C++里的表达式。

（1）x^2+3x

（2）$(a+b)\times h\div 2$

$a + \dfrac{b}{c+d}$

【问题分析】

（1）x * x + 3 * x

（2）(a + b) * h / 2

（3）a + b / (c + d)

【例2】　计算下列表达式的值。

（1）100/4+2 * 30

（2）256%100/10

【问题分析】
(1) 85
(2) 5
(5) 算术运算的优先级

如果两个或多个运算符出现在同一个表达式中,则要按照优先级确定运算顺序。优先级高的运算符先运算,优先级相同的从左向右依次运算,需要注意的是:
- 当表达式中出现"()"时,它的运算级别最高,应先运算"()"内的表达式;
- 算式运算符的优先级为:算术运算符 > 关系运算符 > 逻辑运算符;
- 在同类运算符中也要注意不同的优先级。例如,逻辑运算符!、&& 和 || 的优先级为:! > && > ||。

表 2.3-2　运算符的优先级

类别	优先权	运算符	说明	例子
括号	1	()	括号	
算术	2	-、++、--	算术运算符负号、递增、递减	k++
	3	*、/、%	算术运算符的乘法、除法、求余	5%3
	4	+、-	算术运算符加法、减法	a+b

2. 混合运算

(1) 系统数学函数

算术运算中,C++提供几百个数学函数,可以直接参与算术运算,下面介绍几个常见的:

① 求绝对值函数,函数原型为 int abs(int x),自变量为整数,函数值也为整数。

例如　abs(-4) = 4

② 计算 x^y 函数,函数原型为 double pow(double x, double y),自变量 x、y 和函数均为双精度实数。

例如　pow(2.0, 3.0) = 8.0

③ 计算 $\sqrt{x}$ 函数,函数原型为 double sqrt(double x),自变量 x 和函数均为双精度实数。

例如　sqrt(6.25) = 2.5

(2) 类型转换

不同类型数据参与混合运算时,变量的数据类型是可以转换的。转换的方法有两种:一种是自动转换,另一种是强制转换。

自动转换即编译系统将按照一定的规则自动完成。

而强制转换是由程序员通过一定语法规则强制转换数据的类型。

比如在 C++ 中,因为字符型也可以认为是一种整型,所以字符型也可以执行加减乘除等算式运算,如 '0' + '1'。但要注意的是,运算时,是依据其字符的 ASCII 码值进行的,因为 '0' 的 ASCII 码值为 48,'1' 的 ASCII 码值为 49,所以表达式 '0' + '1' 的结果为 97;再如表达式 '0' + 50 的结果为 98;表达式 '0' * 50 的结果为 2400。

请看下面的程序(ch2.3_1.cpp)：

```cpp
1.  #include<iostream>
2.  using namespace std;
3.  int  main() {
4.      int a = 5;
5.      int b = 3;
6.      int c = a / b;
7.      cout << c << endl;
8.      double d = a / b;
9.      cout << d << endl;
10.     double e = 5 / 2.0;
11.     cout << e << endl;
12.     e = ( double )a / b;
13.     cout << e << endl;
14.     return 0;
15. }
```

运行结果如下：

1

1

2.5

1.66667

关于程序运行结果的说明：

语句 6 中,由于 a、b 都是整型,所以表达式 a/b 的值也是整型,其值是 1。

语句 8 中,表达式 a / b 的值是 1,而 d 是浮点数,变为 1.0,但是在 cout 输出时因其小数位为 0,简化输出为 1。

语句 10 中,要求 5 除以 2.0 的值,为此将 5 隐式转成浮点数,结果为 2.5。除法运算中,如果有一个操作数是浮点数,那么结果也会是较为精确的浮点数。

语句 12 中,"(double)"是一个强制类型转换运算符,能将其右边的操作数强制转换成 double 类型(详细见下节介绍)。用此运算符先将 a 的值转换成一个浮点数值,然后再除以 b,此时算出来的结果就是较为精确的浮点型的了,有时也可以这样写 e = 1.0 * a/b,以实现相同效果。

小节练习

1. 计算以下表达式的值。

（1）15/3 = _____

（2）19/3 = _____

（3）689/100 = _____

(4) 689%100 = _____
(5) 10%-3 = _____
(6) -15%4 = _____
(7) 16.0/4 = _____

2. C++语言中,运算对象必须是整型的运算符是(　　)。
A. %　　　　　　　B. /　　　　　　　C. % 和 /　　　　　D. **

3. 当 a=1、b=2、c=3 时,求以下表达式的值。
(1) a*b+c　　　　(2) a*(c-b)　　　　(3) (a+b)/c

4. b^2-4ac 在 C++中应该表示为_____。
   (a+b)h/2 在 C++中应该表示为_____。

2.4 C++基本语句

一般来说,程序是由语句组成的,执行程序就是按特定的次序执行程序中的语句。C++基本语句有如下一些类型:

1. 注释语句

注释语句是程序员可读的注释,直接插入到程序的源代码中。注释将被编译器忽略,仅供程序员使用。

在 C++中,有两种不同的注释样式,它们都具有相同的目的:帮助程序员以某种方式记录代码。分为单行注释"//"和多行注释"/* ... */",详见上一章介绍。

2. 赋值语句

在变量声明过后,可以用赋值语句给变量赋予一个值。在 C++语言中,赋值语句的格式如下:

变量=表达式;

赋值语句的功能就是将"="右边表达式的运算结果赋给"="左边的变量。例如:

```
1. a = 100; //把100这个值赋给a
2. x = 34 * (342/234) + 34324; //把表达式的值赋给x
3. y = x + 1; //先计算x+1的值,然后把这个值再赋给y
```

说明:

(1) 只有具有确定值的变量才能在表达式中使用。有些变量虽然被定义了,如果没有被赋值或被赋初值,则是无意义的。

(2) 使用赋值语句将一个数值赋给一个变量,同时,将这个变量已有的值改变为新赋予的值,直到下次再被赋予新值为止。这是程序与常规思维不同之处。例如:

x = x + 1; //先计算 x + 1 的值,然后再赋给 x

如果 x 的初始值是 2,那么经过这个语句之后,x 的值就变成了 3。

(3) 在 C++语言中,给变量赋值除了使用赋值语句,还可在定义变量时,将一个数值送给变量,使变量被定义后便有了该值,直到被改变为止。

【例1】 写出下面程序(ch2.4_1.cpp)运行后,a和b的结果。

```cpp
1.  #include<iostream>
2.  using namespace std;
3.  int  main() {
4.      int a = 3;
5.      int b = 4;
6.      cout << a << " " << b << endl;
7.      a = a + b;
8.      b = a - b;
9.      a = a - b;
10.     cout << a << " " << b << endl;
11.     return 0;
12. }
```

说明:第4、5句是分别给整型变量a、b赋初值3和4,第7句执行后a的值变为7。这样,在第8句中参加运算的a值是7,而不是原来的3,因此b的值为7 - 4,得到新值3。在接下来的语句中,赋值号右边变量a、b的值分别为7和3,因此,赋值号左边的a获得的新值为4。

在该程序运行之后a和b的结果为4和3,该程序实现了两个变量值的交换。

(4) 在C++语言中有两个特殊的运算符:自增(++)和自减(--)。例如i++表示i的值自增1,单独出现自增1或自减1操作时,都是将变量变成原数自增1或自减1的结果。例如,i++和++i都是将i的值增加1。但是,当这两个操作符出现在赋值语句中,就会产生运算和赋值顺序的差异。例如,x = i ++是先将i的值赋值给x,i的值再自增1;而x = ++i是先将i的值自增1,再将结果赋值给x。

【例2】 写出下面程序(ch2.4_2.cpp)各变量的值。

```cpp
1.  #include<iostream>
2.  using namespace std;
3.  int  main() {
4.      int m = 2;
5.      int n = 2;
6.      int a, b;
7.      a = m ++ ;
8.      b = ++ n;
9.      cout << a << " " << b << " " << m << " " << n << endl;
10.     return 0;
11. }
```

第4、5句是分别给整型变量m、n赋初值2和2。第7、8句执行后a和b的值变为2和3。第7、8句虽然都是赋值语句,但是自增符号出现的位置不同:第7条是在变量名后,而第

8条在变量名前。因此,a 获取的值是 2(先赋值再自增),而 b 获取的值是 3（先自增再赋值)。当然 m 和 n 自身的值也发生了变化,均变成了 3。

(5) 赋值中的类型转换

当赋值运算符两边的运算对象类型不同时,将要发生类型转换,转换的规则是把赋值运算符右侧表达式的类型转换为左侧变量的类型。具体的转换规则如下：

将实型数据(包括单、双精度)转换为整数时,将舍弃浮点数的小数部分,只保留整数部分(截去小数部分,不是四舍五入);将整型值赋给实型变量,数值不变,只将形式改为浮点形式,即小数点后带 0。

例如:i 是整型变量,i=3.14 的结果是使 i 的值为 3,在内存中以整数形式存储这个数据。除了上面的转换规则,还可以通过强制手段使数据类型强行转化,具体写法为：

(数据类型) 变量,如（int）i。

3. 输入输出语句(iostream 库)

iostream 库是 C++标准库的一部分,该库处理基本的输入和输出。我们将使用此库中的功能从键盘获取输入,并将数据输出到屏幕。iostream 的 io 部分代表输入/输出。

要使用 iostream 库中定义的功能,我们需要在使用 iostream 的任何代码文件的顶部包括 iostream,如下所示：

```
1. #include <iostream>
2. int main()  {
3.     std::cout << "Hello, world!" << std::endl;
4.     return 0;
5. }
```

这里也可以使用"using namespace std;"语句以避免再次声明 std:: 。

```
1. #include <iostream>
2. using namespace std;
3. int main()  {
4.     cout << "Hello, world!" << endl;
5.     return 0;
6. }
```

因此 cout（标准输出流)通常被定向到屏幕,而 cin(标准输入流)通常被定向到键盘。通过控制这两种数据流,可以在程序中与用户交互,因为可以在屏幕上显示输出并从键盘接收用户的输入。

(1) 输出语句

采用输出流 cout 与重载(overloaded)运算符 << 一起使用：

```
1. cout << "Hello, world!"; // 打印 Hello world!到屏幕上,不含两侧的双引号
2. cout << 128; // 打印数字 128 到屏幕上
3. cout << x; // 打印变量 x 的值到屏幕上
```

运算符<<又叫插入运算符(insertion operator),因为它将后面所跟的数据插入它前面的数据流中。在以上的例子中,字符串常量"Hello world!"、数字常量128和变量x先后被插入输出流cout中。注意第一句中字符串常量是被双引号引起来的。每当我们使用字符串常量的时候,必须用引号把字符串引起来,以便将它和变量名明显地区分开来。

插入运算符<<可以在同一语句中被多次使用:

cout << "Hello," << "I am " << "a student.";

上面这一行语句将会打印"Hello, I am a student."到屏幕上。插入运算符(<<)的重复使用在我们想要打印变量和内容的组合内容或多个变量时有所体现:

cout << "Hello, I am" << age << "years old and my name is" << namestring;

如果我们假设变量age的值为10,变量namestring的值为"Dou dou",以上句子的输出将为: Hello, I am 10 years old and my name is Dou dou。

必须注意,除非我们明确指定,cout并不会自动在其输出内容的末尾加换行符,因此下面的语句:

1. cout << "Hello, I am a student.";
2. cout << "Hello, I am 10 years old and my name is Dou dou.";

将会有如下内容输出到屏幕:

Hello, I am a student.Hello, I am 14 years old and my name is Dou dou.

虽然我们分别调用了两次cout,两个句子还是被输出在同一行。所以,为了在输出中换行,在C++中输出操作符endl:

1. cout << "First sentence. "<<endl;
2. cout << "Second sentence."<<endl<<"Third sentence."<<endl;

将会产生如下输出:

First sentence.

Second sentence.

Third sentence.

另外,也可以插入一个换行符来明确表达换行,例如:

1. cout << "First sentence.\n" ;
2. cout << "Second sentence.\n" ;

(其中\n为转义符号,表示换行)

将会输出:

First sentence.

Second sentence.

你可以使用\n或endl来指定cout输出换行,请注意前面所讲的两者的不同用法。

当然cout也可以方便地控制输出的小数精度,setprecision(n)设置数值的有效数字(含整数部分长度)和fixed合用的话可以控制小数点后有几位。看下例子:

```cpp
1.  // setprecision 应用示例
2.  #include <iostream>
3.  #include <iomanip> //必备头文件
4.  using namespace std;
5.  int main () {
6.      double f = 3.14159;
7.      cout << setprecision(2) << f << endl;//输出 3.1
8.      cout << setprecision(3) << f << endl;//输出 3.14
9.      cout << fixed << setprecision(2) << f << endl;//输出 3.14
10.     cout << fixed << setprecision(3) << f << endl;//输出 3.142
11.     return 0;
12. }
```

（2）输入语句(cin)

C++中的标准输入是通过在 cin 数据流上重载运算符 extraction（>>）来实现的。它后面必须跟一个变量以便存储读入的数据。例如：

```cpp
1.  int age;
2.  cin >> age;
```

声明一个整型变量 age，然后等待用户从键盘输入到 cin，并将输入值存储在这个变量中。

cin 只能在键盘输入回车键后才能处理前面输入的内容。因此即使只要求输入一个单独的字符，在用户按下回车键之前 cin 也不会处理用户输入的字符。

在使用 cin 输入的时候必须考虑后面的变量类型。如果要求输入一个整数，">>"后面必须跟一个整型变量；如果要求一个字符，后面必须跟一个字符型变量；如果要求一个字符串，后面必须跟一个字符串型变量。

```cpp
1.  #include<bits/stdc++.h>
2.  using namespace std;
3.  int main() {
4.      int i;
5.      cout << "Please enter an integer value: ";
6.      cin >> i;
7.      cout << "The value you entered is " << i;
8.      cout << " and its double is " << i * 2 << ".\n";
9.      return 0;
10. }
```

运行结果是：

Please enter an integer value：702

The value you entered is 702 and its double is 1404.

即使是在最简单的需要用 cin 做输入的程序中(就像我们上面看到的这个程序),如果程序要求输入一个整数数值,而用户输入了一个名字(字符串),其结果可能导致程序产生错误操作,因为它不是我们期望从用户处获得的数据类型。当由 cin 输入数据的时候,不得不假设程序的用户将会完全合作而不会在程序要求输入整数的时候输入字符串。后面会介绍怎样使用字符串的输入。

程序也可以利用 cin,要求用户输入多个数据:

cin >> a >> b;

等同于:

cin >> a;

cin >> b;

在以上两种情况下用户都必须输入两个数据,一个给变量 a,一个给变量 b。输入时两个变量之间可以以任何有效的空白符号间隔,包括空格,制表符 tab 或换行。

(3) cin 和字符串

我们可以像读取基本类型数据一样,使用 cin 和>>操作符来读取字符串,例如:

cin >> mystring;

但是,cin >> 只能读取一个单词,一旦碰到任何空格等分隔符号,读取操作就会停止。在很多时候这并不是我们想要的操作,比如我们希望用户输入一个英文句子,那么这种方法就无法读取完整的句子,因为一定会遇到空格。

要一次读取一整行输入,需要使用 C++的函数 getline( ),相对于用 cin 处理字符串,我们更建议使用 getline 来读取用户输入。

例如:

```
1.  #include<bits/stdc++.h>
2.  using namespace std;
3.  int main() {
4.      string mystr;
5.      cout << "What's your name? ";
6.      getline (cin, mystr);
7.      cout << "Hello " << mystr << ".\n";
8.      cout << "What is your favorite color? ";
9.      getline (cin, mystr);
10.     cout << "I like " << mystr << " too!\n";
11.     return 0;
12. }
```

运行交互如下:

What's your name? Dou dou

Hello Dou dou.

What is your favorite color? red

I like red too!

在上面的例子中,两次调用 getline() 函数我们都使用了同一个字符串变量(mystr)。在第二次调用的时候,程序会自动用第二次输入的内容取代以前的内容。

(4) 其他输入输出语句

① 字符的输入输出

字符输出格式:putchar(c);实现向屏幕输出一个字符 c 的功能。

字符输入格式:getchar();或者 char ch = getchar();实现从输入设备输入一个字符,对于第二个格式,变量 ch 将获得这个字符的值。注意 getchar() 函数没有参数,即括号中不写任何内容,getchar() 只能接收一个字符,特殊情况 getchar() 也可以作为表达式出现,例如:

putchar(getchar());

等价于:

c = getchar();

putchar(c);

② printf 函数(C 标准输出函数)

printf 函数的作用是将一个或多个字符按照指定的格式输出到屏幕上。printf 函数调用的一般形式为:

printf("格式控制字符串",待输出项 1,待输出项 2……)

其中格式控制字符串用于指定输出格式,是用一对双引号括起来的。

例如:

printf("x = %d", 28);

上面这条语句中,格式控制字符串就是"x = %d",待输出项就是 28。其输出结果是:

x = 28

像"%d"这样由一个"%"和其后一个(或多个)字符组成的字符串,称为格式控制符。它说明待输出项的类型、输出形式(比如小数点后面保留几位等)。"%d"表示其对应的待输出项是整型。

"%"和特定的一些字符组合在一起,构成格式控制符。常见的格式控制符有:

%d　要输出一个整数

%c　要输出一个字符

%s　要输出一个字符串

%x　要输出一个十六进制整数

%u　要输出一个无符号整数(正整数)

%f　要输出一个 float 浮点数(%0.2f 输出 2 位小数)

%lf　要输出一个 double 浮点数(%0.2lf 输出 2 位小数)。(不是数字 1 是字母 l)

"格式控制字符串"中,格式控制符的个数应该和待输出项的个数相等,并且类型须一一对应。"格式控制字符串"中非格式控制符的部分,则原样输出。例如:

printf("Name is %s, Age = %d, weight = %0.2lf kg, 性别:%c, code = %x",
　　"Doudou", 10, 38.55, 'M', 32);

输出结果是:

Name is Doudou, Age = 10, weight = 38.55 kg, 性别:M, code = 20。

最后的待输出项"32"对应的输出结果是"20"。因为它对应的输出控制符是"%x",这就导致十进制数"32"以十六进制的形式输出为"20"。

③ scanf函数(标准输入函数)

scanf函数的一般形式为:

scanf("格式控制字符串",变量地址1,变量地址2……);

scanf函数的作用是从键盘接受输入,并将输入数据存放到变量中。"变量地址"的表示方法是在变量前面加"&"字符。"格式控制字符串"说明要输入的内容有几项以及这几项分别是什么类型的。函数执行完后,输入内容的每一项分别被存放到各个变量中。

例如:

```
1.  #include<iostream>
2.  using namespace std;
3.  int main()  {
4.      char c;
5.      int n;
6.      scanf("%c%d",&c, &n);
7.      printf("%c,%d", c, n);
8.      return 0;
9.  }
```

scanf语句中的"%c%d"说明待输入的数据有两项,第一项是一个字符,第二项是一个整数,这两项之间可以用空格或换行进行分隔,也可以不分隔。scanf函数会等待用户从键盘敲入数据,用户输完后必须再敲回车,scanf函数才能继续执行,将两项输入数据存放到变量c和n中。上面的程序,不论敲入"a789回车",还是"a空格789回车"还是"a回车789回车",结果都是一样的。输出结果为:

a,789

即字符'a'被读入,存放在变量c中,"789"被读入,存放于变量n中。如果要输入的是两个整数,那么这两个整数输入的时候必须用空格或回车分隔。

再如,有两行字符或者整数、字符混合输入如下:

A

B

程序如下:

```
1.  char input,ch;
2.  scanf("%c",&input);
3.  scanf("%c",&ch);
```

结果ch = '\n'而不是B,请务必注意,此时可以改为:

```
1.  scanf("%c\n",&input);
2.  scanf("%c",&ch); // ch = 'd';
```

还有 scanf 可以指定特殊分隔符,比如输入数据如下:
12:38:49
读入语句如下:
scanf("%d:%d:%d",&h,&m,&s);
则 h=12,m=38,s=49。

小节练习

1. 完成以下 3 空,使程序实现两个变量交换值的功能。

```
1.  #include<iostream>
2.  using namespace std;
3.  int main() {
4.      int a,b,t;
5.      cin>>a>>b;
6.                          //空1
7.                          //空2
8.                          //空3
9.      cout<<a<<" "<<b<<endl;
10.     return 0;
11. }
```

2. 完善程序。

星海小学的操场,长 150 米,宽 100 米,求操场的周长。

```
1.  #include<iostream>
2.  using namespace std;
3.  int main() {
4.      int a,b,c;
5.      a = 150;
6.      b = 100;
7.      c = _____;
8.      cout << c <<endl;
9.      return 0;
10. }
```

3. 完善程序。

豆豆爷爷的岁数、爸爸的岁数和他自己的岁数是 3 个等差的自然数,每两个数相差 28。已知豆豆为 10 岁,请完善程序输出他们的岁数。

```
1.  #include<iostream>
2.  using namespace std;
```

```
3.  int  main() {
4.      int age;
5.      age = 10;
6.      cout<<age<< endl;
7.      _____
8.      cout<<age<< endl;
9.      age = age + 28;
10.     _____
11.     return 0;
12. }
```

4.完善程序。

输入一个字母,输出它的前一个字母、它自己和后一个字母,如输入 p,则输出 opq。

```
1.  #include<iostream>
2.  using namespace std;
3.  int  main() {
4.      char ch1,ch2,ch3;
5.      cin>>ch2;
6.      ch1 = ch2 - 1;
7.      _____
8.      cout<<ch1<<ch2<<_____<< endl;
9.      return 0;
10. }
```

2.5 顺序结构程序设计

1. 顺序结构

程序的每一条语句按先后次序被执行,即执行处理 A,然后执行处理 B,如图 2.5-1 所示。顺序结构指程序的执行按语句的排列顺序从上到下依次执行,直至结束。

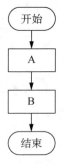

图 2.5-1 顺序结构

例如根据键盘输入的身高和体重值,编写程序计算体重指数。
(1)分析问题,找出已知条件和求解的目标,并确定二者之间的关系。
(2)用流程图描述该问题求解的算法,并编程实现。流程图如图 2.5-2 所示。

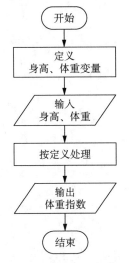

图 2.5-2 计算体重指数

【例 1】 计算矩形的周长和面积(ch2.5_1.cpp)。

【问题描述】

求矩形的周长和面积。

【输入格式】

一行,两个整数。

【输出格式】

一行,两个整数周长和面积。

【输入样例】

1 2

【输出样例】

6 2

【参考程序】

```
1. #include<bits/stdc++.h>
2. using namespace std;
3. int  main() {
4.     int a,b,c,s;
5.     cin>>a>>b;
6.     s = a * b;
7.     c = a * 2 + b * 2;
8.     cout<<c<<" "<<s;
9.     return 0;
10. }
```

【例2】 求两数的整数商和商（ch2.5_2.cpp）。
【问题描述】
求两数的整数商和商,商保留两位小数。
【输入格式】
一行,两个整数。
【输出格式】
一行,一个整数,一个实数(两位小数)。
【输入样例】
12 8
【输出样例】
1 1.50
【参考程序】

```
1.  #include<bits/stdc++.h>
2.  using namespace std;
3.  int  main() {
4.      int a,b,c;
5.      double d;
6.      cin >> a >> b;
7.      c = a / b;
8.      d = a * 1.0 / b;
9.      cout << c << " " << fixed << setprecision(2) << d << endl;
10.     return 0;
11. }
```

【例3】 分离自然数(ch2.5_3.cpp)。
【问题描述】
一个三位自然数,分离出它的百位、十位与个位上的数字。
【输入格式】
一行,一个三位整数。
【输出格式】
一行,三个数字, 空格隔开。分别是百、十、个位数字。
【输入样例】
256
【输出样例】
2 5 6
【参考程序】

```
1.  #include<bits/stdc++.h>
2.  using namespace std;
```

```
3.  int  main() {
4.      int a,ge,shi,bai;
5.      cin>>a;
6.      bai = a / 100;
7.      shi = a / 10 % 10;
8.      ge = a % 10;
9.      cout<<bai<<" "<<shi<<" "<<ge<<endl;
10.     return 0;
11. }
```

小节练习

1. 阅读程序写结果(ex2.5_1.cpp)。

```
1.  #include<iostream>
2.  using namespace std;
3.  int  main() {
4.      int a, b, c, d, ans;
5.      cin >> a >> b >> c;
6.      d = a - b;
7.      a = d + c;
8.      ans = a * b;
9.      cout << "Ans = " << ans << endl;
10.     return 0;
11. }
```

输入:2 3 4
输出:Ans = _____

2. 阅读程序写结果(ex2.5_2.cpp)。

```
1.  #include<iostream>
2.  using namespace std;
3.  int  main() {
4.      int a,b,c,d,sum;
5.      cin>>a>>b>>c>>d;
6.      a = a % 23;
7.      b %= 28;
8.      c %= 33;
9.      sum = a * 5544 + b * 14421 + c * 1288 - d;
10.     sum = sum + 21252;
11.     sum = sum % 21252;
```

```
12.        cout<<sum<<endl;
13.        return 0;
14. }
```

输入:283 102 23 320

输出:_____

3. 成绩(NOIP2017复赛普及组,score.cpp)。

【问题描述】

牛牛最近学习了 C++入门课程,这门课程的总成绩计算方法是:总成绩 = 作业成绩× 20% + 小测成绩× 30% + 期末考试成绩× 50%。牛牛想知道,这门课程自己最终能得到多少分。

【输入格式】

输入只有 1 行,包含三个非负整数 A、B、C,分别表示牛牛的作业成绩、小测成绩和期末考试成绩。相邻两个数之间用一个空格隔开,三项成绩满分都是 100 分。

【输出格式】

输出只有 1 行,包含一个整数,即牛牛这门课程的总成绩,满分也是 100 分。

【输入样例 1】

100 100 80

【输出样例 1】

90

【样例 1 说明】

牛牛的作业成绩是 100 分,小测成绩是 100 分,期末考试成绩是 80 分,总成绩是 100 × 20% + 100 × 30% + 80 × 50% = 20 + 30 + 40 = 90。

【输入样例 2】

60 90 80

【输出样例 2】

79

【样例 2 说明】

牛牛的作业成绩是 60 分,小测成绩是 90 分,期末考试成绩是 80 分,总成绩是 60 × 20% + 90 × 30% + 80 × 50% = 12 + 27 + 40 = 79。

【数据范围】

对于 30% 的数据,A = B = 0;

对于另外 30% 的数据,A = B = 100;

对于 100% 的数据,0 ≤ A、B、C ≤ 100 且 A、B、C 都是 10 的整数倍。

第 3 章　分支结构的程序设计

现实生活中我们经常需要进行比较大小、判断是否相等等操作,然后根据判断情况做出相应的决定。C++程序设计中的分支结构能方便地实现相应的操作。

3.1 关系运算符和关系表达式

数学中描述数的大小关系时,往往用">""<""="等符号表示。在C++中也有对应的描述方法。

1. 关系运算符和关系表达式的概念

C++提供了表 3.1-1 中的 6 种关系运算符来对数字进行比较。由于字符用 ASCII 码所表示,因此也可以将这些运算符用于字符。用关系运算符将两个表达式连接起来的式子,称为关系表达式。关系表达式的一般形式为:<表达式><关系运算符><表达式>。

如:x > y 、x == y、x > 'a'。

2. 关系表达式的值及含义

关系运算符是先对两个表达式进行比较,如果比较结果成立(为真),则其值为 true (C++中用 1 表示),否则为 false(C++中用 0 表示)。在 C++中,0 被认为是 false,而任何非 0 的值都被认为是 true。

如变量 x 的值为 10,变量 y 值为 20,观察下表中 C++表达式的值。

表 3.1-1　关系运算符含义表

代数运算符	C++关系运算符	举例	含义	C++表达式的值
>	>	x > y	x 大于 y 为真	0
<	<	x < y	x 小于 y 为真	1
≥	>=	x >= y	x 大或等于 y 为真	0
≤	<=	x <= y	x 小或等于 y 为真	1
=	==	x == 'A'	x 等于'A' 的 ASCII 码值 65 为真	0
≠	!=	x != y	x 不等于 y 为真	1

3. 关系运算符的优先级

关系运算符是双目运算符，运算时从左向右结合。关系运算符相等（==）和不相等（!=）具有相同的优先级。关系运算符>、>=、<、<=具有相同的优先级。关系运算符>、>=、<、<=的优先级大于==和!=的优先级。

注意：

（1）算术运算符的优先级高于关系运算符，关系运算符的优先级高于赋值运算符。

（2）"="是赋值运算符，"=="是判断相等的关系运算符。

（3）浮点数在计算机中并不能精确存储，所以看似相等，但是在计算机中存储的二进制不一定相等，所以浮点数比较是否相等，一般是让两个浮点数相减求绝对值，绝对值在某个范围内就认为相等，至于范围要看具体情况决定。

如：表达式 z == x > y 与 z ==（x > y）等价，z = x <= y 等价于 z =（x <= y）。

【例1】 阅读下面程序（ch3.1_1.cpp），思考该程序运行后的输出结果。

```cpp
1. #include<iostream>
2. using namespace std;
3. int x,y;
4. int main(){
5.     x = 5;
6.     y = 10;
7.     cout << (x < y) << endl;
8.     return 0;
9. }
```

【问题分析】

由于变量 x 的值为 5，y 的值为 10，x 小于 y 成立，所以输出 1。

思考：程序中表达式 x < y 能否不用小括号括起来？

【例2】 阅读下面程序（ch3.1_2.cpp），思考该程序运行后的输出结果。

```cpp
1. #include<iostream>
2. using namespace std;
3. int x,y;
4. int main(){
5.     x = 95;
6.     y = x > 'a';
7.     cout << y << endl;
8.     return 0;
9. }
```

【问题分析】

由于变量 x 的值为 95，字符 'a' 的 ASCII 码值为 97，95 不大于 97，所以输出 0。

【例3】 阅读下面程序(ch3.1_3.cpp),思考该程序运行后的输出结果。

```cpp
#include<iostream>
using namespace std;
char x,y;
int main(){
    x = 'B';
    y = 65 + (x > 'a');
    cout << y << endl;
    return 0;
}
```

【问题分析】

由于变量 x 的值为字符'B',字符'B'的 ASCII 码值 66 不大于字符'a'的 ASCII 码值 97,所以表达式 x > 'a'的值为 0,字符变量 y 的值被赋为'A'的 ASCII 码值 65,所以输出字符'A'。

小节练习

1.阅读下面程序(ex3.1_1.cpp),写出运行结果。

```cpp
#include<iostream>
using namespace std;
int x,y,z;
int main(){
    x = 100;
    y = 95;
    z = 5;
    cout << (x > y > z) << endl;
    return 0;
}
```

输出结果为:

2. 阅读下面程序(ex3.1_2.cpp),写出运行结果。

```cpp
#include<iostream>
using namespace std;
int x,y,z;
int main(){
    x = 100;
    y = 100;
    z = x == y;
    cout << z << endl;
    return 0;
}
```

输出结果为：

3. 阅读下面程序（ex3.1_3.cpp），写出运行结果。

```
1.  #include<iostream>
2.  using namespace std;
3.  char ch;
4.  int main() {
5.      ch = 'M';
6.      ch = ch + 32;
7.      cout << (ch == 'm') << endl;
8.      return 0;
9.  }
```

输出结果为：

逻辑运算符和逻辑表达式

设 a 为 5，b 为 10，x 是一个在 a 和 b 之间的正整数，数学上可以这么表示 a < x < b。对于表达式 a < x < b，C++ 从左到右执行，先判断表达式 a < x 如果成立则值为 1，否则为 0，最后将 1 或 0 再和 b 比较。这显然不是正确的表示方法。

如何正确地表示呢，我们就需要用到 C++ 语言中的逻辑运算符和逻辑表达式。

1. 逻辑运算符与逻辑表达式的概念

在 C++ 中，有三种逻辑运算符：&&（逻辑与）、||（逻辑或）、!（逻辑非）。其中，&& 和 || 是双目运算符，而 ! 是单目运算符。C++ 还提供了替代关键词 not、and、or 来分别表示 !、&&、||。

由逻辑运算符连接起来的表达式，称为逻辑表达式。

2. 逻辑表达式的值及其含义

（1）逻辑运算符及其含义

表 3.2-1 逻辑运算符含义表

运算符	替代关键词	含义	举例	说明
!	not	逻辑非	!x	如果 x 的值为真，则结果为假，否则为真
&&	and	逻辑与	x && y	如果 x 和 y 的值都为真，结果才为真，否则为假
||	or	逻辑或	x || y	只要 x 和 y 的值有一个为真，结果就为真，否则为假

x && y 可以写成 x and y，x || y 可以写成 x or y，!x 可以写成 not x。编写 C++ 程序时，使用 not、and、or 这些关键词可以避免只写一个 & 或 | 导致逻辑错误，能有效地增强程序的可读性。当然在我们实际编程时，这种写法不太常用。

（2）逻辑运算的真值表

逻辑表达式的值也是一个逻辑值"真"（1）或"假"（0）。

表 3.2-2　逻辑表达式真值表

x	y	x && y(x and y)	x || y(x or y)	!x(not x)	!y(not y)
0	0	0	0	1	1
0	1	0	1	1	0
1	0	0	1	0	1
1	1	1	1	0	0

3. 逻辑运算符的优先级

三种逻辑运算符中，!（not）的优先级最高，&&（and）的优先级其次，||（or）的优先级最低。

注意：

（1）! 运算符比关系运算符优先级高，&& 和 || 运算符的优先级低于关系运算符。

【例1】　阅读下面程序（ch3.2_1.cpp），思考该程序运行后的输出结果。

```
1.  #include<iostream>
2.  using namespace std;
3.  int x,y;
4.  int main(){
5.      x = 15;
6.      y = 20;
7.      cout << (!x) << endl;
8.      cout << (x >= 10 && x <= 20) << endl;
9.      cout << (x < 10 || x > 20) << endl;
10.     return 0;
11. }
```

程序输出：

0

1

0

【问题分析】

由于 x 的值为 15，是个非零值，所以 !x 的值为 0；x 的值 15 满足条件大于等于 10 且小于等于 20，所以表达式 x >= 10 && x <= 20 的值为 1；x 的值 15 不满足小于 10 或大于 20 的条件，所以表达式 x < 10 || x > 20 的值为 0。

（2）整型、字符型、浮点型、指针型、枚举型数据也可以参与逻辑运算。如果数据为非 0 值，C++作为"真"来处理，如果数据为 0 值，则作为"假"来处理。

【例2】 阅读下面程序(ch3.2_2.cpp),思考该程序运行后的输出结果。

```
1.  #include<iostream>
2.  using namespace std;
3.  int main(){
4.      cout << (5 && 0) << endl;
5.      cout << (-1 || 0) << endl;
6.      return 0;
7.  }
```

程序输出:
0
1

【问题分析】
5 为非 0 值,所以表达式 5 && 0 的值为 0;-1 为非 0 值,所以表达式 -1 || 0 的值为 1。

(3) && 和 || 的短路运算

&& 和 || 的短路运算是指如果当前能明确地知道整个表达式的结果,那么就不会进行后面表达式的运算判断。

【例3】 阅读下面程序(ch3.2_3.cpp),思考该程序运行后的输出结果。

```
1.  #include<iostream>
2.  using namespace std;
3.  int x = 0,y = 5,z;
4.  int main(){
5.      z = x && y++;
6.      z = 100 || x++;
7.      cout << x << " " << y << endl;
8.      return 0;
9.  }
```

程序输出:
0 5

【问题分析】
由于 x 的值为 0,表达式 x && y++ 执行到 x 时已经确定整个值为假就不会执行 y++,所以 y 的值没有改变。由于 100 为非 0 值,表达式 100 || x++ 执行到 100 时就确定值为真就不会执行 x++,所以 x 的值也没有改变。

注意:优先级只是决定了表达式的结合次序,而不是运算顺序!上面例题中 ++ 运算符的优先级虽然高,但不是先运算。

【例4】 联合国于 1985 年将青年定为 15 至 24 岁之间的人,一个人的年龄用整型变量 age 表示,请写出判断他是否为青年的表达式。(ch3.2_4.cpp)

【问题分析】如果一个人的年龄大于等于 15 且小于等于 24,则是青年,否则不是青年。表达式可以写成:

age >= 15 && age <= 24

也可以写成:!（age < 15 || age > 24）。

小节练习

1.阅读下面程序(ex3.2_1.cpp),写出运行结果。

```
1.  #include<iostream>
2.  using namespace std;
3.  int x,y,ans;
4.  int main(){
5.      x = 59;
6.      y = 85;
7.      ans = x >= 60 && y < 60 || x < 60 && y > 60;
8.      cout << ans << endl;
9.      return 0;
10. }
```

输出结果为:

2. 阅读下面程序(ex3.2_2.cpp),写出运行结果。

```
1.  #include<iostream>
2.  using namespace std;
3.  int x,y,z,ans;
4.  int main(){
5.      x = 3;
6.      y = 4;
7.      z = 5;
8.      ans = x + y > z && x + z > y && y + z > x;
9.      cout << ans << endl;
10.     return 0;
11. }
```

输出结果为:

3. 判断等腰直角三角形(ex3.2_3.cpp)。

【问题描述】

输入三个正整数 x、y、z 表示一个三角形的三条边长,如 $x^2+y^2=z^2$ 或 $x^2+z^2=y^2$ 或 $y^2+z^2=x^2$,则三角形为直角三角形。请判断这个三角形是否为等腰直角三角形。

【输入格式】

一行,包含三个用空格隔开的正整数 x、y 和 z。

【输出格式】
如是等腰直角三角形则输出1,否则输出0。
【输入样例】
3 4 5
【输出样例】
0

3.3 if 语句

在前面的学习中,我们已经接触过顺序结构的程序。顺序结构的程序虽然能解决计算、输出等问题,但不能做出判断并根据判断结果再执行相关语句。在实际生活中经常需要做出一些判断。例如汽车没油了就要加油,如果天冷了就要加衣服。这就用到我们现在所要学的分支结构语句之 If 语句。

1. 单路分支语句

单路分支语句的形式如下:

if (表达式) 语句;

如果表达式成立即表达式的值为真(非0),则执行语句,否则什么也不做。

注意:

(1) 表达式可以是关系表达式、逻辑表达式、数值表达式等。表达式必须用一对圆括号括起来。

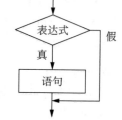

图 3.3-1 单路分支流程图

(2) 表达式后跟的语句可以是一个基本语句,可以是复合语句,也可以是空语句,但必须是完整的一个语句。

(3) 若干条语句用一对花括号"{ }"括起来组成一个复合语句。

(4) 空语句由一个分号";"组成,不进行任何操作。

【例1】 阅读下面程序(ch3.3_1.cpp),思考该程序运行后的输出结果。

```
1. #include<iostream>
2. using namespace std;
3. int score = 95;
4. int main() {
5.     if (score >= 90)
6.         cout << "good" << endl;
7.     return 0;
8. }
```

程序输出:good

【问题分析】

score 的值为95,所以条件表达式 score >= 90 的值为真,程序输出"good"。

【例2】 阅读下面程序(ch3.3_2.cpp),思考该程序运行后的输出结果。

```
1.  #include<iostream>
2.  using namespace std;
3.  int score;
4.  int main() {
5.      cin >> score;
6.      if (score = 90)
7.          cout << "good" << endl;
8.      return 0;
9.  }
```

程序输出:good

【问题分析】

不管输入什么值,程序只会输出"good"。因为 if 语句中的表达式为赋值表达式,首先将 score 的值赋为 90,再判断 score 的值为非 0,所以执行 if 中的语句输出"good"。

【例3】 比较两个整数的大小(ch3.3_3.cpp)。

【问题描述】

输入两个整数 x 和 y,比较它们的大小。

【输入格式】

一行,包含两个整数 x 和 y,中间用一个空格隔开。

【输出格式】

如 x > y 则输出"greater",如 x 和 y 相等输出"equal",如 x < y 则输出"less"。

【输入样例】

5 6

【输出样例】

less

【问题分析】

x 和 y 的大小关系只有三种,用三个 if 语句就可以分别表示。

【参考程序】

```
1.  #include<iostream>
2.  using namespace std;
3.  int x,y;
4.  int main() {
5.      cin >> x >> y;
6.      if (x > y)
7.          cout << "greater" << endl;
8.      if (x == y)
9.          cout << "equal" << endl;
10.     if (x < y)
```

```
11.        cout << "less" << endl;
12.        return 0;
13. }
```

【例4】 顺序输出三个整数(ch3.3_4.cpp)。

【问题描述】

输入三个整数a、b、c,按由小到大的顺序输出。

【输入格式】

一行,包含三个整数a、b、c,每两个整数之间用一个空格隔开。

【输出格式】

一行,包含三个由小到大的整数,每两个整数之间用一个空格隔开。

【输入样例】

5 3 4

【输出样例】

3 4 5

【问题分析】

用三个变量a、b、c保存三个整数,首先将a与b比较,如果a比b大,则交换a和b的值,以确保a的值在前两个数中最小。再将a与c比较,如果a比c大,则交换a和c的值,以确保a的值在前三个数中最小。最后将b与c比较,如果b比c大,则交换b和c的值,这样a、b、c中的值分别为最小值、中间值、最大值。

【参考程序】

```
1.  #include<iostream>
2.  using namespace std;
3.  int a,b,c,tmp;
4.  int main() {
5.      cin >> a >> b >> c;
6.      if (a > b) { //如果a比b大,则交换a和b的值。
7.          tmp = a;
8.          a = b;
9.          b = tmp;
10.     }//由于交换a和b的值时,用了三个语句,所以此处要用复合语句。
11.     if (a > c) {
12.         tmp = a;
13.         a = c;
14.         c = tmp;
15.     }
16.     if (b > c) {
17.         tmp = b;
18.         b = c;
```

```
19.            c = tmp;
20.        }
21.        cout << a << " " << b << " " << c << endl;
22.        return 0;
23. }
```

2. 双路分支语句

前面介绍过单路分支条件判断语句,条件成立的情况下才执行语句,对条件不成立的情况,不做任何操作。但在实际编程中经常遇到,条件成立时要执行相应语句,条件不成立时也要执行相应的语句的情况。如:我们开车到路口时,如果遇到红灯就要停下来,如果是绿灯就继续往前开。对于这种情况,我们就需要用到这样既要判断满足条件,也要判断不满足条件的语句结构,称为双路分支条件判断语句,其形式为:

if(表达式)
    语句1;
else
    语句2;

如果表达式成立即表达式的值为真(非0),则执行语句1,否则执行语句2。

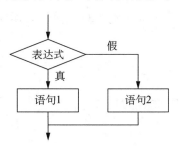

图 3.3-2 双路分支流程图

【例5】 判断一个整数 n 是奇数还是偶数(ch3.3_5.cpp)。
【问题描述】
输入一个整数 n,如果 n 是奇数,输出 odd;如果 n 是偶数,输出 even。
【输入格式】
一行,包含一个整数 n。
【输出格式】
一行,如果 n 是奇数,输出 odd;如果 n 是偶数,输出 even。
【输入样例】
3
【输出样例】
odd

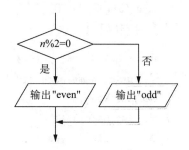

图 3.3-3 判断奇偶数流程图

【问题分析】
如果一个数是偶数,则除以 2 余数为 0,否则为 1。

【参考程序】

```
1.  #include<iostream>
2.  using namespace std;
3.  int n;
4.  int main() {
5.      cin >> n;
6.      if (n % 2 == 0)
7.          cout << "even" << endl;
8.      else
9.          cout << "odd" << endl;
10.     return 0;
11. }
```

【例6】 判断闰年(ch3.3_6.cpp)。

【问题描述】

闰年是公历中的名词,如果年份小于等于3000,则满足以下两个条件之一就是闰年:

(1)能被4整除,但不能被100整除;

(2)能被400整除。

输入一个整数 year(year 的范围为 1 到 3000 之间)表示年份,判断其是否为闰年。

【输入格式】

一行,包含一个整数 year。

【输出格式】

一行,如果是闰年输出 Y,否则输出 N。

【输入样例】

2000

【输出样例】

Y

【问题分析】

根据问题描述,我们可以写出判断闰年的表达式:(year % 4 == 0 && year % 100 != 0) || year % 400 == 0。

【参考程序】

```
1.  #include<bits/stdc++.h>
2.  using namespace std;
3.  int year;
4.  int main() {
5.      cin >> year;
6.      if ((year % 4 == 0 && year % 100 != 0) || year % 400 == 0)//注意优先级
7.          cout << "Y" << endl;
8.      else
```

```
9.        cout << "N" << endl;
10.       return 0;
11. }
```

【例7】 计算邮资(noi.openjudge.cn,ch3.3_7.cpp)。

【问题描述】

根据邮件的重量和用户是否选择加急计算邮费。计算规则:重量在1000克以内(包括1000克),基本费8元。超过1000克的部分,每500克加收超重费4元,不足500克部分按500克计算;如果用户选择加急,多收5元。

【输入格式】

输入一个整数和一个字符,以一个空格分开,分别表示重量(单位为克)和是否加急。如果字符是y,说明选择加急;如果字符是n,说明不加急。

【输出格式】

一行,一个整数,表示邮费。

【输入样例】

1200 y

【输出样例】

17

【问题分析】

根据题意,如果重量在1000克以内(包括1000克),只要收基本费8元,超过1000克的部分,每500克加收超重费4元,不足500克部分按500克计算。这就可以用双路分支语句来解决这个问题。

【参考程序】

```cpp
1.  #include<iostream>
2.  using namespace std;
3.  int w,m;
4.  char ch;
5.  int main() {
6.      cin >> w >> ch;
7.      if (w <= 1000)//重量在1000克以内
8.          m = 8;
9.      else { //重量超过1000克
10.         m = 8 + (w - 1000) / 500 * 4;
11.         if ((w - 1000) % 500)
12.             m = m + 4;
13.     }
14.     if (ch == 'y')
15.         m = m + 5;
16.     cout << m << endl;
17.     return 0;
18. }
```

思考:只要来寄邮件,基本费 8 元是肯定要收的,所以我们可以不用考虑重量在 1000 克以内,那么这题我们还可以用单路分支语句来解决。

【参考程序】

```
1.  #include<iostream>
2.  using namespace std;
3.  int w,m = 8;//只要来寄邮件,基本费8元必须要有。
4.  char yes;
5.  int main() {
6.      cin >> w >> yes;
7.      if (w > 1000){
8.          m = m + (w - 1000) / 500 * 4;
9.          if ((w - 1000) % 500 != 0)
10.             m = m + 4;
11.     }
12.     if (yes == 'y')
13.         m = m + 5;
14.     cout << m << endl;
15.     return 0;
16. }
```

3. 多路分支语句

前面例 3 中所讲的比较两个整数的大小,我们可以先判断 x 是否大于 y,如果 x 大于 y 则输出"greater";否则继续判断 x 是否等于 y,如果 x 等于 y,则输出"equal",否则输出"less"。

生活中有很多类似比较两个整数的大小问题,需要依据多种不同情况分别进行处理,这时候要用到多路分支结构。C++语言中,可以用 if 语句的嵌套来实现多路分支结构。其形式为:

if(表达式 1)
  if(表达式 2)
    语句 1;
  else
    语句 2;
else
  if(表达式 3)
    语句 3;
  else
    语句 4;

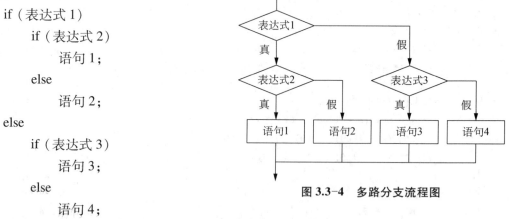

图 3.3-4 多路分支流程图

当然,语句 1、语句 2、语句 3、语句 4 还可以是 if 语句。

这种 if 语句中还有 if 语句的写法,我们叫 if 语句的嵌套。

【例8】 工龄奖（ch3.3_8.cpp）。
【问题描述】
年底了，某公司为了留住优秀员工，要给员工发工龄奖。具体规则如下：工龄两年以内，发月薪1倍的工龄奖；工龄2年以上，发月薪1.8倍的工龄奖；工龄5年以上，发月薪3倍的工龄奖。根据某一员工的工龄，计算其工龄奖是多少。
【输入格式】
输入两个用空格隔开的整数，表示某一员工的月薪和工龄。
【输出格式】
一行，包含一个数，表示某一员工的工龄奖，要求精确到小数点后两位。
【输入样例】
3000 2
【输出样例】
3000.00

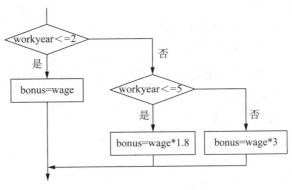

图3.3-5 工龄奖流程图

【问题分析】
根据题意，员工的工龄奖分三种情况，用if语句的嵌套可以方便地实现。
【参考程序】

```
1.  #include<iostream>
2.  using namespace std;
3.  int workyear;
4.  float wage,bonus;
5.  int main() {
6.      cin >> wage >> workyear;
7.      if (workyear <= 2)
8.          bonus = wage;
9.      else if (workyear <= 5)
10.         bonus = wage * 1.8;
11.     else
12.         bonus = wage * 3;
13.     cout << fixed << setprecision(2) << bonus << endl;
14.     return 0;
15. }
```

注意：if语句嵌套时，可以不跟else语句，如果有else语句，else语句总是与它上面的最近的未配对的if语句配对。

```
if（表达式1）
    if（表达式2）
        语句1；          //嵌套的if语句
    else
        语句2；
else
    if（表达式3）
        语句3；
```

为了正确地表达程序意图,我们编程时可以用复合语句来清楚地表达配对关系。如下面的表现形式：

```
if（表达式1）{
    if（表达式2）
        语句1；
    else
        语句2；
}
else
    if（表达式3）
        语句3；
```

【例9】 成绩转换（ch3.3_9.cpp）。

【问题描述】为了减轻学生负担,淡化分数的影响,薛老师决定将学生的考试成绩以等级形式呈现。具体规则如下：成绩大于等于90分且小于等于100分的为A；成绩大于等于80分且小于90分的为B；成绩大于等于70分且小于80分的为C；成绩大于等于60分且小于70分的为D；小于60分的为E；如果成绩大于100分或小于0分则输出"error"。

【输入格式】
一个整数,表示某同学的成绩。

【输出格式】
一行,根据学生的成绩输出相应的等级或提示信息。

【输入样例】
90

【输出样例】
A

【问题分析】
根据题意,共有6种情况需要我们编程判断,用if语句的嵌套可以方便地解决这种多路分支问题。

【参考程序】

```
1.  #include<iostream>
2.  using namespace std;
3.  int score;
4.  int main(){
5.      cin >> score;
6.      if (score > 100 || score < 0) cout << "error";
7.      else if (score >= 90) cout << "A" << endl;
8.          else if (score >= 80) cout << "B" << endl;
9.              else if (score >= 70) cout << "C" << endl;
10.                 else if (score >= 60) cout << "D" << endl;
11.                     else cout << "E" << endl;
12.     return 0;
13. }
```

注意：如果用 if 语句的嵌套来实现多路分支的结构时，建议只在 if 后或只在 else 后嵌套 if 语句以增强程序的可读性。

小节练习

1.阅读下面程序(ex3.3_1.cpp)，写出运行结果。

```
1.  #include<iostream>
2.  using namespace std;
3.  int n;
4.  int main() {
5.      if (++n)
6.          cout << n << endl;
7.      return 0;
8.  }
```

输出结果为：

2.阅读下面程序(ex3.3_2.cpp)，写出运行结果。

```
1.  #include<iostream>
2.  using namespace std;
3.  int num = 100;
4.  int main() {
5.      if (num > 0)
6.          cout << "positive" << endl;
7.      if (num == 0)
8.          cout << "zero" << endl;
```

```
9.    if (num < 0)
10.       cout << "negative" << endl;
11.    return 0;
12. }
```

输出结果为:

3. 阅读下面程序(ex3.3_3.cpp),写出运行结果。

```
1. #include<iostream>
2. using namespace std;
3. char ch;
4. int main(){
5.    ch = 'A';
6.    if (ch >='A' && ch <='Z') ch = ch + 32;
7.    cout << ch << endl;
8.    if (ch =='a') printf("%d\n",1);
9.       else printf("%d\n",0);
10.    return 0;
11. }
```

输出结果为:

4. 阅读下面程序(ex3.3_4.cpp),写出运行结果。

```
1. #include<bits/stdc++.h>
2. using namespace std;
3. float n,y;
4. int main() {
5.    n = 1.0;
6.    if (n >= 0 && n < 5)
7.       y = -n + 2.5;
8.    if (n >= 5 && n < 10)
9.       y = 2 - 1.5 * (n - 3) * (n -3);
10.    if (n >= 10 && n < 20)
11.       y = n / 2 - 1.5;
12.    printf("%0.3f\n",y);
13.    return 0;
14. }
```

输出结果为:

5. 判断是否为两位数(ex3.3_5.cpp)。

【问题描述】

判断一个正整数是否是两位数(即大于等于10且小于等于99)。

【输入格式】

一个正整数,不超过1000。

【输出格式】

一行,若该正整数是两位数,输出1,否则输出0。

【输入样例】

54

【输出样例】

1

6. 评选优秀员工(ex3.3_6.cpp)。

【问题描述】

某公司规定:年销售业绩100万以上并且入职满两年的员工可以被评为优秀员工,现在告诉你某一员工的销售业绩和入职年限,如果他能获奖则输出"lucky",否则输出"failure"。

【输入格式】

两个用空格隔开的正整数,分别表示某一员工的销售业绩和入职年限。

【输出格式】

一行,如果他能获奖则输出"lucky",否则输出"failure"。

【输入样例】

120 1

【输出样例】

failure

7. 判断回文数(ex3.3_7.cpp)。

【问题描述】

给定一个正整数n,若将n的各位数字反向排列所得自然数newn与n相等,则称n为回文数。如12321是回文数,1024就不是回文数。现给定一个三位正整数,如果是回文数输出"yes",否则输出"no"。

【输入格式】

一行,一个三位正整数。

【输出格式】

一行,如果该三位正整数是回文数输出"yes",否则输出"no"。

【输入样例】

121

【输出样例】

yes

8. 狗的年龄(ex3.3_8.cpp)。

【问题描述】

五岁的狗相当于人类的多少岁呢?其实,狗的前两年每一年相当于人的10.5岁,之后每增加一年就增加四岁。编写一个程序,根据输入的狗的年龄,求出相当于人类多少岁?如果狗的年龄为负数,则输出"error"。

【输入格式】

输入一个不超过15的正整数,表示一只狗的年龄。

【输出格式】
一行,包含一个数,表示相当于人类多少岁,要求精确到小数点后一位。
【输入样例】
5
【输出样例】
33.0

9. 顺序输出(ex3.3_9.cpp)
【问题描述】
输入四个整数 a、b、c、d,按由小到大的顺序输出。
【输入格式】
一行,包含四个整数 a、b、c、d,每两个整数之间用一个空格隔开。
【输出格式】
一行,包含四个由小到大的整数,每两个整数之间用一个空格隔开。
【输入样例】
5 3 4 1
【输出样例】
1 3 4 5

10. 简单计算器(ex3.3_10.cpp)。
【问题描述】
一个最简单的计算器支持+、-、*三种运算。仅需考虑输入输出为整数的情况,数据和运算结果不会超过 int 表示的范围。
【输入格式】
输入只有一行,共有 3 个参数,其中第 1、2 个参数为整数,第 3 个参数为操作符(+、-、*)。
【输出格式】
输出只有一行,一个整数,为运算结果。如果出现无效的操作符(即不为 +、-、* 之一),则输出"Invalid operator!"。
【输入样例】
1 2 +
【输出样例】
3

3.4 条件表达式

在前面的学习中,我们如果要求 a、b 两个数中的最大值,可以用下面的 if 语句完成:
if (x > y)
  ans = x;
else

```
    ans = y;
```
不过,C++提供了一种更加简单的方法,可以用条件表达式解决。

1. 条件运算符

C++中提供了条件运算符"?:",要求有3个操作对象,称为三目运算符,是C++中唯一的三目运算符。

2. 条件表达式

条件表达式的的一般形式为:<表达式1> ? <表达式2> : <表达式3>

条件表达式的运算过程为:首先求表达式1的值,若其值为真(非0),则取表达式2的值为整个表达式的值;若其值为假(0),则取表达式3的值为整个表达式的值。

注意:

(1) 条件运算符的优先级低于关系运算符和算术运算符,但高于赋值符。所以求a、b两个数中的最大值可以用语句:ans = (a > b) ? a:b;

由于条件运算符的优先级高于赋值符,上面的语句可以不加括号:ans = a > b ? a:b;

(2) 条件运算符?和:是一对运算符,不能分开单独使用。

【例1】 阅读下面程序(ch3.4_1.cpp),思考该程序运行后的输出结果。

```
1.  #include<iostream>
2.  using namespace std;
3.  char ch;
4.  int main(){
5.      ch = 'A';
6.      ch = (ch >= 'A' && ch <= 'Z') ? (ch + 32):ch;
7.      cout << ch << endl;
8.      (ch == 'a') ? printf("%d\n",1) : printf("%d\n",0);
9.      return 0;
10. }
```

程序输出:

a

1

【问题分析】

由于变量ch的值为'A',所以ch >= 'A' && ch <= 'Z'的值为真,ch的值重新赋为'a'。所以第一行输出a。

(ch == 'a')? printf("%d\n",1):printf("%d\n",0);

可以看成语句:if (ch == 'a') printf("%d\n",1);else printf("%d\n",0);

所以第二行输出1。

【例2】 等边三角形判定(ch3.4_2.cpp)。

【问题描述】

已知A、B、C为三个不超过100的正整数,表示一个三角形的三边边长,如这个三角形为等边三角形则输出"Yes",否则输出"No"。

【输入格式】

输入仅有1行,包含3个用空格隔开的整数A、B、C。

【输出格式】

如这个三角形为等边三角形则输出"Yes",否则输出"No"。

【输入样例】

2 2 2

【输出样例】

Yes

【问题分析】

这题是典型的双路分支问题,可以用if语句解决,也可以用条件表达式解决。

【参考程序】

```
1. #include<iostream>
2. using namespace std;
3. int a,b,c;
4. int main() {
5.     cin >> a >> b >> c;
6.     (a == b && b == c) ? cout << "Yes" << endl : cout << "No" << endl;
7.     return 0;
8. }
```

3. 条件表达式的嵌套

和if语句一样,条件表达式也可以嵌套使用。

【例3】 阅读下面程序(ch3.4_3.cpp),思考该程序运行后的输出结果。

```
1. #include<iostream>
2. using namespace std;
3. int n,ans;
4. int main() {
5.     n = -10;
6.     ans = n > 0 ? 1 : n == 0 ? 0 : -1;
7.     cout << ans << endl;
8.     return 0;
9. }
```

程序输出:-1

【问题分析】

条件运算符的执行顺序是从右向左。所以条件表达式 n > 0 ? 1 : n == 0 ? 0 : -1 相当于 n > 0 ? 1 : (n == 0 ? 0 : -1),最后输出结果为-1。

理论上,条件运算符可以一直嵌套下去,相当于 if else 语句的嵌套。

if(表达式1) 语句1

else if(表达式2) 语句2

　　　　else if(表达式3) 语句3
　　　　…
　　　　else if(表达式m) 语句m
else 语句n

所以我们可以把条件运算符看成是一种简写的 if else。

小节练习

1. 阅读下面程序(ex3.4_1.cpp)，写出运行结果。

```
1.  #include<iostream>
2.  using namespace std;
3.  int score;
4.  char ch;
5.  int main() {
6.      score = 2;
7.      ch = score == 1 ? 'A' : score == 2 ? 'B' : 'C';
8.      cout << ch << endl;
9.      return 0;
10. }
```

输出结果为：

2. 阅读下面程序(ex3.4_2.cpp)，写出运行结果。

```
1.  #include<iostream>
2.  using namespace std;
3.  int score;
4.  int main() {
5.      score = -20;
6.      score > 0 ? cout << score << endl : cout << -score << endl;
7.      return 0;
8.  }
```

输出结果为：

3. 判断是否为酒后驾车(ex3.4_3.cpp)。

【问题描述】

如果规定,车辆驾驶员的血液酒精含量小于 20 mg/100 ml 不构成酒驾;酒精含量大于或等于 20 mg/100 ml 为酒驾;酒精含量大于或等于 80 mg/100 ml 为醉驾。如果驾驶员不构成酒驾则输出"驾驶员不构成酒驾",如果构成酒驾则输出"驾驶员酒驾",如果驾驶员构成醉驾,则输出"驾驶员醉驾"。

【输入格式】

一个正整数,表示车辆驾驶员每 100 ml 血液中的酒精含量。

【输出格式】

一行,如果驾驶员不构成酒驾则输出"驾驶员不构成酒驾";如果构成酒驾则输出"驾驶员酒驾";如果驾驶员构成醉驾,则输出"驾驶员醉驾"。

【输入样例】

10

【输出样例】

驾驶员不构成酒驾

4. 船票(ex3.4_4.cpp)。

【问题描述】

乘游船夜游凤城河是件惬意的事。已知游船的票价是这么规定的:4岁以下免费;4~17岁收费30元;18岁(含)以上收费60元。请根据游客的年龄算出船票的价格。

【输入格式】

一行,包含一个正整数,分别表示某一游客的年龄。

【输出格式】

一行,包含一个整数,表示船票的价格。

【输入样例】

4

【输出样例】

30

5. 乘车费用(ex3.4_5.cpp)。

【问题描述】

明明准备打车到市里的万达广场玩。打车计价方案为:3千米以内起步是9元;超过3千米之后按2元/千米计价;超过10千米之后在2元/千米的基础上加价50%,不足1千米按1千米计算。由于交通畅通,停车等候的费用忽略不计。请编程计算他的打车费用。

【输入格式】

一行,包含一个正整数,乘车距离。

【输出格式】

一行,包含一个整数,表示打车费用。

【输入样例】

3

【输出样例】

9

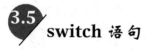 switch 语句

if 语句用于构成只有两路分支的选择结构,通过 if 语句的嵌套,也可以构成多路分支选择结构。

在前面的学习中,我们用 if 语句实现多路分支结构。if 语句一般用于构成只有两路分支的选择结构,如果要实现多路分支结构通常需要进行嵌套才能实现。if 语句结构灵活,能处理任意多路分支,但嵌套层数多了会降低程序的可读性。

在处理多路分支结构时,C++还提供了另一种选择:switch 语句,其一般形式为:
switch(表达式){
    case 常量表达式 1: 语句组 1;[break;]
    case 常量表达式 2: 语句组 2;[break;]
    …
    case 常量表达式 n: 语句组 n;[break;]
    [default:语句组 n+1]
}

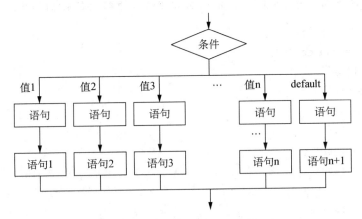

图 3.5-1 switch 语句流程图

注意:
(1) 表达式的值可以是整型、字符型,也可以是枚举型;
(2) switch 语句从第一个 case 开始判断,不匹配则跳到下一个 case 继续判断;
(3) 遇到 break 则跳出 switch 语句;
(4) default 一般是没有匹配项才执行的,一般是放在 switch 语句末尾。如果执行时没有匹配项,或 default 的前一个匹配项最后没有 break 语句,那么 default 会被执行。

【例 1】 阅读下面程序(ch3.5_1.cpp),思考该程序运行后的输出结果。

```
1. #include<iostream>
2. using namespace std;
3. int day;
4. int main(){
5.     day = 5;
6.     switch(day){
7.         case 1:cout << "Monday" << endl;break;
8.         case 2:cout << "Tuesday" << endl;break;
```

```
9.        case 3:cout << "Wednesday" << endl;break;
10.       case 4:cout << "Thursday" << endl;break;
11.       case 5:cout << "Friday" << endl;break;
12.       case 6:cout << "Saturday" << endl;break;
13.       case 7:cout << "Sunday" << endl;
14.    }
15.    return 0;
16. }
```

程序输出:Friday

【问题分析】

由于 day 的值为 5,所以执行对应的 cout << "Friday" << endl;break;。

【例2】 阅读下面程序(ch3.5_2.cpp),思考该程序运行后的输出结果。

```
1.  #include<iostream>
2.  using namespace std;
3.  int a,b;
4.  int main() {
5.     a = 1;
6.     b = 0;
7.     switch(a) {
8.        case 1:
9.           b = 1;
10.       case 2:
11.          b = 2;
12.          break;
13.       default:
14.          b = 0;
15.    }
16.    cout << b << endl;
17.    return 0;
18. }
```

程序输出:2

【问题分析】

a 的值为 1,一开始执行语句 b = 1,由于没有 break 语句,继续执行 case 2 后面的语句 b = 2,然后执行 break 语句,所以最终输出 b 的结果是 2。

【例3】 成绩转换(ch3.5_3.cpp)。

【问题描述】

为了减轻学生负担,淡化分数的影响,薛老师决定将学生的考试成绩以等级形式呈现。具体规则如下:成绩大于等于 90 分且小于等于 100 分的为 A;成绩大于等于 80 分且小于 90 分的为 B;成绩大于等于 70 分且小于 80 分的为 C;成绩大于等于 60 分且小于 70 分的为 D;

小于 60 分的为 E。

【输入格式】

输入一个整数,表示某同学的成绩。

【输出格式】

一行,根据学生的成绩输出相应的等级或提示信息。

【输入样例】

90

【输出样例】

A

【问题分析】

我们可以发现得 B 的同学其成绩的十位数是 8,得 C 的同学其成绩的十位数是 7,那么用 switch 语句解决本题就很方便了。

【参考程序】

```
1.  #include<iostream>
2.  using namespace std;
3.  int score;
4.  int main() {
5.      cin >> score;
6.      switch(score / 10) {
7.          case 10:
8.          case 9:
9.              cout << "A" << endl;
10.             break;
11.         case 8:
12.             cout << "B" << endl;
13.             break;
14.         case 7:
15.             cout << "C" << endl;
16.             break;
17.         case 6:
18.             cout << "D" << endl;
19.             break;
20.         default :
21.             cout << "E" << endl;
22.     }
23.     return 0;
24. }
```

小节练习

1. 阅读下面程序(ex3.5_1.cpp),写出运行结果。

```
1.  #include<iostream>
2.  using namespace std;
3.  int sel;
4.  int main(){
5.      sel = 3;
6.      switch(sel){
7.          case 1:cout << "your input is 1" << endl;break;
8.          case 2:cout << "your input is 2" << endl;break;
9.          default : cout << "input error" << endl;
10.     }
11.     return 0;
12. }
```

输出结果为:

2. 求月份的英语单词(ex3.5_2.cpp)。

【问题描述】

输入一个1到12之间的整数,表示某一月份,输出这个月份对应的英文单词。

【输入格式】

一个正整数,表示某一月份。

【输出格式】

一行,输出对应的英文单词,如果输入1,则输出"January"。

【输入样例】

1

【输出样例】

January

第 4 章　循环结构的程序设计

在日常生活中,我们经常需要反复做一件事,如学生每天要上学、上课、放学,我们每个人要每天刷牙、洗脸等。同样,在程序设计中,也经常需要反复执行某一条语句或一个语句块,这种控制重复执行的结构称为循环结构。由于运行速度很快,计算机非常擅长重复做一件事情,所以在程序设计中经常用到循环结构。

顺序结构、选择结构和循环结构是程序设计的三种基本结构,无论多复杂的程序,通常都由这三种基本结构构成,所以学好这三种结构是后面学习其他复杂算法的基础。

在 C++ 中,循环结构有三种实现语句:for 语句、while 语句和 do-while 语句。

4.1　for 循环及其应用

在实际应用中,如果重复执行的操作(循环体)次数是固定的,一般使用 for 语句。

1. for 循环结构

(1) 语句的格式如下:

for(表达式 1;表达式 2;表达式 3){
　　循环体
}

说明:表达式 1 和表达式 3 一般是赋值表达式,表达式 2 一般是一个关系表达式或逻辑表达式;循环体是指要重复执行的语句。如下面程序段 1 的 for 语句:

```
1.  for(int i = 1; i <= 10; i = i + 1) {
2.      int a, b, s;
3.      cin >> a >> b;
4.      s = a * b;
5.      cout << "长方形的面积为: " << s << endl;
6.  }
```

表达式 1 为赋值表达式"int i = 1",表达式 2 为关系表达式"i <= 10",表达式 3 为赋值表达式"i = i + 1",第 2 行~第 5 行就是要重复执行的循环体,该循环体的作用就是我们熟悉的求长方形的面积。

注意,for 语句中如果循环体只有一个语句,后面的大括号可以省略,如程序段 2:

```
1. for(int i = 1; i <= 10; i = i + 1) {
2.     x = x + 1;
3. }
```

也可以写成程序段 3 这样：

```
1. for(int i = 1; i <= 10; i = i + 1)
2.     x = x + 1;
```

或程序段 4 这样：

```
for(int i = 1; i <= 10; i = i + 1) x = x + 1;
```

但不能写成程序段 5 这样：

```
1. for(int i = 1; i <= 10; i = i + 1);
2.     x = x + 1;
```

因为第 1 行后面最后的分号，表明循环体是一个空语句，所以第 2 行的"x = x + 1;"不是循环体，而是 for 语句执行结束后的下一条语句，它和 for 语句构成的是顺序关系，和程序段 2、3、4 的功能是不同的。

此外，C++中 for 语句的写法比较灵活，表达式 1、表达式 2、表达式 3 根据程序的需要可以省略。如下面的程序段 6、程序段 7：

```
1. int i = 1;
2. for(; i <= 10; i = i + 1)
3.     x = x + 1;
```

```
1. int i = 1;
2. for(; i <= 10; ) {
3.     x = x + 1;
4.     i = i + 1;
5. }
```

在 C++中也是符合语法规范的，但我们一般不这样写。

（2）for 循环的执行过程如图 4.1-1 所示。

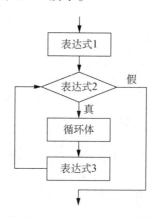

图 4.1-1　for 语句的流程图

根据上面的流程图,可以发现循环体的执行过程和 for 语句的 3 个表达式密切相关,如程序段 8:

```
1.  for(int i = 1; i <= 10; i = i + 1) {
2.      int a, b, s;
3.      cin >> a >> b;
4.      s = a * b;
5.      cout << "长方形的面积为: " << s << endl;
6.  }
```

按照 for 循环执行的过程:
第 1 步,执行表达式 1"int i = 1",进入第 2 步;
第 2 步,执行表达式 2,判定"i <= 10"是否成立,成立进入第 3 步;否则进入第 5 步;
第 3 步,执行循环体,即第 2 行~第 5 行求长方形面积的语句块,然后进入第 4 步;
第 4 步,执行表达式 3"i = i + 1",然后返回第 2 步;
第 5 步,for 循环语句结束,执行 for 循环语句后面的其他语句。
所以可以确定,循环体被反复执行了 10 次,这里的 i 通常也称为循环控制变量。
再如下面的程序段 9,思考循环体执行多少次?

```
1.  for(int i = 1; i <= 10; i--)
2.      x = x + 1;
```

按照 for 循环语句的执行过程,因为第 1 步"i--",导致第 2 步"i <= 10"始终成立,所以循环体被反复执行无数次。对于这样的循环,通常称之为死循环。

(3) for 循环结构的应用

【例 1】 阅读下面程序(ch4.1_1.cpp),思考该程序运行后的输出结果。

```
1.  #include<iostream>
2.  using namespace std;
3.  int main(){
4.      int a, b, c;
5.      cin >> a >> b >> c;
6.      for(int i = a; i <= b; i = i + c)
7.          cout << "*";
8.      cout << endl;
9.      return 0;
10. }
```

输入 1:2 6 2   输出 1:
输入 2:5 3 1   输出 2:

【问题分析】
程序中首先输入 a、b、c 的值,然后通过 for 循环中的三个表达式来控制循环体"cout<<" * ";"语句的执行次数,循环体功能为输出一个" * "。for 循环结束后通过语句"cout<<

end;"输出一个换行符,最后结束程序。下面主要来分析 for 循环语句的执行过程。

对于输入 1:

第 1 轮:"i = a"即 i 为 2,然后"i <= b"即 2 <= 6 成立,执行一次循环体,然后"i = i + c"即"i = 2 + 2",所以 i 为 4。

第 2 轮:"i <= b"即 4 <= 6 成立,执行一次循环体,然后"i = i + c"即"i = 4 + 2",所以 i 为 6。

第 3 轮:"i <= b"即 6 <= 6 成立,执行一次循环体,然后"i = i + c"即"i = 6 + 2",所以 i 为 8。

第 4 轮:"i <= b"即 8 <= 6 不成立,所以结束 for 循环语句的执行。

综上,可以发现 for 循环语句的循环体执行了 3 次,所以输出 3 个"*",最后再输出一个换行符,所以输出 1 为 1 行"***"。

对于输入 2:

第 1 轮:"i = a"即 i 为 5,然后"i <= b"即 5 <= 3 不成立,所以结束 for 循环语句的执行。

可以发现循环体执行 0 次,所以只输出一个换行符。

【例 2】 阅读下面程序(ch4.1_2.cpp),思考该程序运行后的输出结果。

```
1.  #include<cstdio>
2.  using namespace std;
3.  int main(){
4.      int x, s = 0;
5.      scanf("%d", &x);
6.      for(int i = 1; i <= x; i++)
7.          s = s + i;
8.      printf("%d\n", s);
9.      return 0;
10. }
```

输入 1: 5   输出 1:
输入 2: 20   输出 2:

【问题分析】

程序中首先通过"int x, s = 0"说明两个变量,并将 s 赋初值为 0,然后通过"scanf("%d", &x);"输入 x 的值,第三步通过 for 循环中的三个表达式来控制循环体"s = s + i;"语句的执行次数。for 循环结束后通过语句"printf("%d\n", s);"输出 s 的值和一个换行符,最后结束程序。下面主要来分析 for 循环语句的执行过程。

对于输入 1:

第 1 轮:"i = 1",然后"i <= x"即 1 <= 5 成立,执行循环体"s = s + i;",即"s = 0 + 1"s 为 1,然后"i ++"即 i 为 2。

第 2 轮:"i <= x"即 2 <= 5 成立,执行循环体"s = s + i;",即"s = 1 + 2"s 为 3,然后"i ++"即 i 为 3。

第3轮:"i <= x"即 3 <= 5 成立,执行循环体"s = s + i;",即"s = 3 + 3"s 为 6,然后"i ++"即 i 为 4。

第4轮:"i <= x"即 4 <= 5 成立,执行循环体"s = s + i;",即"s = 6 + 4"s 为 10,然后"i ++"即 i 为 5。

第5轮:"i <= x"即 5 <= 5 成立,执行循环体"s = s + i;",即"s = 10 + 5"s 为 15,然后"i ++"即 i 为 6。

第6轮:"i <= x"即 6 <= 5 不成立,所以结束 for 循环语句的执行。

综上,可以发现 for 循环语句执行结束后 s 为 15,所以输出 1 为 1 行 1 个数"15"。

研究输入 1 的过程,可以发现 s 最终的值为 1~x 的和,所以输入 20 时,s 最终为 210,即输出 2 为 1 行 1 个数"210"。

【例3】 阅读下面程序(ch4.1_3.cpp),思考该程序运行后的输出结果。

```
1.  #include<cstdio>
2.  using namespace std;
3.  int main(){
4.      int x, s = 0;
5.      scanf("%d", &x);
6.      for(int i = 1; i <= x; i++)
7.          if(x % i == 0)
8.              s++;
9.      printf("%d\n", s);
10.     return 0;
11. }
```

输入 1:6　　　　输出 1:

输入 2:20　　　　输出 2:

【问题分析】

可以发现最后输出的是 s 的值,所以主要来看 for 循环语句结束后,s 的值为多少。在这个程序中,循环体是选择结构语句"if(x % i == 0)　s++;",即"x % i == 0"时,才会执行"s++",对于输入 1,即 x 为 6,可以发现 i 为 1、2、3、6 时,"x % i == 0"成立,所以"s++"执行了 4 次,结合 s 的初值 0,可以得出最终 s 为 4,即输出 1 为 1 行 1 个数"4"。同理可得,输出 2 为 1 行 1 个数"6"。其实分析程序的功能,可以得出结论,s 最终的值为 x 的约数个数。

【例4】 积分处理(ch4.1_4.cpp)。

【问题描述】

谢老师正在致力于处理学校 OJ 上用户的积分信息,他希望积分应该以用户喜欢的方式呈现。用户喜欢的方式应该以用户容易阅读的格式为主。所以他决定对于较大的数据进行处理,具体的处理方式是:

(1)数字将显示为从 0 到 999 的整数,或显示为数千的正整数(从 1K 到 999K),或显示为数百万的正整数(从 1M 开始)。

(2) 当显示时, 指定的积分应该四舍五入。例如, 1785 应该四舍五入到 2K 而不是 1K, 4500000 应该四舍五入到 5M。

现在, 请你帮助谢老师实现这部分功能。

【输入格式】

第 1 行包含整数 $n(1 \leq n \leq 1000)$, 表示用户的数量;

第 2~n+1 行, 每行一个整数 $x(0 \leq x \leq 2\times10^9)$, 表示每个用户的积分。

【输出格式】

n 行, 对应每个用户积分处理后的结果。

【输入样例】

9
999
123
0
1782
31415926
1500
999999
35499710
2000000000

【输出样例】

999
123
0
2K
31M
2K
1M
35M
2000M

【问题分析】

如果只有一个用户 x, 可以通过下列的选择结构来处理:

```
int x;
cin >> x;
if( x >= 0 && x <= 999)
    cout << x << endl;
else if( x >= 1000 && x <= 999000)
    cout << ( x + 500) / 1000 << 'K' << endl;
```

```
else
    cout << (x + 500000) / 1000000 << 'M' << endl;
```
现在有 n 个用户,那么只要把上面的程序段作为循环体重复执行 n 次即可。

【参考程序】

```
1.  #include<iostream>
2.  using namespace std;
3.  int main(){
4.      int n;
5.      cin >> n;
6.      for(int i = 1; i <= n; i++){
7.          int x;
8.          cin >> x;
9.          if(x >= 0 && x <= 999)
10.             cout << x << endl;
11.         else if(x >= 1000 && x <= 999000)
12.             cout << (x + 500) / 1000 << 'K' << endl;
13.         else
14.             cout << (x + 500000) / 1000000 << 'M' << endl;
15.     }
16.     return 0;
17. }
```

2. break 语句和 continue 语句

在循环体中,有时需要不执行循环体中的其他语句,提前结束循环,在 C++中提供了 break 语句实现此功能。如程序段 10:

```
1.  for(int i = 1; i <= 10; i = i + 1) {
2.      int a, b, s;
3.      cin >> a >> b;
4.      if(a <= 0 || b <= 0) break;
5.      s = a * b;
6.      cout << "长方形的面积为: " << s << endl;
7.  }
```

只要表达式"a <= 0 || b <= 0"的值为 1,那么就会结束 for 循环,不会处理循环体中剩下的计算长方形面积的语句。

在循环体中,有时需要提前结束本次循环体的执行(即不执行循环体中剩下的其他语句),继续下一次循环,在 C++中提供了 continue 语句实现此功能。

如上述程序段 10 中的第 4 行 break 改成 continue,则当输入的 a 和 b 满足"a <= 0 || b <= 0"时,就不会处理循环体中剩下计算长方形面积的语句,而是直接执行表达式 3"i = i + 1",然后判定表达式 2"i <= 10"是否成立,如果成立继续执行循环体。

【例5】 阅读下面程序(ch4.1_5.cpp),思考该程序运行后的输出结果。

```
1.  #include<iostream>
2.  using namespace std;
3.  int main(){
4.      int x, y, s = 0;
5.      cin >> x >> y;
6.      for(int i = x; i <= y; i++){
7.          if(i % 4 != 0)
8.              continue;
9.          if(i % 100 == 0 && i % 400 != 0)
10.             continue;
11.         s = s + 1;
12.     }
13.     cout << s << endl;
14.     return 0;
15. }
```

输入：2000　2100　　　输出：

【问题分析】

程序中for循环的循环体有3个语句,即：

if(i % 4 != 0)
    continue;
if(i % 100 == 0 && i % 400 != 0)
    continue;
s = s + 1;

当执行循环体时,只要"i%4!=0"值为1,就会结束本次循环体的执行,如i是2001时,因为"i%4!=0"值为1,所以不会执行循环体后面的两个语句,直接执行表达式3" i++",i变为2002。同样,i是2 100时,表达式"i % 100 == 0 &&i%400!=0"值为1,循环体的第3个语句"s = s + 1;"也不会执行。所以只有当i为2000、2004、2008、……、2096时,语句"s = s + 1;"才会执行,所以最终s的值为25,即输出:25。

如果将上述程序中的两个continue都改为break,输出又会是多少？按照break语句的含义,可以发现当i为2001时,就执行了第1个break,即结束for循环的执行。只有当i为2000时,语句"s = s + 1;"执行1次,即s的值为1,所以此时输出:1。

【例6】 最大公约数(ch4.1_6.cpp)。

【问题描述】

两个整数a和b的最大公约数的含义为能同时被a和b整除的最大整数。如12和18的最大公约数为6,3和8的最大公约数为1,7和35的最大公约数为7。可以证明,任何两个整数a和b都存在最大公约数。

给定两个整数a和b,求这两个整数的最大公约数。

【输入格式】

两个整数 a 和 b($1 < a < b < 10^7$)。

【输出格式】

一个整数,即 a、b 的最大公约数。

【输入样例】

35 130

【输出样例】

5

【问题分析】

根据最大公约数的含义,可以发现 a、b($a < b$)的最大公约数 i 范围为($1 \leq i < a$),所以可以用 a、b 对 1 到 a 之间的每个数 i 求余,只要满足"a % i == 0 && b % i == 0",那么 i 就是 a、b 的公约数,因为要求最大的,所以可以让 i 从 a 到 1,即从大到小来判断,这样第 1 个满足条件"a % i == 0 && b % i == 0"的 i 就是最大的,即只要满足条件就可以用 break 退出 for 循环语句。

【参考程序】

```cpp
1.  #include<iostream>
2.  using namespace std;
3.  int main(){
4.      int a, b;
5.      cin >> a >> b;
6.      int i;
7.      for(i = a; i >= 1; i--){
8.          if(a % i == 0 && b % i == 0) break;
9.      }
10.     cout << i << endl;
11.     return 0;
12. }
```

注意,上述程序中 i 除了是循环变量,同时还表示最大公约数,所以变量 i 的说明要放在 for 循环语句前。

【例 7】 素数的判定(ch4.1_7.cpp)。

【问题描述】

素数也称质数,是指在大于 1 的自然数中,除了 1 和它本身以外不再有其他因数的自然数,例如 2、3、5、7 是素数,而 4、6、9 就不是素数。

现在输入一个正整数,判断其是否为素数,如果是则输出"prime",否则输出"not prime"。

【输入格式】

一行,一个整数 n($2 \leq n \leq 10^7$)。

【输出格式】

一行,判断 n 是否为素数,如果是则输出"prime",否则输出"not prime"。

【输入样例】
8
【输出样例】
not prime
【问题分析】
根据素数的定义,判定 x 是否为素数,只要用 x 对 2 到 x-1 的每个数 i 求余,然后判定"x % i == 0"值是否为 1,这个可以用 for 循环去实现。在 for 循环中,只要"x % i == 0"为 1,则输出 not,用 break 结束 for 循环,在 for 循环结束后再输出"prime"即可。这样,当 x 不是素数时,在 prime 前面就有 not;x 是素数时,prime 前就没有 not。

【参考程序】

```cpp
1.  #include<iostream>
2.  using namespace std;
3.  int main(){
4.      int x;
5.      cin >> x;
6.      for(int i = 2; i < x; i++){
7.          if(x % i == 0) {
8.              cout << "not ";
9.              break;
10.         }
11.     }
12.     cout << "prime" << endl;
13.     return 0;
14. }
```

小节练习

1. 求阶乘(ex4.1_1.cpp)。

【问题描述】

一个正整数的阶乘(factorial)是所有小于及等于该数的正整数的积,并且 0 的阶乘为 1。自然数 n 的阶乘在数学中写作 n!,亦即 n! = 1×2×3×...×(n-1)×n。

现在输入一个整数 n,请你输出 n 的阶乘。

【输入格式】

1 行,一个整数 n(1 ≤ n ≤ 12)。

【输出格式】

1 个整数,即 n!。

【输入样例】

5

【输出样例】
120

2. 约数问题(ex4.1_2.cpp)。

【问题描述】

约数又称因数。整数 a 除以整数 b(b≠0) 除得的商正好是整数而没有余数,我们就说 a 能被 b 整除,或 b 能整除 a,b 称为 a 的约数。约数是二元关系的概念,不能孤立地说某个整数是约数,同时,一个整数的约数是有限的。

现在输入一个整数 x,请你输出 x 的所有约数。

【输入格式】

1 行,一个整数 $x(1 \leq x \leq 10^7)$。

【输出格式】

若干行,每行一个整数,即 x 的约数。

【输入样例】

6

【输出样例】

1
2
3
6

3. 成绩统计(ex4.1_3.cpp)。

【问题描述】

期末考试刚结束,谢老师又要统计学校语文、数学、英语的平均分了。现在给你学校的学生人数,以及每个同学的语文、数学、英语的成绩。请你帮助谢老师来计算出这 3 门科目的均分。

【输入格式】

第 1 行一个整数 $n(1 \leq n \leq 10^3)$,表示学生人数;

随后 n 行,每行 3 个整数 x、y、z$(50 \leq x、y、z \leq 120)$ 表示每个学生的语文、数学、英语成绩。

【输出格式】

1 行 3 个实数,表示语文、数学、英语的均分,保留 2 位小数(四舍五入)。

【输入样例】

2
118 115 116
100 108 110

【输出样例】

109.00 111.50 113.00

4. 成绩转换(ex4.1_4.cpp)。

【问题描述】

为了减轻学生负担,淡化分数的影响,管老师决定将学生的考试成绩以等级形式呈现。具体规则如下:成绩大于等于 90 分且小于等于 100 分的为 A;成绩大于等于 80 分且小于 90

分的为 B;成绩大于等于 70 分且小于 80 分的为 C;成绩大于等于 60 分且小于 70 分的为 D;小于 60 分的为 E;如果成绩大于 100 分或小于 0 分则输出"error"。

现在学校有 n 个学生,请你帮助管老师把每个学生的成绩转成对应等级。

【输入格式】

第 1 行 1 个整数 n($1 \leq n \leq 10^3$),表示学生人数;

随后 n 行,每行 1 个整数 x($-200 \leq x \leq 200$),表示学生的成绩。

【输出格式】

n 行,即每个学生对应的等级。

【输入样例】

4
100
90
-80
58

【输出样例】

A
A
error
E

5. 评选卓越员工(ex4.1_5.cpp)。

【问题描述】

年终为了表彰先进,某公司推出"卓越员工"的评选,评选的规则是这样的:

(1) 入职满两年的员工才可以参评;

(2) 一年里不能有迟到、早退问题;

(3) 在满足前面两个条件的基础上,得票最多的即为"卓越员工"。

现在给你公司 n 个员工的信息,请你帮助公司经理找出"卓越员工"是第几个。

【输入格式】

第 1 行 1 个整数 n($1 \leq n \leq 10^3$),表示公司人数;

随后 n 行,每行依次为整数 x($0 \leq x \leq 30$)表示入职年限,随后一个字符"Y"或"N"(Y表示存在迟到、早退现象,N 表示不存在),最后一个整数 y($1 \leq y \leq 5000$)表示每个员工的得票情况。数据保证所有人得票均不同。

【输出格式】

1 行 1 个整数,表示"卓越员工"的序号。

【输入样例】

5
3 Y 10
2 N 8
5 N 7

1 N 12
5 N 9
【输出样例】
5

6. 统计天数（ex4.1_6.cpp）。

【问题描述】

小凯最近在研究股票的变化,他希望用研究的结果预测未来的股票价格。现在他已经搜集了连续 $N(1 \leq N \leq 10^6)$ 天的股票价格。

现在,他想知道股票价格一直上升的最长连续天数。

【输入格式】

第 1 行 1 个整数 $N(1 \leq N \leq 10^6)$,表示天数；

第 2 行 N 个空格隔开的整数,表示连续 N 天的股票价格 $X(0 \leq X \leq 10^9)$。

【输出格式】

1 行 1 个整数,表示股票价格一直上升的最长连续天数。

【输入样例】

10

1 2 3 2 4 5 6 8 5 9

【输出样例】

5

4.2 while 和 do-while 循环及其应用

for 循环语句一般用于循环体执行次数确定的问题。当循环体执行次数不确定,而是依据条件来判定循环体是否需要继续执行的时候,在 C++中一般用 while 循环语句或 do-while 循环语句。

1. while 循环语句

（1）while 语句的格式如下：

while(表达式){

    循环体

}

说明：while 后面的表达式一般是由关系表达式、逻辑表达式等构成的条件表达式,有时也会是其他表达式；循环体是指要重复执行的语句。如程序段 1：

```
1.  cin >> a >> b;
2.  while(a > 0 && b > 0){
3.      s = a * b;
4.      cout << "长方形的面积为: " << s << endl;
5.      cin >> a >> b;
6.  }
```

其条件表达式为"a > 0 && b >0",循环体为第 3 行~第 5 行的语句块。

和 for 循环一样,如果循环体只有一个语句,后面的大括号同样可以省略,如程序段 2:

```
1. while(t--){
2.     cout << "*";
3. }
```

也可以写成程序段 3:

```
1. while(t--)
2.     cout << "*";
```

或程序段 4 这样:

```
1. while(t--) cout << "*";
```

（2）while 循环语句的执行过程

在 while 循环语句中主要通过 while 后面的表达式来控制其循环体是否执行。其执行过程为:先计算和判断表达式(一般称为循环条件)的值,当表达式的值为真(循环条件成立),就去执行循环体;执行完循环体后,回来继续计算和判断表达式的值,决定是否再次执行循环体。简言之,就是当"表达式成立时,不断重复执行循环体",所以又称为"当型循环",如图 4.2-1:

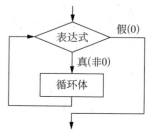

图 4.2-1　while 循环

如程序段 1,当 a、b 都大于 0 时会执行后面的循环体,即计算由 a、b 构成的长方形的面积并输出,然后输入 a、b;循环体执行完后,返回再判定 a、b 是否都大于 0,从而确定是否需要继续执行循环体。

比较 for 循环语句和 while 循环语句的执行过程,可以发现两种语句之间可以转换。如程序段 5:

```
1. for(int i = 1; i <= 10; i = i + 1) {
2.     int a, b, s;
3.     cin >> a >> b;
4.     s = a * b;
5.     cout << "长方形的面积为:" << s << endl;
6. }
```

可以用 while 循环语句写成程序段 6 这样:

```
1. int i = 1;
2. while(i <= 10){
3.     int a, b, s;
4.     cin >> a >> b;
5.     s = a * b;
6.     cout << "长方形的面积为:" << s << endl;
7.     i = i + 1;
8. }
```

即将 for 循环语句中的表达式 1 放到 while 循环语句之前,表达式 2 作为 while 循环语句后面的条件表达式,表达式 3 作为语句加到循环体的最后;同样,while 循环语句也可以转换为 for 循环语句来表示。

注意,在 while 循环语句中,通常要有一个语句来影响 while 后面的条件表达式,以避免死循环,如上述程序的第 7 行语句"i = i + 1;"。

2. do-while 循环语句

(1) do-while 语句的格式如下:

do{

    循环体

}while(条件表达式);

其 while 后面的表达式和 while 循环语句后面的表达式一样,一般是由关系表达式、逻辑表达式等构成的条件表达式,有时也会是其他表达式;循环体同样是指要重复执行的语句。注意,循环结束位置"while(条件表达式);"后面要有";",如程序段 7:

```
1.  do{
2.      cin >> a >> b;
3.      s = a * b;
4.      cout << "长方形的面积为: " << s << endl;
5.  } while(i <= 10)
```

运行时,会提示缺少分号。

(2) do-while 循环语句的执行过程

同样是通过 while 后面的表达式来控制其循环体是否执行,其执行过程为:先执行循环体,然后判断 while 后面的条件表达式是否成立;如果成立,则返回继续执行循环体;直到条件表达式不成立,才退出 do-while 循环,如图 4.2-2。

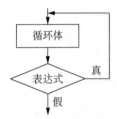

图 4.2-2 do-while 循环

do-while 语句与 while 语句的主要区别就是:do-while 语句先执行循环体,再判断条件表达式,所以循环体至少执行一次;而 while 循环语句中的循环体则可能执行 0 次。如程序段 1 用程序段 8 的 do-while 语句来实现:

```
1.  do{
2.      cin >> a >> b;
3.      s = a * b;
4.      cout << "长方形的面积为: " << s << endl;
5.  } while(a > 0 && b > 0);
```

当第 1 次输入的 a、b 导致表达式"a > 0 && b >0"值为假(0)时,程序段 1 中的循环体就不会被执行,而程序段 8 中的循环体却要执行 1 次,然后才能判定条件,退出循环。

3. while 循环语句和 do-while 循环语句的应用

【例 1】 用 while 和 do-while 改写 4.1 节中例 2 的求和问题。

【问题分析】

结合三种循环语句的执行过程,可以发现主要修改三个地方:

（1）把 for 循环语句中的表达式 1"int i = 1;"放在 while 循环语句和 do-while 循环语句之前；

（2）把 for 循环语句中的表达式 2"i <= x"作为 while 循环语句和 do-while 循环语句里的条件表达式；

（3）把 for 循环语句中的表达式 3" i++"作为 while 循环语句和 do-while 循环语句里循环体的最后一条语句。

【参考程序（ch4.2_1_1.cpp）】while 循环语句实现：

```
1.  #include<cstdio>
2.  using namespace std;
3.  int main(){
4.      int x, s = 0;
5.      scanf("%d", &x);
6.      int i = 1;
7.      while(i <= x){
8.          s = s + i;
9.          i++;
10.     }
11.     printf("%d\n", s);
12.     return 0;
13. }
```

【参考程序（ch4.2_1_2.cpp）】do-while 循环语句实现：

```
1.  #include<cstdio>
2.  using namespace std;
3.  int main(){
4.      int x, s = 0;
5.      scanf("%d", &x);
6.      int i = 1;
7.      do{
8.          s = s + i;
9.          i++;
10.     } while(i <= x);
11.     printf("%d\n", s);
12.     return 0;
13. }
```

注意，上述两个程序在 x>=1 的时候是等价的；但在 x<1 的时候 s 的值是不同的，因为此时 while 循环语句的循环体执行 0 次，而 do-while 循环语句的循环体执行了 1 次。

【例2】 用 while 和 do-while 改写 4.1 节中例 7 的素数判定问题。

【问题分析】

按照例 1 的转换规则转换即可，但由于 do-while 循环语句的循环体至少执行 1 次，这会影响 x 值为 2 的结果,所以在 do-while 循环语句的循环体里把 x 值为 2 做了"if(x = = 2) break;"的特殊处理。

【参考程序(ch4.2_2_1.cpp)】while 循环语句实现:

```cpp
#include<iostream>
using namespace std;
int main(){
    int x;
    cin >> x;
    int i = 2;
    while(i < x){
        if(x % i == 0) {
            cout << "not ";
            break;
        }
        i++;
    }
    cout << "prime" << endl;
    return 0;
}
```

【参考程序(ch4.2_2_2.cpp)】do-while 循环语句实现:

```cpp
#include<iostream>
using namespace std;
int main(){
    int x;
    cin >> x;
    int i = 2;
    do{
        if(x == 2) break;
        if(x % i == 0) {
            cout << "not ";
            break;
        }
        i++;
    }while(i < x);
    cout << "prime" << endl;
    return 0;
}
```

【例 3】 银行利息(ch4.2_3.cpp)。

【问题描述】

小凯的叔叔在去年赚了一笔钱,他想把这些钱用于银行投资,并对自己能得到多少收益非常关注。现在已经知道银行投资的年利率为3%,小凯的叔叔现有 x 元钱,他想知道自己投资最少多少年才可以得到至少 y 元的收益。

【输入格式】

共1行,包含2个用空格隔开的整数 x 和 y。

【输出格式】

1行1个整数,即所要求的年数。

【输入样例】

50000 3020

【输出样例】

2

【样例说明】

第一年的收益:50000 × 3% = 1500

第二年的收益:(50000 + 1500)× 3% = 1545

两年合计收益:1500 + 1545 = 3045

所以小凯的叔叔最少要投资 2 年才能得到至少 3020 元的收益。

【问题分析】

设 i 年后,小凯叔叔连本带利一共有 a 元,则当 i 年后如果"a − x >= y"即可满足得到至少 y 元的收益。计算 a 和 i 可以通过下面的算法,如图 4.2-3:

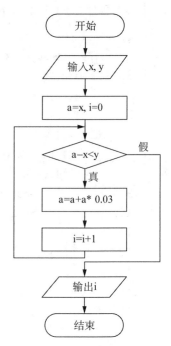

图 4.2-3　算法流程图

【参考程序】

```
1.  #include<bits/stdc++.h>
2.  using namespace std;
3.  int main(){
4.      int x, y, i = 0;
5.      cin >> x >> y;
6.      float a = x;
7.      while(a - x < y){
8.          a = a + a * 0.03;
9.          i++;
10.     }
11.     cout << i << endl;
12.     return 0;
13. }
```

【例4】　辗转相除(ch4.2_4.cpp)。

【问题描述】

辗转相除法又称欧几里德算法,是指用于计算两个正整数 a、b 的最大公约数。其算法原理为:若整数 a、b(a>b)且 a = bh + r,其中 h、r 是整数,则 gcd(a,b) = gcd(b,r),即 a、b

的最大公约数等于 b、a%b 的最大公约。例如 gcd(18,12) = gcd(12,6) = gcd(6,0) = 6。

现在给定两个整数 a、b(a > b),请你用辗转相除法来求这两个数的最大公约数。

【输入格式】

1 行,包含 2 个整数 a 和 b(a > b > 0)。

【输出格式】

1 行,1 个整数,即所求的 gcd(a,b)。

【输入样例】

18 12

【输出样例】

6

【问题分析】

根据辗转相除的原理,设 r 为 a % b,其算法流程如图 4.2-4。

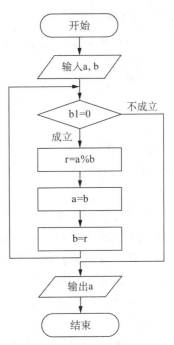

图 4.2-4 辗转相除算法流程图

【参考程序】

```
1.  #include<bits/stdc++.h>
2.  using namespace std;
3.  int main(){
4.      int a, b;
5.      cin >> a >> b;
6.      while(b){
7.          int r = a % b;
8.          a = b;
9.          b = r;
10.     }
11.     cout << a << endl;
12.     return 0;
13. }
```

【例 5】 返现(ch4.2_5.cpp)。

【问题描述】

小凯到 HZ 大卖场去买些食物,HZ 大卖场正在搞返现活动。活动的规则是这样的:如果小凯买 x 元的食物,那么他可以得到返现 x/10 元(此处为整除,如 18/10 等于 1),而且返还的现金可以继续购买食物。

现在的问题是小凯有 x 元,那么他可以买多少元的食物呢?

例如小凯现在有 19 元,他可以这样购买食物:首先花 10 元购买,然后返还 1 元;然后返还的 1 元加剩下的 9 元一共 10 元再购买食物,又返还 1 元,然后再用 1 元购买食物。所以小凯一共可以购买 10+10+1=21 元的食物。

【输入格式】

一个整数 x,表示小凯目前拥有 x 元。($1 \leq x \leq 10^9$)

【输出格式】

一个整数,表示小凯实际可以购买多少元。

【输入样例】

19

【输出样例】

21

【问题分析】

根据题意,可以得到一个显然的结论,即小凯每次花费的钱应该是 10 的整数倍,直到最后一次小凯的钱 x 不够 10 的倍数时,则直接把 x 全部花出去即可,然后累加每次返现的钱再加上开始时小凯手里的钱就是所求答案。比如开始小凯的钱 x = 234,则他实际可以买到的 s 元食物应该这样计算:

第 1 次:s = 234 + 234 / 10 = 257,然后小凯手里的钱 x = 234 / 10 + 234 % 10 = 27;

第 2 次:s = 257 + 27 / 10 = 259,然后小凯手里的钱 x = 27 / 10 + 27 % 10 = 9;

第 3 次:小凯把手里的 9 元花出去。

所以所求答案即为 259。

【参考程序】

```
1.  #include<iostream>
2.  using namespace std;
3.  int main(){
4.      int x, s;
5.      cin >> x;
6.      s = x;
7.      while(x > 9){
8.          s = s + x / 10;
9.          x = x / 10 + x % 10;
10.     }
11.     cout << s << endl;
12.     return 0;
13. }
```

小节练习

1. 统计正数(ex4.2_1.cpp)。

【问题描述】

输入若干个整数,以 0 结尾,统计其中有多少个正整数。

【输入格式】

一行若干个整数,最后一个为0。

【输出格式】

一行一个整数,表示输入数据中正整数的个数。

【输入样例】

13 -6 -3 2 0

【输出样例】

2

2. 进制位数(ex4.2_2.cpp)。

【问题描述】

给定两个整数N和K,求N在K进制下有多少位?

【输入格式】

1行2个整数N($1 \leqslant N \leqslant 10^9$)和K($2 \leqslant K \leqslant 10$)。

【输出格式】

1行1个整数,描述N在K进制下的位数。

【输入样例】

11 2

【输出样例】

4

【样例说明】

11在2进制下为1011,4位。所以输出4。

3. 陶陶摘苹果(2005年NOIP普及组复赛,ex4.2_3.cpp)

【问题描述】

陶陶家的院子里有一棵苹果树,每到秋天树上就会结出n个苹果。苹果成熟的时候,陶陶就会跑去摘苹果。陶陶有个30厘米高的板凳,当她不能直接用手摘到苹果的时候,就会踩到板凳上再试试。

现在已知n个苹果到地面的高度,以及陶陶把手伸直的时候能够达到的最大高度,请帮陶陶算一下她能够摘到的苹果的数目。假设她碰到苹果,苹果就会掉下来。

【输入格式】

输入包括两行数据:

第一行包括两个整数h和n,h为100到120之间(包含100和120)的整数(以厘米为单位),表示陶陶把手伸直的时候能够达到的最大高度,n表示苹果的数量;

第二行包含n个100到200之间(包括100和200)的整数(以厘米为单位),分别表示n个苹果到地面的高度,两个相邻的整数之间用一个空格隔开。

【输出格式】

一行,一个整数,表示陶陶能够摘到的苹果的数目。

【输入样例】

110 10

100 200 150 140 129 134 167 198 200 111
【输出样例】
5

4. 取石子（ex4.2_4.cpp）
【问题描述】
Alice 和 Bob 在玩游戏。

他们有 n 堆石子，第 i 堆石子有 a_i 个，保证初始时 $a_i \leq a_{i+1}$（$1 \leq i < n$）。现在他们轮流对这些石子进行操作，每次选手可以选择满足 $a_i > a_{i-1}$（a_0 视为 0）的一堆石子，并从中取走一个，谁最后不能取谁输。Alice 先手，他们都使用最优策略，请判断最后谁会取得胜利。

【输入格式】
第一行一个整数 n（$1 \leq n \leq 100$），表示石子堆数；
接下来一行 n 个数，第 i 个数为 a_i（$1 \leq a_i \leq 10^9$），意义如上所述。
【输出格式】
"Alice" 或 "Bob"，表示谁会赢。
【输入样例 1】
1
1
【输出样例 1】
Alice
【输入样例 2】
1
2
【输出样例 2】
Bob

4.3 循环嵌套

循环语句里需要重复执行的循环体可以是顺序结构的语句，如赋值语句、输入语句、输出语句等，也可以是选择结构的语句，还可以是这两种结构的混合，如程序段1：

```
1.  do{
2.     if(x == 2) break;
3.     if(x % i == 0){
4.        cout << "not";
5.        break;
6.     }
7.     i++;
8.  }while(i < x);
```

当然，循环体中也可以有循环结构的语句，对于循环语句的循环体里还有循环语句的，称为循环嵌套。如程序段 2：

```
1.  cin >> n;
2.  cin >> a;
3.  for(int i = 2; i <= n; i++){
4.      cin >> b;
5.      if(a < b) swap(a, b);
6.      while(b){
7.          int r = a % b;
8.          a = b;
9.          b = r;
10.     }
11. }
12. cout << a << endl;
```

for 循环语句的循环体为第 4~9 行，其中第 6~10 行是 while 循环语句，这就是循环嵌套。

循环嵌套在执行时，循环体中的循环语句和赋值语句、选择结构语句一样，依次执行。如程序段 2，当输入的 n 为 3、a 为 6，然后依次输入 2 个数 8、12 时，其 for 语句执行过程为：

第 1 步：i = 2，i <= n 成立，执行 for 语句的循环体，依次为：

第(1)步：输入 b 的值为 8；

第(2)步：因为"a < b"成立，所以交换 a、b 的值，此时 a = 8，b = 6；

第(3)步：执行 while 循环语句，可以发现就是辗转相除求 a、b 最大公约数，while 循环语句执行完后，a 的值为 2。

此时，for 循环在 i = 2 时的循环体执行结束。

第 2 步：i = 3，i <= n 成立，继续执行 for 语句的循环体，依次为：

第(1)步：输入 b 的值为 12；

第(2)步：因为"a < b"成立，所以交换 a、b 的值，此时 a = 12，b = 2；

第(3)步：执行 while 循环语句，即辗转相除求 12、2 最大公约数，得 a 的值为 2。

此时，for 循环在 i = 3 时循环体执行结束。

第 3 步：i = 4，i <= n 不成立，结束 for 循环语句。

这样在 for 循环语句结束后，得 a 的值为 2，然后将其输出。可以发现，上述程序段其本质就是求 n 个数的最大公约数。

【例 1】 图形打印(ch4.3_1.cpp)。

【问题描述】

给定两个整数 m 和 n，请你打印 m 行，每行有 n 个"*"组成的图形。

【输入格式】

1 行 2 个整数，即 m 和 n(1 ≤ m、n ≤ 100)。

【输出格式】

m 行,每行 n 个"*"。

【输入样例】

4 6

【输出样例】

```
* * * * * *
* * * * * *
* * * * * *
* * * * * *
```

【问题分析】

打印一行 n 个"*",可以用下面的 for 循环语句实现:

for(int j = 1; j <= n; j++)

    cout << "*";

cout << endl;

现在要打印 m 行,也就是说要把上面的语句执行 m 次,即可以将上面的语句作为循环体,用一个 for 循环实现将其执行 m 次即可。

【参考程序】

```
1.  #include<iostream>
2.  using namespace std;
3.  int main(){
4.      int m, n;
5.      cin >> m >> n;
6.      for(int i = 1; i <= m; i++){
7.          for(int j = 1; j <= n; j++)
8.              cout << "*";
9.          cout << endl;
10.     }
11.     return 0;
12. }
```

【例 2】 阶乘之和。

【问题描述】

给定一个正整数 n,求 $1! + 2! + \cdots + n!$。

【输入格式】

1 行 1 个整数 $n(1 \leq n \leq 12)$。

【输出格式】

1 行 1 个整数,即所求答案。

【输入样例】

3

【输出样例】
9
【样例说明】
所求答案为 1! + 2! + 3! = 1 + 2 + 6 = 9，所以输出 9。
【问题分析】
1 个数 i 的阶乘，可以用 for 循环语句来实现：
int a = 1;
for(int j = 2; j <= i; j++)
　a = a * j;
上述程序段结束后，a 的值即为 i 的阶乘，现在要求的是 1~n 的阶乘之和，则只要将 i 从 1 循环到 n，然后将每次得到的 i 阶乘 a 进行累加即可。
【参考程序（ch4.3_2_1.cpp）】

```
1.  #include<iostream>
2.  using namespace std;
3.  int main(){
4.      int n, s = 0;
5.      cin >> n;
6.      for(int i = 1; i <= n; i++){
7.          int a = 1;
8.          for(int j = 2; j <= i; j++)
9.              a = a * j;
10.         s += a;
11.     }
12.     cout << s << endl;
13.     return 0;
14. }
```

在编写循环嵌套的程序时，要注意语句之间的顺序和每个语句的位置，这会影响程序运行的结果，如将第 7 行的"int a = 1;"放到第 5 行"cin >> n;"后面，可以发现 s 就不是阶乘之和了。其实本题也可以不用循环嵌套，因为 i 的阶乘等于 i−1 的阶乘乘上 i，所以可以用下列程序来实现。
【参考程序（ch4.3_2_2.cpp）】

```
1.  #include<iostream>
2.  using namespace std;
3.  int main(){
4.      int n, s = 0, a = 1;
5.      cin >> n;
6.      for(int i = 1; i <= n; i++){
7.          a = a * i;
```

```
8.         s += a;
9.     }
10.    cout << s << endl;
11.    return 0;
12. }
```

【例3】 统计素数(ch4.3_3.cpp)。
【问题描述】
输入两个数 m 和 n,判断 m 和 n 之间(含 m 和 n)一共有多少个素数。
【输入格式】
1 行 2 个整数 m 和 n($2 \leq m \leq n \leq 10^4$)。
【输出格式】
1 行 1 个整数,表示素数的个数。
【输入样例】
3 7
【输出样例】
3
【问题分析】
判定 1 个数 i 是否为素数,可以用下面的语句块来实现:
int flag = 1;
for(int j = 2; j <= i - 1; j++)
    if (i % j == = 0){
        flag = 0;
        break;
    }

程序段运行后,根据 flag 的值可以确定 i 是否为素数,当 flag 还是原来的 1,则说明 i 是素数;否则不是。如果用 s 来统计素数的个数,即在上述循环执行结束后用"if(flag) ++s;"语句来计算 s,然后把它们作为循环体,让 i 从 m 循环到 n 来执行即可。
【参考程序】

```
1. #include<iostream>
2. using namespace std;
3. int main(){
4.     int m, n, s = 0;
5.     cin >> m >> n;
6.     for(int i = m; i <= n; i++){
7.         int flag = 1;
8.         for(int j = 2; j <= i - 1; j++)
9.             if (i % j == 0){
```

10.	flag = 0;
11.	break;
12.	}
13.	if (flag) ++s;
14.	}
15.	cout << s << endl;
16.	return 0;
17.	}

【例 4】 标准分解(ch4.3_4.cpp)。

【问题描述】

任何一个大于 1 的自然数 N,如果 N 不为质数,那么 N 可以唯一分解成有限个质数的乘积 $N = P_1\hat{}a_1 * P_2\hat{}a_2 * P_3\hat{}a_3 * \cdots\cdots * P_n\hat{}a_n$,这里 $P_1 < P_2 < P_3 \cdots\cdots < P_n$ 均为质数,其中指数 a_i 是正整数,这样的分解称为 N 的标准分解式。

现在请你求出 N 的标准分解式。

【输入格式】

1 行,1 个大于 1 的自然数 N,且 N 不为质数。

【输出格式】

N 的标准分解式。

【输入样例】

28

【输出样例】

28 = 2^2 * 7^1

【问题分析】

按照唯一分解定理,即任意一个大于 1 的自然数 x,可以唯一分解成有限个质数的乘积。可以从质数 y = 2 开始试除 x,把 x 中包含的所有 y 除完,同时计算 y 的个数 s,可以用下列程序段实现:

```
s = 0;
while (x % y == 0) {
    s++;
    x = x / y;
}
```

然后将 y^s 输出;用剩下的 x 再去除以下一个质数 y,统计 y 的个数 s,这样循环下去,一直到 y>x 的时候结束即可。例如 x = 196,当 y=2 时,输出 2^2 后,x 变为 49,由于不知道下一个质数 y 是多少,所以可以依次测试,即测试 y=3、4、5、6、7,因为质数 2 测试完,x 中不可能再含有 2 的因子,因此虽然测试了 4、6 这些合数,但它们不可能被 x 整除。然后当 y = 7 时,输出 7^2,x 更新为 1,此时 y > x,结束循环。

【参考程序】

```cpp
1.  #include<iostream>
2.  using namespace std;
3.  int main(){
4.      int s, x, y = 2;
5.      cin >> x;
6.      cout << x << "=";
7.      int one = 1;
8.      while(y <= x){
9.          s = 0;
10.         while (x % y == 0) {
11.             s++;
12.             x = x / y;
13.         }
14.         if(s) {
15.             if(one)
16.                 cout <<   y << '^' << s;
17.             else
18.                 cout <<'*' << y << '^' << s;
19.             one = 0;
20.         }
21.         y++;
22.     }
23.     return 0;
24. }
```

由于第 1 个质数因子前面没有"*",所以在程序中加入 one 标记,以表示 y 是否为 x 的第 1 个质数因子。

【例5】 编码(ch4.3_5.cpp)。

【问题描述】

小凯现在要处理一个数字编码,他需要把任意一个整数编码成一个一位数字。编码的规则是这样的:用整数各位的数字和来替代该数,直到该数成为一位数字。例如初始值是 197,小凯首先将该值更改为 1+9+7=17,然后再次将其值更改为 1+7=8,这样 197 的数字编码为 8。

现在小凯要处理 n 个整数的编码,请你帮他来完成。

【输入格式】

第 1 行一个整数 $n(1 \leq n \leq 3000)$,表示需要处理 n 个数;

随后有 n 行,每行一个整数 $x(x \leq 2^{60})$,表示需要编码的数。

【输出格式】

n 行,每行一个一位整数,表示对应的编码。

【输入样例】

3

197

25

100

【输出样例】

8

7

1

【问题分析】

首先来考虑一个数 x 如何编码。按照编码规则,就是把 x 更新为每个数字之和 s,一直到 x<10 结束,可以用下面的程序来实现:

```
int x;
cin >> x;
while(x > 9){
    int s = 0;
    while(x){
        s += x % 10;
        x = x / 10;
    }
    x = s;
}
```

然后把最终的 x 输出即可。

对于 n 个整数来说,每个数的编码方式是一样的,所以只要把上面的内容循环 n 次即可。

【参考程序】

```cpp
1.  #include<iostream>
2.  using namespace std;
3.  int main(){
4.      int n;
5.      cin >> n;
6.      for(int i = 1; i <= n; i++){
7.          int x;
8.          cin >> x;
9.          while(x > 9){
10.             int s = 0;
11.             while(x){
12.                 s += x % 10;
```

```
13.            x = x / 10;
14.        }
15.        x = s;
16.    }
17.    cout << x << endl;
18. }
19.    return 0;
20. }
```

小节练习

1.数字三角形(ex4.3_1.cpp)。

【问题描述】

输入一个正整数 n,输出 n 行由 0~9 数字构成的数字三角形。其中,第 1 行为 1 个数字 1,第 2 行为 2 个数字 23,第 3 行为 3 个数字 456,第 4 行为 4 个数字 7890,第 5 行为 5 个数字 12345…

【输入格式】

一行,一个正整数 n,1 ≤ n ≤ 200。

【输出格式】

如题描述。

【输入样例】

5

【输出样例】

1

23

456

7890

12345

2. 与 7 无关的数(ex4.3_2.cpp)。

【问题描述】

一个正整数,如果它的十进制表示法中某一位上的数字为 7,或者它能被 7 整除,则称其为与 7 相关的数。现在,请编程统计所有小于等于 n 的与 7 无关的正整数个数。

【输入格式】

一行一个正整数 n,n ≤ 10^6。

【输出格式】

一行一个整数,表示答案。

【输入样例】

18

【输出样例】
15

3. 子数整数（ex4.3_3.cpp）。

【问题描述】

对于一个五位数 $a_1a_2a_3a_4a_5$，可将其拆分为三个子数：

sub_1 = $a_1a_2a_3$

sub_2 = $a_2a_3a_4$

sub_3 = $a_3a_4a_5$

例如，五位数 20207 可以拆分成：

sub_1 = 202

sub_2 = 020（= 20）

sub_3 = 207

现在给定一个正整数 K，要求编程求出 10000 到 30000 之间（包括 10000 和 30000）所有满足下述条件的五位数，条件是这些五位数的三个子数 sub_1、sub_2、sub_3 都可被 K 整除。

【输入格式】

一个正整数 K(0 < K < 1000)。

【输出格式】

每一行为一个满足条件的五位数，要求从小到大输出。不得重复输出或遗漏。如果无解，则输出"No"。

【输入样例】

15

【输出样例】

22555

25555

28555

30000

4. 好朋友（ex4.3_4.cpp）。

【问题描述】

小可可和所有其他同学的手腕上都戴有一个射频识别序列号码牌，这样老师就可以方便地计算出他们的人数。很多同学都有一个"好朋友"。如果 A 的序列号的约数之和恰好等于 B 的序列号，那么 A 的好朋友就是 B。在这里，一个数的约数不包括这个数本身。因为一些同学的号码约数和大于其他任何同学的号码，所以这些同学没有好朋友。一些同学有一个"非常好友"。当两个同学互为"好朋友"时，他们就是一对"非常好友"。注意，忽略那些自己是自己的"非常好友"的情况。

给定一个序列号 s，找出序列号不小于 s 的第一对"非常好友"。

【输入格式】

只有一行，一个整数 $s(6 \leqslant s \leqslant 1.8 \times 10^4)$，即给定的序列号下界。

【输出格式】

一行,两个用空格隔开的整数 a 和 b。

a 表示第一个序列号不小于 s 的有"非常好友"的同学,b 是 a 的"非常好友"。

【输入样例】

206

【输出样例】

220284

4.4 循环结构应用实例

【例 1】 ebne 数(ch4.4_1.cpp)。

【问题描述】

我们定义一个数 ebne(even but not even,偶数但不偶数)是指只要它的数字和可以被 2 整除,但数字本身不能被 2 整除。例如 13、1227、185217 是 ebne 数,而 12、2、177013、265918 不是。

现在给你一个非负整数 s,由 n 个数字组成。你可以删除一些数字(它们不需要连续)以使剩下的数字构成 ebne 数。注意不能更改数字的顺序,结果数字也不应包含前导零,而且你可以删除任意数字。

例如,如果给定 s = 222373204424185217191912,则使其成为 ebne 的可能方法之一是:222373204441852171912→2237344218521717191。2237344218521717191 的数字和等于 70,可以被 2 整除,但数字本身不能被 2 整除,所以它是 ebne 数。

请你求出给定数的任意一个 ebne 数。如果不可能从给定的数中创建一个 ebne 数,则输出-1。

【输入格式】

第 1 行一个整数 n(1 ≤ n ≤ 3000),表示该数的位数;

第 2 行是一个长度为 n 的数 s。

【输出格式】

如果无法生成 ebne 数,则输出-1,否则输出生成的相应 ebne 数。

【输入样例】

4

1227

【输出样例】

17

【问题分析】

根据 ebne 的定义,可以得到这样一个结论,即 ebne 数里应该有偶数个奇数数字,且个位数应该为奇数。根据结论,可以用 for 循环语句,直接查询数 s 的每个数字字符 ch,只要能找到 2 个奇数数字,则可以把这 2 个奇数字符构成的数 x 作为 ebne 数输出;否则,表示不能从数 s 中创建 ebne。

【参考程序】

```
1.  #include<iostream>
2.  using namespace std;
3.  int main(){
4.      int n, x = 0, s = 0;
5.      cin >> n;
6.      for(int i = 1; i <= n; i++){
7.          char ch;
8.          cin >> ch;
9.          if((ch - '0') % 2) {
10.             s++;
11.             x = x * 10 + ch - '0';
12.         }
13.         if(s == 2) break;
14.     }
15.     if(s == 2) cout << x << endl;
16.     else cout << "-1" << endl;
17.     return 0;
18. }
```

【例2】 俄罗斯方块(ch4.4_2.cpp)。

【问题描述】

小凯在玩简易版的俄罗斯方块。该俄罗斯方块由 n 列组成,第 i 列的初始高度是 a_i 块。在这些列的顶部只能放置大小为 2×1 的图形(即此图形的高度为 2 个块,宽度为 1 个块)。注意,不能旋转这些图形。更确切地说,这个问题可以这样描述:

当至少一个 a_i 大于 0 时,发生以下过程:

(1) 放置一个图 2×1(从 1 到 n 选择一个 i,用 a_i+2 替换 a_i);

(2) 然后,当所有 a_i 都大于零时,用 a_i-1 替换每个 a_i。

现在的任务是,小凯能否通过放置这样的图形来清除整个区域。

【输入格式】

第一行一个整数 n(1 ≤ n ≤ 100),表示俄罗斯方块的列数;

第二行 n 个整数 a_1, a_2, ⋯, a_n(1 ≤ a_i ≤ 100),表示每列的初始高度。

【输出格式】

一行"YES"或"NO",如果可以清除整个区域输出"YES",否则输出"NO"。

【输入样例1】

3

1 1 3

【输出样例1】

YES

【输入样例2】
4
1 1 2 1
【输出样例2】
NO
【样例说明】
样例1的俄罗斯方块如图4.4-1：

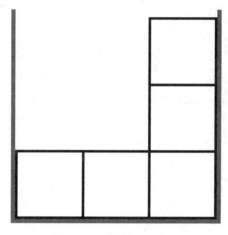

图4.4-1　样例1示意图

初始状态为[1,1,3]，小凯可以首先在第1列放置图形，状态变为[2,0,2]；然后小凯在第2列放置图形，最后变为状态[0,0,0]。

样例2的俄罗斯方块如图4.4-2：

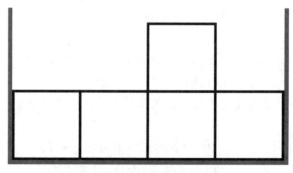

图4.4-2　样例2示意图

在该界面，小凯无论如何放图形，都不能清除整个区域。

【问题分析】

如果要清除整个区域，可以发现区域里每列高度的奇偶性应该相同，即要么都是奇数，要么都是偶数，这样高度差才会是2的倍数，才能通过添加2×1的图形来消除。具体实现时，可以首先输入第1个数x，然后通过循环语句输入剩下的每个数y，并通过"abs(x − y) % 2"的值判定y和x的奇偶性是否相同，只要发现不同的，就可以输出答案，结束程序运行。

【参考程序】

```cpp
1.  #include<iostream>
2.  #include<algorithm>
3.  using namespace std;
4.  int main(){
5.      int n, x;
6.      cin >> n;
7.      cin >> x;
8.      for(int i = 2; i <= n; i++){
9.          int y;
10.         cin >> y;
11.         if(abs(x - y) % 2){
12.             cout << "NO" << endl;
13.             return 0;
14.         }
15.     }
16.     cout << "YES" << endl;
17.     return 0;
18. }
```

【例3】 01字符串(ch4.4_3.cpp)。

【问题描述】

给你一个长度为n由0和1构成的字符串,现在希望字符串中的所有1都形成一个连续的子段。例如,如果字符串是0、1、00 111或011 111 100,则所有1都构成一个连续的子段,如果字符串是0 101、100 001或11 111 111 101,则不满足此条件。

你可以从字符串中删除一些0(可能没有)。你要删除0的最小数目是多少?

【输入格式】

第1行一个整数n(1 ≤ n ≤ 1000),表示字符串长度;

第2行n个0、1构成的字符串。

【输出格式】

一个整数,即最少要删除的0的数量。

【输入样例1】

010011

【输出样例1】

2

【输入样例2】

1111000

【输出样例2】

0

【问题分析】

根据题意,需要删除的字符 0 应该是处于字符 1 之间的,所以只要统计字符 1 之间的 0 的个数。具体处理时,首先通过循环找到字符 1 的起始位置 h:

cin >> ch;
while(ch == '0' && h <= n) {
  cin >> ch;
  h++;
}

然后通过循环从位置 h+1 开始查询,并统计字符 0 的个数 ans。由于最后一个字符可能是 0,所以查询结束后还要进行判定。如果最后一个字符是 0,那么 ans 减去最后一段字符 0 的个数 t 即为所求答案;否则,即最后一个字符是 1,ans 就是所求答案。

【参考程序】

```
1.  #include<iostream>
2.  using namespace std;
3.  int main(){
4.      int n, h = 1, t = 0, ans = 0;
5.      char ch;
6.      cin >> n;
7.      cin >> ch;
8.      while(ch == '0' && h <= n) {
9.          cin >> ch;
10.         h++;
11.     }
12.     for(int i = h + 1; i <= n; i++){
13.         cin >> ch;
14.         if(ch == '0') {
15.             ans++; t++;
16.         }
17.         if(ch == '1') t = 0;
18.     }
19.     if(ch == '0')
20.         ans = ans - t;
21.     cout << ans << endl;
22.     return 0;
23. }
```

【例 4】 球的高度(ch4.4_4.cpp)。

【问题描述】

小凯在玩一只皮球,皮球从某一高度落下(整数,单位米),每次落地后又反跳回原来高度的一半再落下。现在小凯想知道第 n 次落地时,皮球一共经过了多少米? 第 n 次反弹多高?

【输入格式】

一行两个整数 n、h。n ≤ 20,h 在 int 范围以内,表示球的初始高度。

【输出格式】

第 1 行 1 个实数,表示到球第 n 次落地时,一共经过的距离;

第 2 行 1 个实数,表示第 n 次弹跳的高度。

均保留 6 位小数(四舍五入)。

【输入样例】

10 20

【输出样例】

59.921875

0.019531

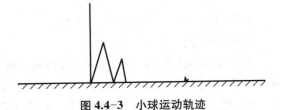

图 4.4-3 小球运动轨迹

【问题分析】

小球运动的轨迹如图 4.4-3。

可以发现除了第 1 次落下时,经过的距离即为高度 h,其他每次落下时经过的距离为:上一次落下时弹起的高度+本次落下的高度,这两个值相等,均为上次高度的一半,所以第 n 次落下时经过的距离用下面的循环语句统计即可:

```
int i = 1;
while(i <= n){
    if(i == 1)
        s += h;
    else
        s += 2 * h;
    h /= 2;
    i++;
}
```

循环结束后,h 即为第 n 次反弹的高度。

【参考程序】

```
1.  #include<cstdio>
2.  using namespace std;
3.  int main(){
4.      double h, s = 0;
5.      int n;
6.      scanf("%d %lf", &n, &h);
7.      int i = 1;
8.      while(i <= n){
9.          if(i == 1)
```

```
10.         s += h;
11.      else
12.         s += 2 * h;
13.      h /= 2;
14.      i++;
15.   }
16.   printf("%.6lf\n%.6lf\n", s , h);
17.   return 0;
18. }
```

【例5】 价格相同(ch4.4_5.cpp)。

【问题描述】

小凯的叔叔是附近一家商店的售货员。现在商店里有 n 种商品,第 i 种商品价格为 a_i。由于顾客买东西时,通常首先要问每个商品的价格,小凯的叔叔很讨厌要记住每件商品的价格,因此他决定简化这些商品的价格。其方法就是:对所有的 n 种商品都定同样的价格。

但是,他不想因为改变价格而有所损失,所以他想选择这样的价格:

(1)新的价格总和不低于初始价格总和。这意味着,如果他以新的价格出售所有 n 种商品,他将获得至少与以初始价格出售相同(或更大)的金额。

(2)他又不想因为价格太高而失去客户,所以在所有的价格中,他需要选择最低的价格。

你需要帮助小凯的叔叔找到所有 n 种商品的最低可能相等的价格,要满足小凯的叔叔既不能有损失,又不能失去客户。

【输入格式】

第 1 行包含一个整数 $t(1 \leqslant t \leqslant 100)$,表示有 t 个询问,随后给出每个询问;

每个询问的第 1 行 1 个整数 $n(1 \leqslant n \leqslant 100)$,表示商品的数量,第 2 行有 n 个整数,表示 n 个商品的初始价格,每个商品的价格 $x(1 \leqslant x \leqslant 10^7)$。

【输出格式】

t 行,每行 1 个整数,表示每个询问修改后的价格。

【输入样例】

3
5
1 2 3 4 5
3
1 2 2
4
1 1 1 1

【输出样例】

3
2

1

【问题分析】

考虑每个询问修改后的价格,可以发现和平均价格密切相关,如果平均价格为整数,则修改后的价格即为平均价格,否则应该为大于平均价格的最小整数。所以可以首先通过循环语句来统计原始商品的价格总和 s,然后通过下面的选择结构来输出修改的价格:

if(s % n) cout << s / n + 1 << endl;

else cout << s / n << endl;

由于是 t 个询问,所以在外层还要再用一个循环语句。

【参考程序】

```cpp
1.  #include<iostream>
2.  using namespace std;
3.  int main(){
4.      int t;
5.      cin >> t;
6.      while(t--){
7.          int n, x, s = 0;
8.          cin >> n;
9.          for(int i = 1; i <= n; i++){
10.             cin >> x;
11.             s += x;
12.         }
13.         if(s % n) cout << s / n + 1 << endl;
14.         else cout << s / n << endl;
15.     }
16.     return 0;
17. }
```

小节练习

1. 斐波那契数列(ex4.4_1.cpp)。

【问题描述】

斐波那契数列(Fibonacci sequence)又称黄金分割数列,因数学家列昂纳多·斐波那契(Leonardo Fibonacci)以兔子繁殖为例子而引入,故又称为"兔子数列",指的是这样一个数列:1、1、2、3、5、8、13、21、34……即第 1 个数和第 2 个数都为 1,接下来每个数等于前面 2 个数之和。

现在输入一个正整数 k,求斐波那契数列中第 k 个数是多少?

【输入格式】

1 行 1 个正整数 k,1 ≤ k ≤40。

【输出格式】
1行1个正整数,表示斐波那契数列中第k个数的大小。
【输入样例】
7
【输出样例】
13

2. 数字反转(ex4.4_2.cpp)。
【问题描述】
给定一个整数,请你将该数各个位上数字反转得到一个新数。新数也应满足整数的常见形式,即除非给定的原数为零,否则反转后得到的新数最高位数字不应为零。
【输入格式】
一个整数 N($10^9 \leq N \leq 10^9$)。
【输出格式】
一个整数,表示反转后的新数。
【输入样例1】
1023
【输出样例1】
3201
【输入样例2】
-290100
【输出样例2】
-1092

3. 金币(2015年NOIP普及组复赛,ex4.4_3.cpp)
【问题描述】
国王将金币作为工资,发放给忠诚的骑士。第一天,骑士收到一枚金币;之后两天(第二天和第三天),每天收到两枚金币;之后三天(第四、五、六天),每天收到三枚金币;之后四天(第七、八、九、十天),每天收到四枚金币……这种工资发放模式会一直这样延续下去:当连续N天每天收到N枚金币后,骑士会在之后的连续N+1天里,每天收到N+1枚金币。

请计算在前K天里,骑士一共获得了多少金币。
【输入格式】
1行,包含一个正整数K($1 \leq K \leq 10000$),表示发放金币的天数。
【输出格式】
1行,包含一个正整数,即骑士收到的金币数。
【输入样例1】
6
【输出样例1】
14
【输入样例2】

1000
【输出样例 2】
29820
【样例 1 说明】
骑士第一天收到一枚金币;第二天和第三天,每天收到两枚金币;第四、五、六天,每天收到三枚金币。因此一共收到 1+2+2+3+3+3=14 枚金币。

4. 乘积归一(ex4.4_4.cpp)。

【问题描述】

给你 n 个整数,你可以花费代价 1 将任意一个数加上 1 或减去 1,这样的操作你可以执行多次。现在的任务是,通过这样的一些操作后,使所有这些数的乘积等于 1,需要的最少花费代价是多少?

例如,对于 n=3 和数字[1,-3,0],我们可以花费 3 个代价使乘积等于 1:第一次操作花费代价 1 将第二个元素加 1,第二次操作花费代价 1 再次将第二个元素加 1,第三次操作花费代价 1 将第三个元素减去 1,这样所有数字就变成[1,-1,-1],这三个数的乘积是 1,所以[1,-3,0]这三个数需要的最少代价是 3。

【输入格式】

第 1 行 1 个整数 $n(1 \leqslant n \leqslant 10^5)$,表示数的个数;

第 2 行包含 n 个整数,每个整数 x 满足 $10^9 \leqslant x \leqslant 10^9$。

【输出格式】

1 个整数,即最小代价。

【输入样例】

2

-1 1

【输出样例】

2

4.5 文件及其应用

程序编写好后,要在 Dev-C++中运行程序,输入测试数据,当能得到正确运行结果后,才会认为程序可能会正确。但由于算法可能存在问题而导致逻辑错误,调试往往不能一次成功,或者即使成功,通常还要再自编一些数据来测试。而每次运行时,我们都要重新输入一遍测试数据,对于有大量输入数据的问题,这样调试起来会非常麻烦。所以,在实际调试程序时,通常会用文件来实现。

1. freopen 函数

C++中一般通过流方式操作文件。在实际应用中,一般用 freopen 函数对标准输入输出流进行重定向,从而实现从文件中读取数据,或者将结果输出到文件。其格式为:

freopen(文件名,文件打开方式,流文件);

其中：

（1）文件名表示要操作的文件位置及其文件名，如要对"d\temp\a.in（缺少冒号）"文件进行操作，在 freopen 中应该表示为"d:/temp/a.in"。当 C++程序和要操作的文件处于同一文件夹时，可以省略文件的路径，直接用文件名即可。

（2）文件打开方式通常有两种。一种是"只读"方式，用"r"表示，即从文件中读取数据，对于提供输入数据的文件，一般以这种方式打开；另一种是"写"方式，用"w"表示，即向文件中写入数据，对于存放输出数据的文件，一般以这种方式打开。

（3）流文件，通常我们用两种标准流文件，即 stdin 和 stdout。stdin 是标准输入流，默认从键盘输入；stdout 是标准输出流，默认向屏幕输出。

如语句"freopen("sum.in", "r", stdin);"表示将标准输入流重定向到文件"sum.in"，由于是从文件中读取数据，所以以"r"的方式打开。注意，因为没有指定路径，所以"sum.in"文件要和源代码文件处于同一文件夹下，且里面要有符合输入格式的数据。

如语句"freopen("sum.out", "w", stdout);"表示将标准输出流重定向到文件"sum.out"，由于是向文件中写入数据，所以以"w"的方式打开。同上面的输入文件一样，由于没有指定路径，所以"sum.out"文件也要和源代码文件处于同一文件夹下，如果该位置没有"sum.out"，那么执行该语句后会先创建文件，然后再向其写入数据。

一般来说，输入、输出数据通常都是文本，所以在创建输入数据文件、打开输入/输出文件时，通常用纯文本编辑软件来实现，如 windows 系统自带的记事本、编辑 C++程序的 Dev-C++等。

此外，对文件读写操作完成后，我们可以用 fclose 函数来关闭打开的文件，如"fclose(stdin);"用来关闭输入文件，"fclose(stdout);"用来关闭输出文件。但是，现在很多系统在程序运行结束的时侯，会默认关闭所有打开的资源。所以，在程序中通常可以省略关闭文件的操作。

2. 文件的应用

【例1】 积分分析（accumulate.cpp/.in/.out）。

【问题描述】

小凯是一个篮球迷，每次看完比赛后，他都要分析自己喜欢的球队 A 在比赛中的进球情况，比赛的过程是这样记录的：如果 A 队进一个球，则用 1 来标记；如果 A 队的对手进一个球则用 2 来标记。

现在小凯已经记下了一场比赛的 n 个进球情况，他希望知道最后 A 队一共进了多少球，A 队的对手一共进了多少球，他还希望知道 A 队在这场比赛中，连续进球数量最多是多少。

【输入格式】

第 1 行 1 个整数 n，表示这场比赛一共进球数；

第 2 行 n 个整数 1 或 2，1 表示 A 队进球，2 表示对手进球。

【输出格式】

第 1 行 2 个整数，分别表示 A 队、A 队对手的进球数；

第 2 行 1 个整数，表示 A 队连续进球数量的最大值。

【输入样例】
9
1 2 2 1 1 1 2 1 1
【输出样例】
6 3
3
【问题分析】
根据题意，处理每一个进球 x，如果 x 为 1，则把 A 队进球数 a++、连续进球数 s++；否则，把 A 队的对手进球数 b++，A 队连续进球数 s 取值为 0。然后用 s 来更新 A 队连续进球数的最大值 ans。为了便于调试，输入数据从文件"accumulate.in"中读取，数据输出到"accumulate.out"文件中。

【参考程序】

```
1.  #include<iostream>
2.  using namespace std;
3.  int main(){
4.      freopen("accumulate.in", "r", stdin);
5.      freopen("accumulate.out", "w", stdout);
6.      int n, a = 0, b = 0, s = 0, ans = 0;
7.      cin >> n;
8.      for(int i = 1; i <= n; i++){
9.          int x;
10.         cin >> x;
11.         if(x == 1) {
12.             a++;
13.             s++;
14.         }
15.         else {
16.             b++;
17.             s = 0;
18.         }
19.         if(s > ans) ans = s;
20.     }
21.     cout << a << ' ' << b << endl;
22.     cout << ans << endl;
23.     return 0;
24. }
```

【例2】 修改报表（modify.cpp/.in/.out）。
【问题描述】
小凯正在为公司修改销售报表。报表的主要内容记录了 n 天中每天的销售量，而且报表还记录了最高的销售量 m。现在小凯修改报表要满足下列条件：

（1）小凯可以更改每天的销售量，但不能超过 m；

（2）每天的销售量都是整数；

（3）这 n 天销售量的平均值不变。

为了讨个吉利，小凯希望第一天的销售数量要尽可能大，这样可以获得开门红，讨个好心情。现在请你确定第一天的最高销售量，但必须让所有的 3 个条件都能满足。

【输入格式】

第 1 行两个整数 $n(1 \leq n \leq 10^3)$ 和 $m(1 \leq m \leq 10^5)$，分别表示天数和最高销售量；

第 2 行 n 个整数，每个整数 $x(0 \leq x \leq m)$ 表示当前每天的销售量。

【输出格式】

1 个整数，表示第一天的最高销售量。

【输入样例】

4 5

1 2 3 4

【输出样例】

5

【样例说明】

最高销量不能超过 5，为了获得第 1 天的最高值，小凯可以将报表修改为[5,1,1,3]。

【问题分析】

分析题意，可以发现第一天的最高销售量和 n 天总销量 s、最高销量 m 有关，当"m < s"时即为 m，否则为 s。可以通过循环计算出总销量 s，然后和 m 比较即可。为了便于调试，输入数据从文件"modify.in"中读取，数据输出到"modify.out"文件中。

【参考程序】

```
1.  #include<iostream>
2.  using namespace std;
3.  int main(){
4.      freopen("modify.in", "r", stdin);
5.      freopen("modify.out", "w", stdout);
6.      int n, m, s = 0;
7.      cin >> n >> m;
8.      for(int i = 1; i <= n; i++){
9.          int x;
10.         cin >> x;
11.         s += x;
12.     }
13.     if(m < s) cout << m << endl;
14.     else cout << s << endl;
15.     return 0;
16. }
```

【例3】 数的拆分(split.cpp/.in/.out)。

【问题描述】

给你 n 个数,请判定每个数是否可以拆成三个不同的数 a、b、c 的乘积($2 \leq a < b < c$),如果可以,则输出"YES",同时输出 a、b、c,如果可以拆成多组,输出任意一组即可。如果不可以,则输出"NO"。

例如 $64 = 2 * 4 * 8$,所以 64 可以拆成 2、4、8,而 32 则不可以拆分。

【输入格式】

第 1 行 1 个整数 n($1 \leq n \leq 100$),表示需要拆分的数的个数;

随后 n 行,每行 1 个整数 x($2 \leq x \leq 10^9$),表示需要拆分的数。

【输出格式】

如果 x 可以拆分,则输出两行,第 1 行输出"YES",第 2 行输出 3 个整数;否则,输出 1 行"NO"。

【输入样例】

5
64
32
97
2
12345

【输出样例】

YES
2 4 8
NO
NO
NO
YES
3 5 823

【问题分析】

首先考虑一个数 x 是否可以拆分,可以通过 for 循环来判定,即从小到大穷举 x 的因数 i,将 x 更新为 x / i,当 x 更新两次后,剩下的数 x 不等于 i,则可以拆分。然后再通过循环,把前面两个因数找到并输出,再把 x 剩下的部分输出即可。为了便于调试,输入数据从文件"split.in"中读取,数据输出到"split.out"文件中。

【参考程序】

```
1. #include<iostream>
2. #include<cmath>
3. using namespace std;
4. int main(){
```

```
5.      freopen("split.in", "r", stdin);
6.      freopen("split.out", "w", stdout);
7.      int n;
8.      cin >> n;
9.      while (n--) {
10.         int x;
11.         cin >> x;
12.         int f = 0, y = x, i = 2;
13.         for(i = 2; i <= sqrt(x); i++){
14.             if(x % i == 0){
15.                 f++;
16.                 x /= i;
17.                 if (f == 2) break;
18.             }
19.         }
20.         if(f == 2 && i != x)
21.             cout << "YES" <<endl;
22.         else{
23.             cout << "NO" << endl;
24.             continue;
25.         }
26.         f = 0;
27.         for(i = 2; i * i <= y; i++){
28.             if(y % i == 0){
29.                 cout << i << " ";
30.                 f++;
31.                 y /= i;
32.                 if(f == 2) break;
33.             }
34.         }
35.         cout << x << endl;
36.     }
37.     return 0;
38. }
```

【例4】 套装销售(suit.cpp/.in/.out)。

【问题描述】

小凯叔叔的服装店今天有一批新货送达。这批货包括领带 a 条、围巾 b 条、背心 c 件和夹克 d 件。现在小凯的叔叔希望不出售单一的服装,而是出售两种类型的套装:

套装 1:由一条领带和一件夹克组成;

套装 2:包括一条围巾、一件背心和一件夹克。

套装 1 的单价为 e,套装 2 的单价为 f。

现在请你帮助小凯的叔叔计算这批货物最多可以销售多少钱。注意,一件物品不能在多件衣服中使用(尽管有些物品可能未使用)。

【输入格式】

1 行,6 个整数 $a(1 \leq a \leq 100000)$、$b(1 \leq b \leq 100000)$、$c(1 \leq c \leq 100000)$、$d(1 \leq d \leq 100000)$、$e(1 \leq e \leq 1000)$、$f(1 \leq f \leq 1000)$,其含义如题目描述;

【输出格式】

1 行,1 个整数,表示最多可以销售多少钱。

【输入样例 1】

4 5 6 3 1 2

【输出样例 1】

6

【输入样例 2】

12 11 13 20 4 6

【输出样例 2】

102

【样例说明】

样例 1 的销售方案是销售 3 套套装 2,即 3*2=6。

样例 2 的销售方案是销售 9 套套装 1,11 套套装 2。即 9*4+11*6=102。

【问题分析】

首先通过比较,得到套装 1 的最大数量 t1,然后通过循环枚举套装 1 的数量 i,在套装 1 为 i 的情况下计算套装 2 的数量 j,从而得到销售总值为:i * e + j * f,然后用这个销售总值去更新答案 ans。为了便于调试,输入数据从文件"suit.in"中读取,数据输出到"suit.out"文件中。

【参考程序】

```
1.  #include<iostream>
2.  using namespace std;
3.  int main(){
4.      freopen("suit.in", "r", stdin);
5.      freopen("suit.out", "w", stdout);
6.      int a, b, c, d, e, f;
7.      cin >> a >> b >> c >> d >> e >> f;
8.      int t1 = a;
9.      if(t1 > d) t1 = d;
10.     int t2 = b;
11.     if(t2 > c) t2 = c;
12.     int ans = 0;
13.     for(int i = 0; i <= t1; i++){
```

```
14.        int j = d - i;
15.        if(j > t2) j = t2;
16.        if(ans < i * e + j * f)
17.            ans = i * e + j * f;
18.    }
19.    cout << ans << endl;
20.    return 0;
21. }
```

小节练习

1. 角谷猜想(suppose.cpp/.in/.out)。

【问题描述】

所谓角谷猜想,是指对于任意一个正整数,如果是奇数,则乘3加1;如果是偶数,则除以2。得到的结果再按照上述规则重复处理,最终总能够得到1。假定初始整数为5,计算过程分别为16、8、4、2、1。程序要求输入一个整数,将经过处理得到1的过程输出来。

【输入格式】

从文件"suppose.in"中读取数据。

1个正整数N,1 < N ≤ 2000000。

【输出格式】

将数据输出到文件"suppose.out"。

输出所有步骤,每一步为一行,每一步中描述计算过程。最后一行输出"End"。

【输入样例】

5

【输出样例】

5 * 3+1=16

16/2=8

8/2=4

4/2=2

2/2=1

End

2. 最大跨度值(maxspan.cpp/.in/.out)。

【问题描述】

给定一个长度为n的非负整数序列,请计算序列的最大跨度值。所谓最大跨度值就是最大值减去最小值。

【输入格式】

从文件"maxspan.in"中读取数据。

一共两行,第一行为序列的个数n(1 ≤ n ≤ 1000),第二行为n个不超过1000的非负整数序列,整数之间以一个空格分隔。

【输出格式】

将数据输出到文件"maxspan.out"。

输出1行1个整数,表示序列的最大跨度值。

【输入样例】

6

3 0 8 7 5 9

【输出样例】

9

3. 最小公倍数(greatest.cpp/.in/.out)。

【问题描述】

输入两个正整数 x 和 y,输出它们的最小公倍数。

【输入格式】

从文件"greatest.in"中读取数据。

1 行 2 个整数 x 和 y($2 \leq x \leq y \leq 10^7$),中间用空格隔开。

【输出格式】

将数据输出到文件"greatest.out"。

1 行 1 个整数。

【输入样例】

8 12

【输出样例】

24

4. 计数问题(2013 年 NOIP 普及组复赛,count.cpp/.in/.out)。

【问题描述】

试计算在区间 1 到 n 的所有整数中,数字 x($0 \leq x \leq 9$)共出现了多少次?

例如,在 1 到 11 中,即在 1、2、3、4、5、6、7、8、9、10、11 中,数字 1 出现了 4 次。

【输入格式】

从文件"count.in"中读取数据。

输入共 1 行,包含 2 个整数 n、x,之间用一个空格隔开。

【输出格式】

将数据输出到文件"count.out"。

输出共 1 行,包含 1 个整数,表示 x 出现的次数。

【输入样例 1】

11 1

【输出样例 1】

4

【数据规模】

对于 100% 的数据,满足:$1 \leq n \leq 10000000 \leq x \leq 9$。

5. 津津的储蓄计划（2004 年 NOIP 提高组复赛，save.cpp/.in/.out）。

【问题描述】

津津的零花钱一直都是自己管理。每个月的月初妈妈给津津 300 元钱，津津会预算这个月的花销，并且总能做到实际花销和预算的相同。

为了让津津学习如何储蓄，妈妈提出，津津可以随时把整百的钱存在她那里，到了年末她会加上 20% 还给津津。因此津津制定了一个储蓄计划：每个月的月初，在得到妈妈给的零花钱后，如果她预计到这个月的月末手中还会有多于 100 元或恰好 100 元，她就会把整百的钱存在妈妈那里，剩余的钱留在自己手中。

例如 11 月初津津手中还有 83 元，妈妈给了津津 300 元。津津预计 11 月的花销是 180 元，那么她就会在妈妈那里存 200 元，自己留下 183 元。到了 11 月月末，津津手中会剩下 3 元钱。

津津发现这个储蓄计划的主要风险是，存在妈妈那里的钱在年末之前不能取出。有可能在某个月的月初，津津手中的钱加上这个月妈妈给的钱，不够这个月的原定预算。如果出现这种情况，津津将不得不在这个月省吃俭用，压缩预算。

现在请你根据 2004 年 1 月到 12 月每个月津津的预算，判断会不会出现这种情况。如果不会，计算到 2004 年年末，妈妈将津津平常存的钱加上 20% 还给津津之后，津津手中会有多少钱。

【输入格式】

从文件"save.in"中读取数据。

包括 12 行数据，每行包含 1 个小于 350 的非负整数，分别表示 1 月到 12 月津津的预算。

【输出格式】

将数据输出到文件"save.out"。

包括 1 行，这 1 行只包含 1 个整数。如果储蓄计划实施过程中出现某个月钱不够用的情况，输出 -X，X 表示出现这种情况的第一个月；否则，输出到 2004 年年末津津手中会有多少钱。

【输入样例 1】

290
230
280
200
300
170
340
50
90
80
200
60

【输出样例 1】
-7
【输入样例 2】
290
230
280
200
300
170
330
50
90
80
200
60
【输出样例 2】
1580

第 5 章 数组及其应用

C++中提供的数组可以将具有相同类型的若干变量,按照有序的形式组织起来。程序中合理地使用数组,会使程序的结构更加紧凑,能把一些较为复杂的操作转化成简单的数组应用。

一维数组的定义和引用

数组是用来存储一个固定大小的相同类型元素的顺序集合。一维数组是计算机程序中最基本的数组,也相对简单。

1. 一维数组的定义

类型符 数组名[常量表达式];

班级名称就相当于数组名,学号则相当于常量表达式的值,也就是数组中的下标。

如:int score[100];

就定义了一个一维整型数组,数组名为 score,数组中的元素为 100 个,分别为 score[0]、score[1]、score[2]、…、score[99]。

注意:

(1) 数组名命名规则和变量名相同,数组命名时尽量有意义。

(2) 数组中的每个元素都属于同一类型,数组元素可以是基本数据类型或是构造类型。如:

float score[100];

bool sex;

string name[100]。

(3) 用方括号括起来的常量表达式的值是一个非负整数,表示数组元素的个数即数组长度,如下面的写法是合法的:

int a[10];//a[0]是第一个元素,a[9]是最后一个元素

char sum[10000 + 5];

或:

int n = 100;

int sum[n * 2]。

2. 一维数组元素的引用

数组必须先定义,然后使用。只能逐个引用数组元素的值,而不能一次引用整个数组中全部元素的值。

数组元素的表示形式为:

数组名[下标]

注意:下标的值必须为整型,值从 0 开始,最大值为数组长度减 1。

例如,可以像下面这样引用:

a[0]、sum[i]、a[b[i]]、score[i + 1]…

当然表达式 i、b[i]、i + 1 的值必须在对应的数组下标范围之内。

如果:int a[100],b[100];

不能一次引用整个数组,如表达式"a > b"在 C++中是不支持的;但可以比较 a[2]和 b[2]的大小,我们可以写成:a[2] > b[2]。

如果执行这样的语句:"cout << a[100] << endl;",虽然我们没有定义 a[100],但 C++不会检测下标越界问题,所以能通过编译。这种错误我们在编程时要注意避免。

3. 一维数组的存储

数组定义后,对应着一块连续的内存单元,其地址与容量在程序运行后到程序结束前保持不变,数组在计算机内存单元中是连续存储的。例如,定义数组:bool vis[20];如数组 vis 的起始地址为 P,由于 bool 类型占用 1 个字节,则 vis[1]的起始地位为 P + 1,vis[2]的起始地位为 P + 2,…,vis[19]的起始地位为 P + 19。vis 定义为 int 类型,由于 int 类型占用 4 个字节,则 vis[1]的起始地址为 P + 4,vis[2]的起始地址为 P + 8,…,vis[19]的起始地址为 P + 76。

下标	0	1	2	…	…	18	19
数组元素	vis[0]	vis[1]	vis[2]	…	…	vis[18]	vis[19]

图 5.1-1　一维数组的存储示意图

数组定义后,就可以计算出整个数组所占的存储空间大小。数组所占用的空间为:单个数组元素所占用的空间(如 int 类型为 4 个字节,char 类型为 1 个字节)乘以数组元素个数,这样算出来的存储空间的单位是字节。当然我们也可以直接用函数 sizeof(数组名)来求出整个数组所占用的存储空间。如"int a[100];",可以这样计算:4 * 100 = 400 字节,也可以用 sizeof(a)来计算。

小节练习

1. 执行语句"int score[10];"后,则数组 score 在内存中所占字节数是(　　　)。
   A. 10　　　　　　B. 20　　　　　　C. 40　　　　　　D. 80
2. 引用数组元素时,其数组下标的值不可以是(　　　)。
   A. 正数　　　　　B. 负数　　　　　C. 0　　　　　　D. 非负整数
3. 执行语句"int a[100];"后,假设第一个元素的存储地址是 P,则第 5 个元素的地址是

(   )。

  A. P + 4   B. P + 8   C. P + 16   D. P + 32

 4. 若有语句"int num[10];",则对 num 数组元素正确引用的是(　　)。

  A. a[10]   B. a[3.5]   C. a[5]   D. a[10 - 10]

5.2 一维数组的赋值

数组定义后,需要给数组元素赋值,我们可以用以下几种方法给数组元素赋值。

1. 定义数组时赋值

C++中,单个变量的值可以在定义时同时赋值,数组也可以在定义时赋值。

表 5.2-1　定义时给数组元素赋值

语句	作用
int a[1 005];	如果这条语句定义在主函数之上,则数组 a 所有元素的值赋为 0
int a[5] = {1,2,3,4,5};	a[0]、a[1]、a[2]、a[3]、a[4]的值分别赋为 1、2、3、4、5
int a[5] = {1,2,3};	a[0]、a[1]、a[2]、a[3]、a[4]的值分别赋为 1、2、3、0、0
int a[5] = {0};	将数组 a 中 5 个元素的值全赋为 0
int a[] = {1,2,3};	a[0]、a[1]、a[2]的值分别赋为 1、2、3,且将数组的长度定义为 3

2. 用函数赋值

C++提供的 memset、memcpy、fill 都可以给数组元素赋值。

memset 函数按字节对内存块进行初始化,通常用来将数组每个元素的值初始化为 0 或 -1。memcpy 函数可以将指定的一段内存地址中储存的内容,拷贝到另一段连续的地址中,所以通常用来将一个数组的值赋给另一个数组。这两个函数使用前都必须引用头文件<cstring>。fill 函数也可以用来对数组元素赋值,使用前需引用头文件<algorithm>。

表 5.2-2　用函数给数组元素赋值

语句	作用
memset(vis,true,sizeof(vis));	给数组 vis 每个元素都赋值为 true

memset(vis,true,3);	相当于语句
	for(int i = 0;i < 3;i++)
	  vis[i] = true;

memset(ch,97,sizeof(ch));	给数组 vis 每个元素赋值为字符'a'
memset(a,-1,sizeof(a));	给数组 a 的每个元素的每个字节赋值为-1 的补码为(11 111 111)$_2$,即-1

fill(a,a + 4,4);	相当于语句
	for(int i = 0;i < 4;i++)
	  a[i] = 4;

3. 用输入语句逐个赋值

例如：

```
int x[100],y[100];
for(int i = 0; i < 100; i++)
    cin >> x[i];
for(int i = 0; i < 100; i++)
    scanf("%d",&y[i]);
```

注意：数组元素输出时，也只能逐个输出。如：

```
int x[100];
for(int i = 0; i < 99; i++)
    cout << x[i];//用循环语句批量输出数组元素
cout << x[99] << endl;//输出单个数组元素
```

不能写为：cout << x << endl;

4. 在程序中用赋值语句逐个赋值

例如：

```
int x[100],y[100];
for(int i = 0; i < 100; i++)
    x[i] = i;
for(int i = 0; i < 20; i++)
    y[x[i] + 1] = 1;
```

【例1】 运行下面程序(ch5.2_1.cpp)，思考该程序运行后的输出结果。

```
#include<iostream>
using namespace std;
int opt[40] = {1,1};//定义时给opt[0]、opt[1]赋值为1，其他数组元素赋为0
int main() {
    for(int i = 2; i <= 5; i++)
        opt[i] = opt[i - 1] + opt[i - 2];//用赋值语句给数组元素逐个赋值
    for(int i = 0; i < 5; i++) //顺序输出数组中元素的值
        cout << opt[i] << " ";
    cout << opt[5] << endl;
    return 0;
}
```

程序输出：1 1 2 3 5 8

【问题分析】

数组opt第1个元素为1，第2个元素为1，从第3个元素开始，每个元素皆为前两个元素之和。所以数组opt保存的就是斐波那契数列：1、1、2、3、5、8…

【例2】 进制转换(change.cpp/.in/.out)。
【问题描述】
给定一个十进制正整数N,求其对应的二进制数。
【输入格式】
仅一行,包含一个正整数N。
【输出格式】
共一行,包含一个正整数,表示N对应的二进制数。
【输入样例】
10
【输出样例】
1010
【数据范围】
$1 \leq N \leq 30000$。

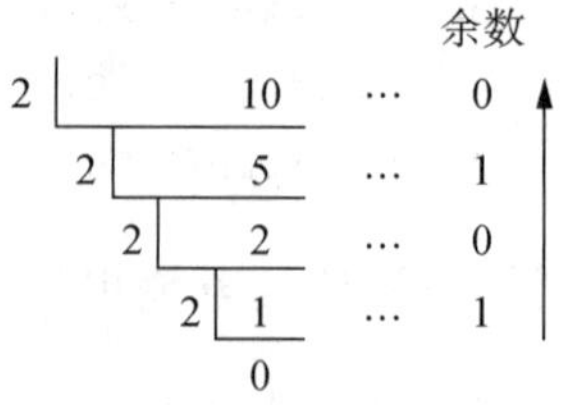

图 5.2-1 十进制数 10 转为二进制数

【问题分析】
十进制整数转换为二进制整数采用"除2倒序取余"法。具体做法是:用2除十进制整数,可以得到一个商和余数;再用2去除商,又会得到一个商和余数,如此进行,直到商为0时为止,然后把得到的余数倒序输出。

【参考程序】

```cpp
1.  #include<iostream>
2.  using namespace std;
3.  int n,num[100],t;
4.  int main() {
5.      freopen("change.in","r",stdin);
6.      freopen("change.out","w",stdout);
7.      cin >> n;
8.      while(n) {
9.          t++;
10.         num[t] = n % 2;//用数组num保存每次的余数
11.         n /= 2;
12.     }
13.     for(int i = t; i >= 1; i--) //倒序输出数组中元素
14.         cout << num[i];
15.     cout << endl;
16.     return 0;
17. }
```

【例3】 洗牌(usaco,shuffle.cpp/.in/.out)。
【问题描述】
纸牌游戏以其简单、娱乐性强的特点深受人们的喜爱。现在有 N($1 \leq N \leq 100$)张纸牌放成一排,然后执行连续三个"打乱"操作,纸牌的开始位置分别为1~N,第一张纸牌在位置 1,第二张纸牌在位置 2…

在洗牌过程中,每张纸牌都会移动到它的新位置。用 N 个数字描述洗牌中每张牌移动到的位置,$a_1 \cdots a_N$,第 i 张牌移动到 a_i 位置。幸运的是,所有的 a_i 都不相同,所以在洗牌过程中没有两张纸牌会移动到同一个位置。

每张纸牌上都有一个不同的 7 位整数 ID 号。现给出三次洗牌后的结果,请求出纸牌的初始状态。

【输入格式】

输入共 3 行:

第 1 行包含一个整数 N,即纸牌的数量;

第 2 行包含了 N 个用空格隔开的整数 $a_1 \cdots a_N$;

最后一行包含了三次洗牌后 N 张纸牌的结果。

【输出格式】

输出共 N 行,每一行有一个 7 位整数,分别表示每张纸牌的 ID,按初始位置的顺序输出。

【输入样例】

5

1 3 4 5 2

1234567 2222222 3333333 4444444 5555555

【输出样例】

1234567

5555555

2222222

3333333

4444444

【问题分析】

就是由牌的最终状态根据洗牌规则倒推出上一次状态,再依次推出最终状态。设 s[j] 为当前状态下第 j 个位置的牌,c[j] 表示第 j 张牌应该洗到 c[j] 位置,e[j] 表示洗一次牌后第 j 个位置的牌,则可以得到:s[j] 和 e[c[j]] 相等。

【参考程序】

```
1.  #include<bits/stdc++.h>
2.  using namespace std;
3.  int n,i,j,s[101],e[101],c[101];
4.  int main() {
5.      freopen("shuffle.in","r",stdin);
6.      freopen("shuffle.out","w",stdout);
7.      cin >> n;
8.      for(i = 1; i <= n; i++)
9.          cin >> c[i];//输入数组 C 的值,即洗牌规则
```

```
10.     for(i = 1; i <= n; i++)
11.         cin >> e[i];//输入数组 e 的值,即最终状态
12.     for(i = 1; i <= 3; i++) {//往回推三次求出初始状态
13.         for(j = 1; j <= n; j++)
14.             s[j] = e[c[j]];//求出当前状态的初始状态
15.         for(j = 1; j <= n; j++)
16.             e[j] = s[j];//通过数组 s 给数组 e 赋值,将初始状态设为下一次的结束状态
17.     }
18.     for(i = 1; i <= n; i++)
19.         cout << s[i] << endl;
20.     return 0;
21. }
```

小节练习

1.陶陶摘苹果(NOIP2005 普及组,apple.cpp/.in/.out)。

【问题描述】

陶陶家的院子里有一棵苹果树,每到秋天树上就会结出 10 个苹果。苹果成熟的时候,陶陶就会跑去摘苹果。陶陶有个 30 厘米高的板凳,当她不能直接用手摘到苹果的时候,就会踩到板凳上再试试。

现在已知 10 个苹果到地面的高度,以及陶陶把手伸直的时候能够达到的最大高度,请帮陶陶算一下她能够摘到的苹果的数目。假设她碰到苹果,苹果就会掉下来。

【输入格式】

第一行包含 10 个 100 到 200 之间(包括 100 和 200)的整数(以厘米为单位)分别表示 10 个苹果到地面的高度,两个相邻的整数之间用一个空格隔开;

第二行只包括一个 100 到 120 之间(包含 100 和 120)的整数(以厘米为单位),表示陶陶把手伸直的时候能够达到的最大高度。

【输出格式】

一行一个整数,表示陶陶能够摘到的苹果的数目。

【输入样例】

100 200 150 140 129 134 167 198 200 111
110

【输出样例】

5

2. 校门外的树(NOIP2005 普及组,tree.cpp/.in/.out)。

【问题描述】

某校大门外长度为 L 的马路上有一排树,每两棵相邻的树之间的间隔都是 1 米。我们可以把马路看成一个数轴,马路的一端在数轴 0 的位置,另一端在 L 的位置;数轴上的每个

整数点,即 0,1,2…L,都种有一棵树。

由于马路上有一些区域要用来建地铁。这些区域用它们在数轴上的起始点和终止点表示。已知任一区域的起始点和终止点的坐标都是整数,区域之间可能有重合的部分。现在要把这些区域中的树(包括区域端点处的两棵树)移走。你的任务是计算将这些树都移走后,马路上还有多少棵树。

【输入格式】

第一行有两个整数 L($1 \leq L \leq 10000$) 和 M($1 \leq M \leq 100$),L 代表马路的长度,M 代表区域的数目,L 和 M 之间用一个空格隔开;

接下来的 M 行,每行包含两个不同的整数,用一个空格隔开,表示一个区域的起始点和终止点的坐标。

【输出格式】

一行一个整数,表示马路上剩余的树的数目。

【输入样例】

500 3

150 300

100 200

470 471

【输出样例】

298

【数据规模】

对于 10% 的数据,区域之间没有重合的部分;

对于其他的数据,区域之间有重合的情况。

3. 间谍(spy.cpp/.in/.out)

【问题描述】

现在有 9 个科学家正在一起研究机密问题,但据可靠消息,其中有两人是间谍,只有 7 个人是真正的科学家。cyh 同学想将这两个间谍揪出来。当然,这 9 人都声称自己不是间谍。幸运的是,每个人都戴着一顶帽子,帽子上有一个小于 100 的正整数。根据最新的准确消息,真正的 7 位科学家戴着的帽子上的数字之和刚好等于 100。由于 cyh 同学要准备期终考试,请你编写一个程序,找出真正的 7 个科学家。

【输入格式】

输入共 9 行。

每行一个整数,第 i 行的整数表示第 i 个科学家戴的帽子上的正整数。

【输出格式】

输出共 7 行(因为只有 7 个科学家)。

每行一个整数,第 i 行的整数表示第 i 个科学家戴的帽子上的正整数,注意输出的顺序是按去掉两个间谍后的顺序。

【输入样例】

1

5

6

7

10

12

19

29

33

【输出样例】

1

5

6

7

19

29

33

4. 上学(school.cpp/.in/.out)。

【问题描述】

某校有 N 个学生,每个学生有一个唯一的学号(学号为一个 1 到 N 之间的整数)。今天,所有的学生都在不同的时间进入校园。

根据值班老师薛老师的记录,当学号为 i 的学生进入校园时,校园里共有 A_i 名学生(包括学号为 i 的学生)。

根据这些记录,求每个学生进入校园的顺序。

【输入格式】

输入共两行:

第 1 行一个整数 N,表示有 N 个学生;

第 2 行有 N 个用空格隔开的正整数,分别表示当学号为 i 的学生进入校园时,校园里共有 A_i 名学生(包括学号为 i 的学生),$A_i \neq A_j (i \neq j)$。

【输出格式】

1 行,包含 N 个用空格隔开的正整数,表示 N 个学生进入校园的顺序。

【输入样例】

3

2 3 1

【输出样例】

3 1 2

【样例说明】

对于样例,学号为 3 的学生先进校园,然后学号为 1 的学生进校园,最后学号为 2 的学生进校园。

【数据规模】

对于 100% 的数据,$1 \leq N \leq 10^5$,$1 \leq A_i \leq N$。

一维数组的查询、统计

一维数组定义后,我们除了可以给数组元素执行赋值、遍历、输出操作,还可以运用数组进行查询、统计操作。

1. 查询

【例 1】 最美味的苹果(delicious.cpp/.in/.out)。

【问题描述】

陶陶家的院子里有一棵苹果树,每到秋天树上就会结出 10 个苹果。苹果成熟的时候,陶陶就会跑去摘苹果。经过估算,每个苹果都有一个甜度,第 i 个苹果的甜度为 d_i。

陶陶认为甜度等于 g 的苹果最好吃,请编程帮他找到第 1 个符合条件的苹果,如果没有这样的苹果输出-1。

【输入格式】

包括两行数据:

第一行包含 10 个 100 到 200 之间(包括 100 和 200)的整数,分别表示 10 个苹果的甜度,两个相邻的整数之间用一个空格隔开;

第二行只包括一个 100 到 200 之间(包含 100 和 200)的整数 g,表示陶陶最喜欢吃甜度为 g 的苹果。

【输出格式】

共一行,只包含一个整数,表示第 1 个符合条件的苹果所在的位置。如果没有符合条件的苹果,则输出-1。

【输入样例】

100 200 150 140 129 134 167 198 200 110

150

【输出样例】

3

【问题分析】

本题其实就是要在数组中查找一个特定数值所在的位置。可以从数组的第一个位置找到最后一个位置,这种查找我们叫顺序查找。

【参考程序】

```
1.  #include<bits/stdc++.h>
2.  using namespace std;
3.  int d[15],g,ans = -1;
4.  int main(){
5.      freopen("delicious.in","r",stdin);
6.      freopen("delicious.out","w",stdout);
7.      for(int i = 1;i <= 10;i++)
8.          cin >> d[i];
9.      cin >> g;
10.     for(int i = 1;i <= 10;i++)
11.         if (d[i] == g){
12.             ans = i;
13.             break;
14.         }
15.     cout << ans << endl;
16.     return 0;
17. }
```

如数组中元素是有序的(从小到大排列或从大到小排列)，我们可以用二分查找来提高查找效率。

二分查找算法的基本思想：假设数组 d 中的元素由小到大排列，首先将要查找的数 g 和数组中间位置上的值比较，如果当前位置上的值等于 g 则找到 g；如果 g 小于中间位置上的值，在左半部分查找；如果 g 大于中间位置上的值，在右半部分查找，直到找到 g 所在的位置或发现数组中没有 g 这个数。

【参考代码】

```
1.  ans = -1;//假设数组中没有 g 这个数
2.  while(lft <= rgt){//有区域可查找
3.      int mid = (lft + rgt) / 2;
4.      if (d[mid] == g){//找到 g
5.          ans = mid;
6.          break;
7.      }
8.      if (g < d[mid])//在左半部分查找
9.          rgt = mid - 1;
10.     else
11.         lft = mid + 1;//在右半部分查找
12. }
```

我们还可以通过 C++ 中的函数方便地实现查找。

表 5.3-1　C++中的查找函数

函数名	举例	说明
lower_bound(begin,end,num) 从数组的 begin 位置到 end-1 位置二分查找第一个大于或等于 num 的数,找到返回该数所在的地址,不存在则返回 end。通过返回的地址减去起始地址 begin,得到要查找的数 num 在数组中的下标	p = lower_bound(d,d+6,7)-num;	在 d[0]、d[1]…d[5]中查找第一个大于或等于 7 的位置,如果有返回数组下标,没有则返回 6
upper_bound(begin,end,num) 从数组的 begin 位置到 end-1 位置二分查找第一个大于 num 的数,找到返回该数所在的地址,不存在则返回 end。通过返回的地址减去起始地址 begin,得到要查找的数 num 在数组中的下标	p = upper_bound(d,d+6,7)-num;	在 d[0]、d[1]…d[5]中查找第一个大于 7 的位置,如果有返回数组下标,没有则返回 6
binary_search(begin,end,num) 从数组的 begin 位置到 end-1 位置二分查找值为 num 的数,找到返回真,没有返回假	p = binary_search(d,d+6,7);	在 d[0]、d[1]…d[5]中查找 7 的位置,如果找到 7 则 p 为真,没找到 7 则 p 为假

2. 统计

我们可以访问数组每一个元素,统计某一个值或数组元素符合某一条件的次数。

【例 2】　统计苹果数(count.cpp/.in/.out)。

【问题描述】

陶陶家的院子里有一棵苹果树,每到秋天树上就会结出 10 个苹果。苹果成熟的时候,陶陶就会跑去摘苹果。经过估算,每个苹果都有一个甜度,第 i 个苹果的甜度为 d_i。

陶陶认为甜度大于等于 g 的苹果才好吃,请编程帮他统计有几个符合条件的苹果。

【输入格式】

包括两行数据:

第一行包含 10 个 100 到 200 之间(包括 100 和 200)的整数分别表示 10 个苹果的甜度,两个相邻的整数之间用一个空格隔开;

第二行只包括一个 100 到 200 之间(包含 100 和 200)的整数 g,表示陶陶最喜欢吃甜度大于等于 g 的苹果。

【输出格式】

输出共一行,只包含一个整数,表示有几个符合条件的苹果。

【输入样例】

100 200 150 140 129 134 167 198 200 110

150

【输出样例】

5

【问题分析】

本题其实就是在数组中查找有几个元素的值大于等于 g。

【参考程序】

```cpp
1.  #include<bits/stdc++.h>
2.  using namespace std;
3.  int d[15],g,ans;
4.  int main() {
5.      freopen("count.in","r",stdin);
6.      freopen("count.out","w",stdout);
7.      for(int i = 1; i <= 10; i++)
8.          cin >> d[i];
9.      cin >> g;
10.     for(int i = 1; i <= 10; i++)
11.         if (d[i] >= g)
12.             ans++;
13.     cout << ans << endl;
14.     return 0;
15. }
```

【例3】 放置苹果(putapple.cpp/.in/.out)。

【问题描述】

陶陶家的院子里有许多苹果树,每到秋天树上就会结出许多苹果。苹果成熟的时候,陶陶就会跑去摘苹果。经过估算,每个苹果都有一个甜度,第 i 个苹果的甜度为 d_i。

陶陶决定根据苹果的甜度值由小到大放置苹果,请编程输出他放置好苹果的情况。

【输入格式】

输入共有两行:

第一行,包含一个整数 n,表示有 n 个苹果;

第二行,包含 n 个用空格隔开的正整数分别表示 n 个苹果的甜度。

【输出格式】

输出共一行,包含 n 个用空格隔开的由小到大的整数,表示最终苹果放置的情况。

【输入样例】

10

100 200 150 140 129 134 167 198 200 110

【输出样例】

100 110 129 134 140 150 167 198 200 200

【数据范围】

$1 \leq d_i \leq 1000$;

$1 \leq n \leq 100$。

【问题分析】

本题的实质就是对 n 个数按从小到大的值排序。我们用前面学的仅用 if 语句排序的方法,如果只有三个数、四个数还能对付。但本题由于 n 较大且不是固定值,我们就要考虑借助于数组实现。我们可以定义一个数组 h,用 h[i]统计甜度为 i 的苹果有几个。最终我们输出时,依次访问 h[1]到 h[1000],如果 h[i]不为 0,则输出 h[i]个 i,从而实现排序功能。这种排序我们叫桶排序。

【参考程序】

```
1.  #include<bits/stdc++.h>
2.  using namespace std;
3.  int n,num,h[1005],cnt;
4.  int main() {
5.      freopen("putapple.in","r",stdin);
6.      freopen("putapple.out","w",stdout);
7.      cin >> n;
8.      for(int i = 1; i <= n; i++) {
9.          cin >> num;
10.         h[num]++;
11.     }
12.     for(int i = 1; i <= 1000; i++)
13.         for(int j = 1; j <= h[i]; j++) {
14.             cnt++;
15.             cout << i;
16.             if (cnt < n)
17.                 cout << " ";
18.             else
19.                 cout << endl;
20.         }
21.     return 0;
22. }
```

小节练习

1.最好吃的苹果(best.cpp/.in/.out)。

【问题描述】

陶陶家的果园里有许多苹果树,每到秋天树上就会结出许多苹果。苹果成熟的时候,陶陶就会跑去摘苹果。经过估算,每个苹果都有一个甜度,第 i 个苹果的甜度为 d_i。

陶陶决定把最甜的苹果送给薛老师,请编出最甜的苹果的甜度及有几个这样的苹果。

【输入格式】

输入共有两行:

第一行,包含一个整数 n,表示有 n 个苹果;

第二行,包含 n 个用空格隔开的正整数,分别表示 n 个苹果的甜度。

【输出格式】

输出共一行,包含两个用空格隔开的整数,分别表示最甜的苹果的甜度及有几个这样的苹果。

【输入样例】

10

100 200 150 140 129 134 167 198 200 110

【输出样例】

200 2

【数据范围】

对于100%的数据,$1 \leq d_i \leq 1000;1 \leq n \leq 100$。

2. 哪种苹果最多(kind.cpp/.in/.out)。

【问题描述】

陶陶家的院子里有许多苹果树,每到秋天树上就会结出许多苹果。苹果成熟的时候,陶陶就会跑去摘苹果。经过估算,每个苹果都有一个甜度,第 i 个苹果的甜度为 d_i。

陶陶把苹果按甜度堆放,他想知道哪种甜度的苹果最多。

【输入格式】

输入共有两行:

第一行,包含一个整数 n,表示有 n 个苹果;

第二行,包含 n 个用空格隔开的正整数,分别表示 n 个苹果的甜度。

【输出格式】

输出共一行,包含两个用空格隔开的整数,分别表示最多的那种苹果的甜度及有几个这样的苹果。

【输入样例】

10

100 200 200 140 129 134 167 198 200 110

【输出样例】

200 3

【数据规模】

对于100%的数据,$1 \leq d_i \leq 1000;1 \leq n \leq 100$。

5.4 一维数组元素的移动

一维数组赋值后,我们可以将某个数组元素向左移或右移。移动的操作实际上是将部分数组元素的下标加 1 或减 1,每次移动只能改变一个数组元素的值,移动操作会用原始位置的值替换目标位置的值。通过对多个数组元素的移动,我们可以实现数组部分元素的整体移动。

1.数组部分元素整体左移

将数组 a 下标为 x 的元素到最后一个元素整体左移一位的步骤如下：

第 1 步，将 a[x] 的值赋给 a[x－1]；

第 2 步，将 a[x＋1] 的值赋给 a[x]；

…

最后一步，将 a[n－1] 的值赋给 a[n－2]。

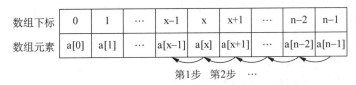

图 5.4-1　将数组 a 下标为 x 的元素到最后一个元素整体左移一位

注意：

（1）a[x－1] 的值被 a[x] 的值覆盖，相当于将数组中第 x 个元素（下标为 x－1）删除。

（2）整体左移操作后，数组长度并未发生改变，只不过数组最后两个元素的值完全相同，如果是要实现删除第 x 个元素还需要手工调整数组长度。

【例 1】　挑苹果(sel.cpp/.in/.out)。

【问题描述】

陶陶家的果园里有许多苹果树，每到秋天树上就会结出许多苹果。苹果成熟的时候，陶陶就会跑去摘苹果。经过估算，每个苹果都有一个甜度，第 i 个苹果的甜度为 d_i。

所有摘下来的的苹果排成一排。陶陶想把最甜的苹果先吃掉，陶陶吃苹果时没有改变苹果的顺序。请编程输出他吃完最甜的苹果后剩下的苹果情况。

【输入格式】

输入共有两行：

第一行，包含一个整数 n，表示有 n 个苹果；

第二行，包含 n 个用空格隔开的正整数，分别表示 n 个苹果的甜度。

【输出格式】

输出共一行，这一行包含若干个（至少一个）整数，表示吃完最甜的苹果后剩下的苹果情况。

【输入样例】

10

100 200 150 140 129 134 167 198 200 110

【输出样例】

100 150 140 129 134 167 198 110

【数据范围】

对于 100% 的数据，$1 \leq d_i \leq 1000$；$1 \leq n \leq 100$。

【问题分析】

本题其实就是在数组中查找一个与特定数值相同的元素并删除，删除某个元素我们可以通过对数组部分元素整体左移来实现。

【参考程序】

```cpp
1.  #include<bits/stdc++.h>
2.  using namespace std;
3.  int n,d[105],best,cnt;
4.  int main() {
5.      freopen("sel.in","r",stdin);
6.      freopen("sel.out","w",stdout);
7.      cin >> n;
8.      for(int i = 1; i <= n; i++) {
9.          cin >> d[i];
10.         best = max(best,d[i]);
11.     }
12.     for(int i = 1; i <= n; i++) {
13.         while(d[i] == best) {
14.             for(int j = i; j <= n; j++)
15.                 d[j] = d[j + 1];
16.             cnt++;
17.         }
18.     }
19.     for(int i = 1; i < n - cnt; i++)
20.         cout << d[i] << " ";
21.     cout << d[n - cnt] << endl;
22.     return 0;
23. }
```

注意：我们在编程时，也可以将要删除的数组元素设置一个删除标志（通常赋值为一个特殊的数），访问时遇到删除标志则跳过，就不需要调整数组长度。

【参考程序】

```cpp
1.  #include<bits/stdc++.h>
2.  using namespace std;
3.  int n,d[105],best,cnt,t;
4.  int main() {
5.      freopen("sel.in","r",stdin);
6.      freopen("sel.out","w",stdout);
7.      cin >> n;
8.      for(int i = 1; i <= n; i++) {
9.          cin >> d[i];
10.         best = max(best,d[i]);
11.     }
```

```
12.     for(int i = 1; i <= n; i++) {
13.         if (d[i] == best) {
14.             d[i] = -1;
15.             cnt++;
16.         }
17.     }
18.     for(int i = 1; i <= n; i++)
19.         if (d[i] != -1) {
20.             t++;
21.             cout << d[i];
22.             if (t < n - cnt)
23.                 cout << " ";
24.             else
25.                 cout << endl;
26.         }
27.     return 0;
28. }
```

2. 数组部分元素整体右移

将数组 a 下标为 x 的元素到最后一个元素整体右移一位的步骤如下：

第 1 步，将 a[n − 1] 的值赋给 a[n]；

第 2 步，将 a[n − 2] 的值赋给 a[n − 1]；

……

最后一步，将 a[x] 的值赋给 a[x + 1]。

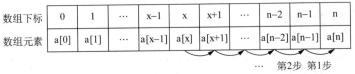

图 5.4−2　将数组 a 下标为 x 的元素到最后一个元素整体右移一位

注意：

（1）数组 a 下标为 x 的元素到最后一个元素整体右移一位。

（2）整体右移操作后，数组 a 下标为 x 的元素不变，需要手工调整数组长度加 1。

（3）如果给数组 a 下标为 x 的元素赋值为 num，则相当于在数组下标为 x 的位置插入了一个值为 num 的数组元素。

【例 2】　增加一个苹果(addapple.cpp/.in/.out)。

【问题描述】

陶陶家的果园里有许多苹果树，每到秋天树上就会结出许多苹果。苹果成熟的时候，陶陶就会跑去摘苹果。经过估算，每个苹果都有一个甜度，第 i 个苹果的甜度为 d_i。

所有摘下来的苹果排成一排。陶陶想在第 x 个苹果前放入一个甜度为 a 的苹果，请编程输出最终的苹果情况。

【输入格式】

输入共有三行：

第一行，包含一个整数 n，表示有 n 个苹果；

第二行，包含 n 个用空格隔开的正整数，分别表示 n 个苹果的甜度；

第三行，包含两个用空格隔开的整数 x 和 a，表示陶陶想在第 x 个苹果前放入一个甜度为 a 的苹果。

【输出格式】

输出共一行，这一行包含若干个（至少一个）整数，表示最终的苹果情况。

【输入样例】

10

100 200 150 140 129 134 167 198 200 110

3 120

【输出样例】

100 200 120 150 140 129 134 167 198 200 110

【数据范围】

对于 100% 的数据，$1 \leq d_i \leq 1000$，$1 \leq n \leq 100$，$1 \leq x \leq 100$，$1 \leq a \leq 1000$。

【问题分析】

本题其实就是要求在数组的第 x 个元素之前插入一个元素，我们用前面所讲的数组的右移操作可以很方便地实现。

【参考程序】

```
1.  #include<bits/stdc++.h>
2.  using namespace std;
3.  int n,d[105],x,a;
4.  int main() {
5.      freopen("addapple.in","r",stdin);
6.      freopen("addapple.out","w",stdout);
7.      cin >> n;
8.      for(int i = 1; i <= n; i++)
9.          cin >> d[i];
10.     cin >> x >> a;
11.     for(int i = n; i >= x; i--) //从第x个元素到第n个元素整体右移一位
12.         d[i + 1] = d[i];
13.     d[x] = a;//将a赋给d[x]
14.     n++;//修改数组长度
15.     for(int i = 1; i < n; i++)
16.         cout << d[i] << " ";
17.     cout << d[n] << endl;
18.     return 0;
19. }
```

插入排序:根据数组下标由小到大依次给数组元素赋值时,第1个元素直接赋值;给第2个元素赋值时如果要赋的值比第1个元素小就插在第1个元素的位置,否则直接放在第2个位置;后面增加数组元素时,都是查找到合适的位置插入进去,保证数组元素还是由小到大排列。

【例3】 整理苹果(order.cpp/.in/.out)。

【问题描述】

陶陶家的果园里有许多苹果树,每到秋天树上就会结出许多苹果。苹果成熟的时候,陶陶就会跑去摘苹果。经过估算,每个苹果都有一个甜度,第 i 个苹果的甜度为 d_i。

所有摘下来的的苹果排成一排。陶陶想在苹果中再放入一个甜度为 a 的苹果并将苹果按甜度值由小到大排好。

【输入格式】

输入共有三行:

第一行,包含一个整数 n,表示有 n 个苹果;

第二行,包含 n 个用空格隔开的正整数,分别表示 n 个苹果的甜度;

第三行,包含一个用空格隔开的整数 a,表示陶陶新加的苹果的甜度为 a。

【输出格式】

输出共一行,这一行包含若干个(至少一个)整数,表示最终的苹果情况。

【输入样例】

10

100 200 150 140 129 134 167 198 200 110

120

【输出样例】

100 110 120 129 134 140 150 167 198 200 200

【数据范围】

对于100%的数据,$1 \leqslant d_i \leqslant 1000, 1 \leqslant n \leqslant 100, 1 \leqslant x \leqslant 100, 1 \leqslant a \leqslant 1000$。

【问题分析】

题意实质是读入 n + 1 个数,由小到大排序。由于数据规模较小,我们可以用前面学过的桶排序方法解决,也可以通过插入排序完成。

【参考程序】

```
1.  #include<bits/stdc++.h>
2.  using namespace std;
3.  int n,j,d[105],x,a;
4.  int main() {
5.      freopen("order.in","r",stdin);
6.      freopen("order.out","w",stdout);
7.      cin >> n;
8.      n++;//实际需要读入 n + 1 个数
9.      cin >> d[1];
```

```
10.     for(int i = 2; i <= n; i++) {
11.         cin >> d[0];
12.         for(j = 1; j < i; j++)
13.             if (d[j] >= d[0])
14.                 break;
15.         for(int k = i; k >= j; k--)
16.             d[k + 1] = d[k];
17.         d[j] = d[0];//依次插入第2、3...个数
18.     }
19.     for(int i = 1; i < n; i++)
20.         cout << d[i] << " ";
21.     cout << d[n] << endl;
22.     return 0;
23. }
```

3. 两个数组元素相互移动

两个数组元素相互交换值,可以看作是两个数组元素同时移动到对方的位置。通过前面的学习我们知道"swap(d[i],d[j]);"可以达到交换d[i]和d[j]值的目的。我们可以通过多次交换两个数组元素的值来达到排序的目的。

(1) 选择排序

选择排序(Selection Sort)的步骤:假设对数组a[1]到a[n]从小到大排序,首先将a[1]与a[2]比较,如果a[1]大于a[2]则交换它们的值;然后将a[1]与a[3]比较,如果a[1]大于a[3]则交换它们的值;以此类推,最后比较a[1]与a[n]的值,这轮比较结束,a[1]的值就是最小值了。第2次在a[2]至a[n]中选择最小的的数,通过交换两个数组元素的值,确保整个数组元素中的次小值放到a[2]中,经过n−1次选择,整个数组的元素就按小到大的顺序排好了。选出最小数的过程如下图所示:

数组下标	0	1	2	3	4	…	n
数组元素	a[0]	a[1]	a[2]	a[3]	a[4]	…	a[n]

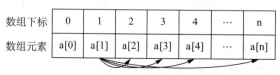

因为每次都是选出最小或最大的数放到合适的位置,所以把这种排序方法称为选择排序。

例3的参考程序就可以用选择排序实现:

```
1. #include<bits/stdc++.h>
2. using namespace std;
3. int n,d[105],x,a;
4. int main() {
5.     freopen("order.in","r",stdin);
6.     freopen("order.out","w",stdout);
7.     cin >> n;
```

```
8.        n++;
9.        for(int i = 1; i <= n; i++)
10.           cin >> d[i];
11.       for(int i =1 ; i < n; i++)
12.           for(int j = i + 1; j <= n; j++)
13.               if (d[i] > d[j])
14.                   swap(d[i],d[j]);
15.       for(int i = 1; i < n; i++)
16.           cout << d[i] << " ";
17.       cout << d[n] << endl;
18.       return 0;
19. }
```

(2) 冒泡排序

冒泡(Bubble Sort)排序的步骤:以从小到大排序为例,从第一个数开始,往后依次不断比较相邻的两个元数 a[j]与 a[j + 1]比较,如果"逆序"就交换,当比较完 a[n − 1]和 a[n]时,最大的元素就放在了第 n 个位置了。然后继续从第一个数开始,往后依次不断比较相邻的两个元数 a[j]与 a[j + 1],如果"逆序"就交换,当比较完 a[n − 2]和 a[n − 1]时,次大的元素就放在了第 n − 1 个位置了。依此类推,经过 n − 1 次选择,整个数组的元素就按小到大的顺序排好了。每次都是较大的数沉到后面去,较小的数冒到前面,类似于水中冒泡,所以叫冒泡排序。

例如,样例数据第一趟排序的过程如下:

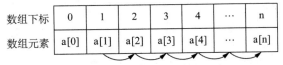

图 5.4-3 用冒泡排序将最小数(或最大数)调整到 a[n]中

例 3 的参考程序就可以用冒泡排序实现:

```
1. #include<bits/stdc++.h>
2. using namespace std;
3. int n,d[105],x,a;
4. int main() {
5.     freopen("order.in","r",stdin);
6.     freopen("order.out","w",stdout);
7.     cin >> n;
8.     n++;
9.     for(int i = 1; i <= n; i++)
10.        cin >> d[i];
11.    for(int i =1 ; i < n; i++)
12.        for(int j = 1; j <= n - i; j++)
```

```
13.            if (d[j] > d[j + 1])
14.                swap(d[j],d[j + 1]);
15.     for(int i = 1; i < n; i++)
16.         cout << d[i] << " ";
17.     cout << d[n] << endl;
18.     return 0;
19. }
```

小节练习

1. 约瑟夫问题(jsf.cpp/.in/.out)。

【问题描述】

n个人围成一圈,从第一个人开始报数,数到m的人出列,再由下一个人重新从1开始报数,数到m的人再出圈,依次类推,直到所有的人都出圈,请输出依次出圈人的编号。

【输入格式】

输入两个整数 n、m。

【输出格式】

输出一行,包含n个用空格隔开的整数,按顺序输出每个出圈人的编号。

【输入样例】

10 3

【输出样例】

3 6 9 2 7 1 8 5 10 4

【数据范围】

$1 \leq m, n \leq 100$。

2. 奶牛的选举(usaco,elect.cpp/.in/.out)。

【问题描述】

在推翻了Farmer John这个残暴的统治者后,奶牛们举行了她们的第一次总统大选,贝茜也是$N(1 \leq N \leq 50000)$头候选奶牛之一。不过,作为一头有远见的奶牛,贝茜想在选举开始前就计算出,哪头奶牛最有可能在竞争中胜出。

选举分两轮进行。第一轮中,得票最多的$K(1 \leq K \leq N)$头奶牛晋级到下一轮,在第二轮选举中得票最多的奶牛成为最终的总统。

现在,贝茜告诉了你奶牛i在第一轮投票中的期望得票数$A\_i(1 \leq A\_i \leq 1000000000)$以及她在第二轮投票中的期望得票数$B\_i(1 \leq B\_i \leq 1000000000)$(如果奶牛i能成功晋级的话),她希望你帮她计算一下,如果这些数据无误,那么哪头奶牛将成为总统。任何数值都不会在A_i列表中出现两次,在B_i列表中也是如此。

【输入格式】

共$N + 1$行:

第1行:2个用空格隔开的整数:N 和 K;

第 2~N + 1 行：第 i+1 为 2 个用空格隔开的整数：A_i 和 B_i。

【输出格式】

一行，包含一个整数，为将被选为总统的奶牛的编号。

【输入样例】

5 3
3 10
9 2
5 6
8 4
6 5

【输出样例】

5

【样例说明】

一共有 5 头奶牛参加选举，在第一轮中得票最多的 3 头奶牛可以晋级至第二轮。奶牛们在第一轮中的得票期望分别为 3、9、5、8、6，第二轮中，分别为 10、2、6、4、5。

奶牛 2、4、5 晋级到第二轮。奶牛 5 在第二轮投票中得到了最多的 5 票，赢得了选举的最终胜利。

3. 统计数字（NOIP2007 提高组，count.cpp/.in/.out）。

【问题描述】

某次科研调查时得到了 n 个自然数，每个数均不超过 1500000000（1.5×10^9）。已知不相同的数不超过 10000 个，现在需要统计这些自然数各自出现的次数，并按照自然数从小到大的顺序输出统计结果。

【输入格式】

第 1 行是一个整数 n，表示自然数的个数；

第 2~n + 1 行，每行一个自然数。

【输出格式】

包含 m 行，m 为 n 个自然数中不相同数的个数。请按照自然数从小到大的顺序输出，每行输出两个整数，分别是自然数和该数出现的次数，其间用一个空格隔开。

【输入样例】

8
2
4
2
4
5
100
2
100

【输出样例】
2 3
4 2
5 1
100 2
【数据规模】
对于40%的数据满足:$1 \leq n \leq 1000$;
对于80%的数据满足:$1 \leq n \leq 50000$;
对于100%的数据满足:$1 \leq n \leq 200000$。

4. 调整顺序(carry.cpp/.in/.out)。

【问题描述】
有 N 个学生(分别用 1 到 N 的学号表示)排成一排,薛老师希望他们按学号由小到大排列,现在规定每个人只许紧靠着他的同学交换位置,请编程计算最少交换多少次能达到薛老师的要求。

【输入格式】
输入有两行数据:
第一行是学生总数 N(不大于 10000);
第二行是 N 个不同的整数,表示 N 个学生的学号。

【输出格式】
输出仅有一行,包含一个整数,表示最少的交换次数。

【输入样例】
4
4 1 2 3

【输出样例】
3

5.5 二维数组

二维数组可以理解为数组元素也是数组的一维数组,即"数组的数组"。数学中的矩阵就可以方便地通过二维数组表示。

1. 二维数组的定义

定义二维数组的一般格式为:

类型标识符 数组名[常量表达式1][常量表达式2];

例如:int a[3][4];

表示二维数组 a 的元素全为整型,第一维下标的范围为(0~2),第二维下标的范围为(0~3)。相当于定义了三个一维整型数组,分别为 a[0]、a[1]、a[2],这三个一维数组的元素又都是一个一维数组。二维数组 a 共有 3×4 = 12 个整型元素。我们可以理解为下面的

二维表:

表 5.5-1 学生成绩表与之对应的二维数组

成绩 学号	语文	数学	英语	总分
1	a[0][0]	a[0][1]	a[0][2]	a[0][3]
2	a[1][0]	a[1][1]	a[1][2]	a[1][3]
3	a[2][0]	a[2][1]	a[2][2]	a[2][3]

2. 二维数组的存储

C++定义的二维数组在存储时按行优先连续存储,假设上面定义的 a 数组首地址为 1000,其在内存中如下图所示:

内存地址	1000	1004	1008	1012	1016	1020	…	1040	1044
内存元素	a[0][0]	a[0][1]	a[0][2]	a[0][3]	a[1][0]	a[1][1]	…	a[2][2]	a[2][3]

图 5.5-1 二维数组的存储

3. 二维数组的引用

二维数组的元素也称为双下标变量,其引用形式为:

数组名[下标][下标]

注意:下标变量和数组定义在形式中有些相似,但这两者具有完全不同的含义。数组说明的方括号中给出的是某一维的长度;而数组元素中的下标是该元素在数组中的位置标识。前者只能是常量,后者可以是常量、变量或表达式。

4. 二维数组的赋值

(1) 定义时赋值

表 5.5-2 定义时给二维数组赋值

语句	作用
int a[3][2];	如果这条语句定义在主函数之上,则数组 a 所有元素的值赋为 0
int a[3][2] = {{0,1},{2,3},{4,5}};	a[0][0]赋为 0,a[0][1]赋为 1, a[1][0]赋为 2,a[1][1]赋为 3, a[2][0]赋为 4,a[2][1]赋为 5
int a[3][2] = {0,1,2,3,4,5};	作用同上
int a[ ][2] = {1,2,3};	定义时可以省略第一维的长度,但第二维的长度不能省略。如果所赋初值个数能被第二维整除,所得的商就是第一维的大小;若不能整除,第一维的大小为商再加 1。所以相当于语句: int a[2][2] = {1,2,3};
int a[3][2] = {{1},{2,3}};	a[0][0]赋为 1,a[0][1]赋为 0, a[1][0]赋为 2,其余元素均赋为 0

(2) 用函数赋值

表 5.5-3 用函数给二维数组赋值

语句	作用
memset(a,0,sizeof(a));	给数组 a 每个元素赋值为字符 0
memset(a,-1,sizeof(a));	给数组 a 的每个元素赋值为-1
fill(a[0],a[0]+3,5);	a[0][0]赋为 5,a[0][1]赋为 5, a[1][0]赋为 5,其余元素均为 0

(3) 用输入语句或赋值语句赋值

如:

```
1. int a[3][2];
2. for(int j = 0; j < 2; j++)
3.     cin >> a[0][j];//用输入语句逐个赋值
4. for(int j = 0; j < 2; j++)
5.     a[1][j] = j; //用赋值语句逐个赋值
```

除了二维数组,我们在编程中还可能会用到三维、四维等数组,这些多维数组的定义与使用与二维数组类似。

【例1】 读书交流(read.cpp/.in/.out)。

【问题描述】

某中学最近举行了一次读书交流活动,共有 n 名学生(顺序编为 1 至 n 号)把自己的课外书带到学校与同学分享。每个同学都带了三种不同的课外书:科技类、小说类、动漫类。

活动结束后,第 x 号同学和第 y 号同学对彼此的课外书特别感兴趣,他们决定相互交换课外书。请输出活动结束后每个同学有多少课外书。

【输入格式】

输入共 n + 1 行:

第 1 行为 1 个正整数 n,表示该校参加读书交流活动的学生人数;

第 2 到 n + 1 行,每行有 3 个用空格隔开的数字,每个数字都在 0 到 100 之间,第 j 行的 3 个数字依次表示学号为 j - 1 的学生的科技类、小说类、动漫类书的数目,每个学生的学号按照输入顺序编号为 1~n(恰好是输入数据的行号减1);

第 n + 2 行,包含两个用空格隔开的整数 x、y,表示第 x 号同学和第 y 号同学要交换课外书。

【输出格式】

输出共有 n 行,每行是 3 个用空格隔开的正整数,依次表示每个同学三种课外书的数目。

【输入样例】

6
90 67 80

87 66 91
78 89 91
88 99 77
67 89 64
78 89 98
1 2
【输出样例】
87 66 91
90 67 80
78 89 91
88 99 77
67 89 64
78 89 98
【数据规模】
对于 100% 的数据满足：$6 \leqslant n \leqslant 300, 1 \leqslant x, y \leqslant n, x \neq y$。
【问题分析】
每个同学拥有的书可以用一个二维数组保存,第 x 号同学和第 y 号同学交换彼此的课外书,本质上就是二维数组中整行元素的交换,在编程时只要把对应的元素逐个交换。
【参考程序】

```
1.  #include<bits/stdc++.h>
2.  using namespace std;
3.  int n,score[305][4],x,y;
4.  int main() {
5.      freopen("read.in","r",stdin);
6.      freopen("read.out","w",stdout);
7.      cin >> n;
8.      for(int i = 1; i <= n; i++)
9.          cin >> score[i][1] >> score[i][2] >> score[i][3];
10.     cin >> x >> y;
11.     for(int j = 1; j <= 3; j++)
12.         swap(score[x][j],score[y][j]);
13.     for(int i = 1; i <= n; i++)
14.         cout << score[i][1] << " " << score[i][2] << " " << score[i][3] << endl;
15.     return 0;
16. }
```

【例 2】 神奇的幻方(NOIP2015 提高组,magic.cpp/.in/.out)。
【问题描述】
幻方是一种很神奇的 N × N 矩阵:它由数字 1, 2, 3, …, N × N 构成,且每行、每列及两条对角线上的数字之和都相同。

当 N 为奇数时,我们可以通过以下方法构建一个幻方:

首先将 1 写在第一行的中间。

之后,按如下方式从小到大依次填写每个数 K(K = 2,3,…,N × N):

(1) 若(K - 1)在第一行但不在最后一列,则将 K 填在最后一行,(K - 1)所在列的右一列;

(2) 若(K - 1)在最后一列但不在第一行,则将 K 填在第一列,(K - 1)所在行的上一行;

(3) 若(K - 1)在第一行最后一列,则将 K 填在(K - 1)的正下方;

(4) 若(K - 1)既不在第一行,也不在最后一列,如果(K - 1)的右上方还未填数,则将 K 填在(K - 1)的右上方,否则将 L 填在(K - 1)的正下方。

现给定 N 请按上述方法构造 N × N 的幻方。

【输入格式】

一个正整数 N,即幻方的大小。

【输出格式】

共 N 行,每行 N 个整数,即按上述方法构造出的 N × N 的幻方,相邻两个整数之间用一个空格隔开。

【输入样例】

3

【输出样例】

8 1 6

3 5 7

4 9 2

【数据范围】

对于 100% 的数据,$1 \leq N \leq 39$ 且 N 为奇数。

【问题分析】

本题是典型的模拟试题,输出结果为一个二维矩阵,我们很容易想到用二维数组来保存结果。首先把数字 1 填在第 1 行的中间列,然后通过控制数组下标的方法找到下一个要填的位置,最终把所有数字填好。

【参考程序】

```
1.  #include<iostream>
2.  using namespace std;
3.  int n,a[40][40],x,y;
4.  int main() {
5.      freopen("magic.in","r",stdin);
6.      freopen("magic.out","w",stdout);
7.      cin >> n;
8.      x = 1;
```

```
9.        y = (1 + n) >> 1;
10.       for(int i = 1; i <= n * n; i++) {
11.           a[x][y] = i;
12.           if(!a[(x - 2 + n) % n + 1][y % n + 1]) {
13.               x = (x - 2 + n) % n + 1;//下一个要填的位置在当前位置右上方
14.               y = y % n + 1;
15.           } else
16.               x = x % n + 1;//下一个要填的位置在当前位置正下方
17.       }
18.       for(int i = 1; i <= n; i++) {
19.           for(int j = 1; j < n; j++)
20.               cout << a[i][j] << " ";
21.           cout << a[i][n] << endl;
22.       }
23.       return 0;
24. }
```

【例3】 螺旋矩阵(NOIP2014普及组,matrix.cpp/.in/.out)。

【问题描述】

一个n行n列的螺旋矩阵可由如下方法生成:

从矩阵的左上角(第1行第1列)出发,初始时向右移动;如果前方是未曾经过的格子,则继续前进,否则右转;重复上述操作直至经过矩阵中所有格子。根据经过顺序,在格子中依次填入 $1, 2, 3, \ldots, n^2$,便构成了一个螺旋矩阵。

下图是一个 n = 4 时的螺旋矩阵:

```
 1  2  3  4
12 13 14  5
11 16 15  6
10  9  8  7
```

现给出矩阵大小n以及i和j,请你求出该矩阵中第i行第j列的数是多少。

【输入格式】

共一行,包含三个整数n、i、j,每两个整数之间用一个空格隔开,分别表示矩阵大小、待求的数所在的行号和列号。

【输出格式】

一个整数,表示相应矩阵中第i行第j列的数。

【输入样例】

4 2 3

【输出样例】

14

【数据范围】

对于100%的数据,$1 \leq N \leq 100$。

【问题分析】

对于本题,我们可以先将整个二维数组生成,然后输出对应坐标上的数。首先将 1 赋到数组第 1 行第 1 列的位置上,然后分别按向右、向下、向左、向上四个方向循环给数组赋值,赋值时要注意:数组不能越界、不能重复赋值。

【参考程序】

```
1.  #include<iostream>
2.  using namespace std;
3.  int dx[4] = {0,1,0,-1};
4.  int dy[4] = {1,0,-1,0};
5.  int n,i,j,k,num[105][105];
6.  int main() {
7.      freopen("matrix.in","r",stdin);
8.      freopen("matrix.out","w",stdout);
9.      cin >> n >> i >> j;
10.     for(int x = 0; x <= n + 1; x++) //设置边界
11.         for(int y = 0; y <= n + 1; y++)
12.             num[x][y] = -1;
13.     for(int x = 1; x <= n; x++)
14.         for(int y = 1; y <= n; y++)
15.             num[x][y] = 0;
16.     int x = 1;
17.     int y = 1;//第一个数所在的位置
18.     for(int t = 1; t <= n * n; t++) {
19.         num[x][y] = t;
20.         if (num[x + dx[k]][y + dy[k]])
21.             k = (k + 1) % 4;//
22.         x = x + dx[k];
23.         y = y + dy[k];
24.     }
25.     cout << num[i][j] << endl;
26.     return 0;
27. }
```

小节练习

1. 统计 1 的个数(count.cpp/.in/.out)。

【问题描述】

给你一个 n×m 的 01 矩阵(每个元素非 0 即 1),求出每个元素上、下、左、右的 4 个元素(如果存在的话)中有几个 1。

【输入格式】

共 n + 1 行：

第一行为两个正整数 n、m($1 \leq n, m \leq 15$)；

接下来的 n 行每行包含 m 个非 0 即 1 的整数，相邻整数间用一个空格隔开。

【输出格式】

共 n 行，每行有 m 个整数，分别表示每个元素上、下、左、右的 4 个元素（如果存在的话）中有几个 1。

【输入样例】

3 3
0 1 0
1 0 1
0 1 0

【输出样例】

2 0 2
0 4 0
2 0 2

2. 求原始方阵(original.cpp/.in/.out)。

【问题描述】

已知一个方阵是左右对称的，现在已知原方阵的左半部分，求原来的方阵（原方阵的列数均为偶数）。

【输入格式】

第 1 行是两个用空格隔开的整数 m 和 n，表示原方阵的左半部分的行数和列数；

第 2~m + 1 行，每行有 n 个用空格隔开的整数，每个整数都为小于 10 的非负整数。

【输出格式】

包含 m 行，每行有 2 * n 个用空格隔开的整数。

【输入样例】

3 3
1 1 1
1 2 2
1 2 3

【输出样例】

1 1 1 1 1 1
1 2 2 2 2 1
1 2 3 3 2 1

【数据规模】

对于 100% 的数据，满足：$1 \leq m \leq 20$，$1 \leq n \leq 15$。

3. 铺地毯(NOIP2011 提高组，carpet.cpp/.in/.out)。

【问题描述】

为了准备一个独特的颁奖典礼,组织者在会场的一片矩形区域(可看做是平面直角坐标系的第一象限)铺上一些矩形地毯。一共有 n 张地毯,编号从 1 到 n。现在将这些地毯按照编号从小到大的顺序平行于坐标轴先后铺设,后铺的地毯覆盖在前面已经铺好的地毯之上。

地毯铺设完成后,组织者想知道覆盖地面某个点的最上面的那张地毯的编号。注意:在矩形地毯边界和四个顶点上的点也算被地毯覆盖。

【输入格式】

输入共 n + 2 行:

第一行,一个整数 n,表示总共有 n 张地毯;

接下来的 n 行中,第 i + 1 行表示编号 i 的地毯的信息,包含四个正整数 a、b、g、k 每两个整数之间用一个空格隔开,分别表示铺设地毯的左下角的坐标(a,b)以及地毯在 x 轴和 y 轴方向的长度;

第 n + 2 行包含两个正整数 x 和 y,表示所求的地面的点的坐标(x,y)。

【输出格式】

输出共 1 行,一个整数,表示所求的地毯的编号;若此处没有被地毯覆盖则输出 −1。

【输入样例】

3
1 0 2 3
0 2 3 3
2 1 3 3
2 2

【输出样例】

3

【数据规模】

对于 30% 的数据,$n \leq 2$;

对于 50% 的数据,$0 \leq a、b、g、k \leq 100$;

对于 100% 的数据,$0 \leq n \leq 10^4, 0 \leq a、b、g、k \leq 10^5$。

【样例解释】

如下图,1 号地毯用实线表示,2 号地毯用虚线表示,3 号用双实线表示,覆盖点 (2,2) 的最上面一张地毯是 3 号地毯。

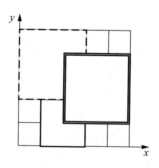

4. 杨辉三角形(triangle.cpp/.in/.out)。

【问题描述】

求杨辉三角形的第 x 行第 y 个数。观察下面的杨辉三角形可知 x = 3、y = 2 时,第 3 行第 2 个数是 2。

```
            1
          1   1
        1   2   1
      1   3   3   1
    1   4   6   4   1
```

【输入格式】

一行,包含两个用空格隔开的整数 x 和 y。

【输出格式】

共 1 行,一个整数,表示杨辉三角形第 x 行第 y 个数。

【输入样例】

3 2

【输出样例】

2

【数据规模】

对于 100% 的数据,满足:$1 \leqslant x \leqslant 10, 1 \leqslant y \leqslant x$。

5. 奖学金(NOIP2007 普及组,scholar.cpp)。

【问题描述】

某小学最近得到了一笔赞助,打算拿出其中一部分为学习成绩优秀的前 5 名学生发奖学金。期末,每个学生都有 3 门课的成绩:语文、数学、英语。先按总分从高到低排序,如果两个同学总分相同,再按语文成绩从高到低排序,如果两个同学总分和语文成绩都相同,那么规定学号小的同学排在前面,这样,每个学生的排序是唯一确定的。

任务:先根据输入的 3 门课的成绩计算总分,然后按上述规则排序,最后按排名顺序输出前 5 名学生的学号和总分。注意,在前 5 名同学中,每个人的奖学金都不相同,因此,你必须严格按上述规则排序。例如,在某个正确答案中,如果前两行的输出数据(每行输出两个数:学号、总分)是:

7 279

5 279

这两行数据的含义是:总分最高的两个同学的学号依次是 7 号、5 号。这两名同学的总分都是 279(总分等于输入的语文、数学、英语三科成绩之和),但学号为 7 的学生语文成绩更高一些。如果你的前两名的输出数据是:

5 279

7 279

则按输出错误处理,不能得分。

【输入格式】

输入共 n + 1 行：

第 1 行为 1 个正整数 n，表示该校参加评选的学生人数；

第 2 到 n + 1 行，每行有 3 个用空格隔开的数字，每个数字都在 0 到 100 之间。第 j 行的 3 个数字依次表示学号为 j − 1 的学生的语文、数学、英语的成绩。每个学生的学号按照输入顺序编号为 1~n(恰好是输入数据的行号减 1)。

【输出格式】

共有 5 行，每行是两个用空格隔开的正整数，依次表示前 5 名学生的学号和总分。

【输入样例】

6
90 67 80
87 66 91
78 89 91
88 99 77
67 89 64
78 89 98

【输出样例】

6 265
4 264
3 258
2 244
1 237

【数据规模】

对于 50% 的数据，满足：各学生的总成绩各不相同；

对于 100% 的数据，满足：$6 \leq n \leq 300$。

5.6 字符数组与字符串

我们在 excel 中直接输入 18 位的全由数字组成的身份证号，输完后往往不能正确显示，这是因为 excel 不能处理这么大的整数，要将数据设为"文本"类型才行。在 C++中，如果要读入一个单词，用前面所学的数据类型就不好处理了，对于这些情况 C++可以用字符数组或字符串来处理。

顾名思义，用来存放字符的数组是字符数组，字符数组中的每个元素都可以当作一个字符变量使用。

1. 字符数组

字符数组的定义、赋值和其他类型的数组类似。

例如:定义一个一维字符数组,并给数组元素用赋值语句逐个赋值。
char ch[5];
ch[0] = 'H';ch[1] = 'e';ch[2] = 'l';ch[3] = 'l';ch[4] = 'o';
也可以在定义时赋值:char ch[5] = {'H','e','l','l','o'};
…
特殊地,我们还可以用下面几种方法整体给数组赋值:
scanf("%s",ch + i);// ch[i]为开头,读入一个字符串
cin >> ch;
gets(ch);
输出数组元素时,除了可以逐个输出数组元素外,也可以整体输出数组元素。如:
printf("%s",ch);
cout << ch;
puts(ch);
在用 scanf 的%s 格式或 gets 读入字符数组时字符串会自动添加在最后加一个空字符'\0'。如果字符数组末尾加'\\0',C 语言认为是字符串。

2. 常用函数

表 5.6-1　字符串常用函数

函数	作用
strlen(ch)	求字符串 ch 的长度
strcpy(s,t)	将字符串 t 复制到字符串 s 中
strcat(s,t)	将字符串 t 接到字符串 s 的后面
strcmp(s,t)	从第 1 位开始逐个比较字符串 s 和 t,若当前位 s > t,为大于 0 的值;若当前位 s < t,返回小于 0 的值;若所有位置上的字符都相等,返回值为 0

用字符数组处理问题并不是很方便。C++提供了字符串类型(string 类型),在使用方法上,它和 char、int 类型一样,可以用来定义变量。要使用 string,必须加上头文件 string。

3. string 的定义
string s;
注意:s 的长度根据所存字符个数自动确定,可以对字符串整体引用,如:
cin >> s;//读入一个字符串,遇到空格、tab 键、换行符时结束。
getline(cin,s);//读入一整行,遇到换行符时结束。
可以访问 s 的每个元素,如:
cout << s[1];//注意 s 的下标从 0 开始到它的实际长度减 1。
string a[100];//定义一个字符串数组 a。
string 提供了许多成员函数,极大地方便了我们的操作。

表 5.6-2　string 常用成员函数

函数	作　用
s.size( )	求字符串 s 的长度
s.length( )	求字符串 s 的长度
getline(cin,s)	读入一个字符串 s,读到换行符或文件尾就结束
s.find(t)	在字符串 s 中查找子串 t,如果子串 t 出现,则返回 t 第一个出现的位置(从 0 开始),否则返回 $2^{64}-1$(赋值给 int 后可以转为-1)
s.erase(x,y)	删除 s 的第 x 位及之后的 y 个字符
s.substr(x, len)	复制字符串 s 中从下标 x 开始的长为 len 的子串

【例 1】　标题统计(NOIP2018 普及组,title.cpp/.in/.out)。

【问题描述】

凯凯刚写了一篇美妙的作文,请问这篇作文的标题中有多少个字符? 注意:标题中可能包含大、小写英文字母,数字字符,空格和换行符。统计标题字符数时,空格和换行符不计算在内。

【输入格式】

输入只有一行,一个字符串。

【输出格式】

输出文件一行,包含一个整数,即作文标题的字符数(不含空格和换行符)。

【输入样例】

234

【输出样例】

3

【数据规模】

规定 | s | 表示字符串 s 的长度(即字符串中的字符和空格数)。

对于 40%的数据,1 ≤ | s | ≤ 5,保证输入为数字字符及行末换行符;

对于 80%的数据,1 ≤ | s | ≤ 5,输入只可能包含大、小写英文字母,数字字符及行末换行符;

对于 100% 的数据,1 ≤ | s | ≤ 5,输入可能包含大、小写英文字母,数字字符,空格和行末换行符。

【问题分析】

标题中可能包含大、小写英文字母,数字字符,空格和换行符。统计标题字符数时,空格和换行符不计算在内。所以用 cin 读入比较方便,会自动过滤空格和换行符。

【参考程序】

```cpp
1.  #include<bits/stdc++.h>
2.  using namespace std;
3.  string s;
4.  int ans;
5.  int main() {
6.      freopen("title.in","r",stdin);
7.      freopen("title.out","w",stdout);
8.      while(cin >> s)
9.          ans += s.size();
10.     cout << ans << endl;
11.     return 0;
12. }
```

【例2】 数字游戏(NOIP2019普及组,number.cpp/.in/.out)。

【问题描述】小K同学向小P同学发送了一个长度为8的01字符串来玩数字游戏,小P同学想要知道字符串中究竟有多少个1。

注意:01字符串为每一个字符是0或者1的字符串,如"101"(不含双引号)为一个长度为3的01字符串。

【输入格式】

只有一行,一个长度为8的01字符串s。

【输出格式】

只有一行,包含一个整数,即01字符串中字符1的个数。

【输入样例】

00010100

【输出样例】

2

【数据规模】

对于20%的数据,保证输入的字符全部为0;

对于100%的数据,输入只可能包含字符0和字符1,字符串长度固定为8。

【问题分析】

试题中已经说明要用字符串读入,又因为字符串中每一个字符是0或者1,那么可以用cin读入,然后再逐个统计字符1的个数。

【参考程序】

```cpp
1.  #include<bits/stdc++.h>
2.  using namespace std;
3.  string s;
4.  int cnt;
5.  int main() {
```

```
6.      freopen("number.in","r",stdin);
7.      freopen("number.out","w",stdout);
8.      cin >> s;
9.      for(int i = 0; i < s.size(); i++)
10.         cnt += s[i] == '1';
11.     cout << cnt << endl;
12.     return 0;
13. }
```

【例3】 求和(sum.cpp/.in/.out)。

【问题描述】

给定两个正整数 a 和 b,求 a + b 的值。

【输入格式】

输入只有两行:

第一行,包含一个正整数 a;

第二行,包含一个正整数 b。

【输出格式】

输出只有一行,包含一个正整数,表示 a + b 的值。

【输入样例】(sum.in)

1

2

【输出样例】(sum.out)

3

【数据规模】

对于 20% 的数据,保证输入的字符全部为 0;

对于 100% 的数据,$1 \leq a, b \leq 10^{99}$。

【问题分析】

由于 a、b 的值都非常大,读入时要用字符串,但计算时又要转换成对应的整型数组。a、b 的低位对齐相加,编程时要注意进位,最后输出时要注意前面不能有多余的 0。由于 a、b 两个整数的值远远超过 C++ 的表示范围,这种计算我们一般称为高精度加法。

【参考程序】

```
1.  #include<bits/stdc++.h>
2.  using namespace std;
3.  string s1,s2;
4.  int a[105],b[105],jw,t;
5.  int main() {
6.      freopen("sum.in","r",stdin);
7.      freopen("sum.out","w",stdout);
8.      cin >> s1;
```

```
9.      cin >> s2;
10.     for(int i = 1; i <= s1.size(); i++)
11.         a[i] = s1[s1.size() - i] - '0';//将字符串转换为整型数组
12.     for(int i = 1; i <= s2.size(); i++)
13.         b[i] = s2[s2.size() - i] - '0';
14.     for(int i = 1; i <= 100; i++) {//逐位相加
15.         jw = a[i] + b[i] + jw;
16.         a[i] = jw % 10;
17.         jw = jw / 10;
18.     }
19.     for(t = 101; t >= 1; t--)//找到最高的有效位
20.         if (a[t])
21.             break;
22.     for(int i = t; i >= 1; i--)
23.         cout << a[i];
24.     cout << endl;
25.     return 0;
26. }
```

小节练习

1.字符统计(count.cpp/.in/.out)。

【问题描述】

给定一个只包含'+'和'-'的字符串S,求'+'的个数减去'-'的个数的值。

【输入格式】

一行,一个字符串S。

【输出格式】

一行,一个整数表示'+'的个数减去'-'的个数的值。

【输入样例】

+-++

【输出样例】

2

【数据规模与约定】

对于100%的数据,S的长度大于等于1且小于等于100。

2. 扫雷游戏(NOIP2015普及组,mine.cpp/.in/.out)。

【问题描述】

扫雷游戏是一款十分经典的单机小游戏。在n行m列的雷区中有一些格子含有地雷(称之为地雷格),其他格子不含地雷(称之为非地雷格)。玩家翻开一个非地雷格时,该格将会出现一个数字——提示周围格子中有多少个是地雷格。游戏的目标是在不翻出任何地雷格的条件下,找出所有的非地雷格。

现在给出 n 行 m 列的雷区中的地雷分布,要求计算出每个非地雷格周围的地雷格数。一个格子的周围格子包括其上、下、左、右、左上、右上、左下、右下八个方向上与之直接相邻的格子。

【输入格式】

第一行是用一个空格隔开的两个整数 n 和 m,分别表示雷区的行数和列数,1≤n≤100,1≤n≤100;

接下来 n 行,每行 m 个字符,描述了雷区中的地雷分布情况。字符"*"表示相应格子是地雷格,字符"?"表示相应格子是非地雷格,相邻字符之间无分隔符。

【输出格式】

n 行,每行 m 个字符,描述整个雷区。用"*"表示地雷格,用周围的地雷个数表示非地雷格,相邻字符之间无分隔符。

【输入样例】

3 3
*??
???
?*?

【输出样例】

*10
221
1*1

3. 特殊乘法(mult.cpp/.in/.out)。

【问题描述】

现在有一种新的乘法运算法则。在这套法则里,A×B 等于一个取自 A、一个取自 B 的所有数字对的和的积。

例如,123 × 45 等于 (1 + 4) × (1 + 5) × (2 + 4) × (2 + 5) × (3 + 4) × (3 + 5) = 54。

对于给定的数 A、B,你的任务是,用新的乘法法则计算 A×B 的值,只要输出模 9999 的值。

【输入格式】

一行,两个用一个空格隔开的整数 A 和 B,1≤ A,B ≤ 1000000000。

【输出格式】

一行一个整数,表示新的乘法法则下 A×B 的值模 9999 的结果。

【输入样例】

123 45

【输出样例】

581

4. NBA 总冠军(nba.cpp/.in/.out)。

【问题描述】中考之前,Ljw 要放松一下,打开电视,就看见了 NBA 的总决赛(Lakers

vs Magic),他立即想到了每年的 NBA 总冠军队伍。由于中考复习紧张,他只记起了一部分,但记忆的内容都是正确的,可能不是按时间从小到大的顺序。记忆可能有重复。

现在请学过编程的你帮助 Ljw,按时间从小到大顺序依次输出总冠军的球队(不能重复)。(NBA 从 1947 年到 2009 年)

【输入格式】

输入文件的第一行是一个整数 n(0 < n < 50);

接下来的 n 行,每行先是城市名(由大小写字母、空格组成),后是时间(由数字组成)。二者间用空格隔开。

【输出格式】

共 n 行,即排序后的 NBA 总冠军队伍。每行先是时间,后是城市名。

【样例输入】

3
Boston 1963
Boston 1959
Philly 1947

【样例输出】

1947 Philly
1959 Boston
1963 Boston

 vector

在前面编程的实践中,我们往往要注意根据数据规模来定义数组的大小,如果数组定义小了,可能会造成数组访问越界;如果数组定义过大,又会浪费内存空间。

C++标准模板库(STL)里提供的容器 vector 可以很好地解决这个问题,使用前应添加头文件 vector。vector 是一种动态数组,是基本数组的类模板。vector 的存储是自动管理的,按需扩张收缩。

1. vector 的定义和初始化

表 5.7-1　vector 的定义和初始化

格式	举例说明
vector<类型>标识符	vector 中的类型可以是 int、float、char 等,也可以是结构体类甚至是 vector vector<int> v; //定义一个 int 型的 vector,我们可以看作定义了一个 int 类型的一维数组

（续表）

格式	举例说明
vector<类型>标识符(初始容量)	vector<int> v(10); //定义一个初始大小为 10 的 vector
vector<类型>标识符(初始容量,初始所有值)	vector<int> v(5,2); //定义一个初始容量为 5 的 vector,每个元素的初值都赋为 2
vector<vector<类型> >标识符;	vector<vector<int> >v; //相当于定义了一个 int 类型的二维数组,注意两个">"间的空格是不可少的

2. vector 的访问

（1）通过 vector 的下标随机访问,如:

for(int i = 0;i < 4;i++)

  v[i] = i;

（2）通过 vector 的迭代器(iterator)访问

迭代器相当于一种指针,是 vector 中一个元素的地址,(*迭代器)才会指向具体的元素。迭代器的++、--运算被重载过。begin()，end()是 vector 的成员函数,返回值分别是 vector 中首个元素的迭代器和 vector 中末尾元素向后一位的迭代器。我们可以通过迭代器访问 vector 中所有元素。

每种容器类型都定义了自己的迭代器类型,vector 的迭代器定义如下:

vector<类型> :: iterator 标识符;

如:vector<int> :: iterator it;

【例1】 下面的程序段就是用迭代器访问 vector 各元素。

```
1.  #include<bits/stdc++.h>
2.  using namespace std;
3.  vector<int>v = {0,1,2,3,5};//这种初始化 vector 方式在 C++11 才支持
4.  int main() {
5.      vector<int> :: iterator it;//定义一个迭代器
6.      for(it = v.begin(); it != v.end(); it++)
7.          cout << *it << " ";// it++即将迭代器前移一位，it--后移一位
8.      cout << endl;
9.      return 0;
10. }
```

注意:可以用"=="和"!="操作符来比较两个迭代器,若两个迭代器指向同一个元素,则它们相等,否则不相等。

3. vector 的常用函数使用

表 5.7-2 vector 的常用函数

函数	使用
back( )	v.back( );//返回 v 的最后一个元素
front( )	v.front( );//返回 v 的第一个元素
clear( )	v.clear( );//清空 v 中的元素
empty( )	v.empty( );//判断 v 是否为空,空则返回 true,非空则返回 false
pop_back( )	v.pop_back( );//删除 v 的最后一个元素
erase( )	v.erase(it);//删除 v 中迭代器 it 指向的元素,如果 it 为 v.begin( )则删除第一个元素
push_back( )	v.push_back(5);//在 v 的最后一个元素后插入一个元素,其值为 5
insert( )	v.insert(it,5);//在 v 中迭代器 it 指向的位置插入一个元素,其值为 5
reverse( )	reverse(first,last)表示翻转(first,last)范围内的顺序,first 和 last 都是迭代器,如: vector<int> v = {5,4,3}; reverse(v.begin( ),v.end( ));//执行后 v 中的元素依次为 3,4,5
size( )	v.size( );//返回 v 中元素的个数
resize( )	v.resize(5);//将 v 的大小调整为 5

【例 2】 机器翻译(NOIP2010 提高组,translate.cpp/.in/.out)。

【问题描述】

小晨的电脑上安装了一个机器翻译软件,他经常用这个软件来翻译英语文章。这个翻译软件的原理很简单,它只是从头到尾,依次将每个英文单词用对应的中文含义来替换。对于每个英文单词,软件会先在内存中查找这个单词的中文含义,如果内存中有,软件就会用它进行翻译;如果内存中没有,软件就会在外存中的词典内查找,查出单词的中文含义然后翻译,并将这个单词和译义放入内存,以备后续的查找和翻译。

假设内存中有 M 个单元,每单元能存放一个单词和译义。每当软件将一个新单词存入内存前,如果当前内存中已存入的单词数不超过 M − 1,软件会将新单词存入一个未使用的内存单元;若内存中已存入 M 个单词,软件会清空最早进入内存的那个单词,腾出单元来,存放新单词。

假设一篇英语文章的长度为 N 个单词。给定这篇待译文章,翻译软件需要去外存查找多少次词典? 假设在翻译开始前,内存中没有任何单词。

【输入格式】

共 2 行,每行中两个数之间用一个空格隔开:

第 1 行为两个正整数 M、N,代表内存容量和文章的长度;

第 2 行为 N 个非负整数,按照文章的顺序,每个数(大小不超过 1000)代表一个英文单词。文章中两个单词是同一个单词,当且仅当它们对应的非负整数相同。

【输出格式】

一个整数,为软件需要查词典的次数。

【输入样例】

3 7

1 2 1 5 4 4 1

【输出样例】

5

【数据规模】

对于10%的数据,M = 1,N ≤ 5;

对于100%的数据,1 ≤ M ≤ 100,1 ≤ N ≤ 1000。

【样例解释】

整个查字典过程如下:每行表示一个单词的翻译,冒号前为本次翻译后的内存状况:

1:查找单词 1 并调入内存。

1 2:查找单词 2 并调入内存。

1 2:在内存中找到单词 1。

1 2 5:查找单词 5 并调入内存。

2 5 4:查找单词 4 并调入内存替代单词 1。

2 5 4:在内存中找到单词 4。

5 4 1:查找单词 1 并调入内存替代单词 2。

共计查了 5 次词典。

【问题分析】

本题需要用一个数组来表示内存,但这个数组需要做多次插入、删除、查找操作,那么用 vector 就非常合适了。依次读入数据,查找是否在内存(vector)中,如果不在,就需要加入内存(vector)同时将查字典的次数加 1。如果内存满了,就把最先进入内存的单词删除。

【参考程序】

```
1.  #include<bits/stdc++.h>
2.  using namespace std;
3.  int m, n, t, ans;
4.  vector<int> v; // 用来表示内存
5.  int main() {
6.      freopen("translate.in","r",stdin);
7.      freopen("translate.out","w",stdout);
8.      cin >> m >> n;
9.      while (cin >> t) {
10.         if (find(v.begin(),v.end(),t) == v.end()) { // 如果不在内存中
11.             v.push_back(t); // 加入内存
12.             ans++;
13.         }
```

```
14.        if (v.size() > m) // 内存满了
15.            v.erase(v.begin()); // 把第一个单词删掉
16.    }
17.    cout << ans << endl;
18.    return 0;
19. }
```

注意:vector 本身是没有 find 这一方法,其 find 是依靠 algorithm 来实现的。find(v.begin(),v.end(),t)是表示在 v 的元素中查找有没有 t 这个值,如果有返回一个迭代器(指向元素的值为 t),如果没有返回 v.end(末尾元素向后一位的迭代器)。

【例3】 数字方阵(num.cpp/.in/.out)。

【问题描述】

给定一个正整数 n,根据样例输出 n * n 的矩阵。

【输入格式】

只有一行,包含一个整数 n。

【输出格式】

有 n 行,每行包含 n 个用空格隔开的整数。

【输入样例】

5

【输出样例】

1 1 1 1 1
1 2 2 2 2
1 2 3 3 3
1 2 3 4 4
1 2 3 4 5

【数据规模】

对于 100% 的数据, $2 \leqslant n \leqslant 9$。

【问题分析】

由前面的知识,我们可以用二维数组(vector)来解决。假设数组坐标为(1,1)~(n,n),第 1 次我们先将(1,1)~(n,n)的区域赋为 1,第 2 次将(2,2)~(n,n)的区域赋为 n,以此类推,直到最后将(n,n)区域的值赋为 n。

【参考程序】

```
1. #include<bits/stdc++.h>
2. using namespace std;
3. vector<vector<int> >v;
4. int n;
5. int main() {
6.     freopen("num.in","r",stdin);
7.     freopen("num.out","w",stdout);
```

```
8.      cin >> n;
9.      v.resize(n + 1);
10.     for(int i = 1; i <= n; i++)
11.         v[i].resize(n + 1);
12.     for(int k = 1; k <= n; k++)
13.         for(int i = k; i <= n; i++)
14.             for(int j = k; j <= n; j++)
15.                 v[i][j] = k;
16.     for(int i = 1; i <= n; i++) {
17.         for(int j = 1; j < n; j++)
18.             cout << v[i][j] << " ";
19.         cout << v[i][n] << endl;
20.     }
21.     return 0;
22. }
```

小节练习

1. 约瑟夫问题（jsf.cpp/.in/.out）。

【问题描述】

n 个人围成一圈，从第一个人开始报数，数到 m 的人出列，再由下一个人重新从 1 开始报数，数到 m 的人再出圈，依次类推，直到所有的人都出圈，请输出依次出圈人的编号。

【输入格式】

输入两个整数 n,m。

【输出格式】

输出一行，包含 n 个用空格隔开的整数，按顺序输出每个出圈人的编号。

【输入样例】

10 3

【输出样例】

3 6 9 2 7 1 8 5 10 4

【数据范围】

$1 \leq m,n \leq 100$。

2. 序列翻转（rev.cpp/.in/.out）。

【问题描述】

给定 N 个整数，执行 M 次操作。每次操作将一个连续的区间的数倒序存放，求最后的结果。

【输入格式】

第一行，两个整数 N,M；

第二行,包含 N 个用空格隔开的整数。
【输出格式】
一行 N 个用空格隔开的整数,表示操作后的结果。
【输入样例】
5 2
1 2 3 4 5
2 4
4 5
【输出样例】
1 4 3 5 2
【数据范围】
$1 \leqslant N, M \leqslant 1000$。

第 6 章 函数及其应用

我们已经知道每个程序都必须具有一个名为 main 的函数（该程序在运行时即开始执行）。大多数程序使用许多功能。但是，随着程序变得越来越长，将所有代码放入主函数中变得越来越难以管理。函数为我们提供了一种将程序拆分为较小的模块化块的方式，这些块更易于组织、测试和使用。函数是旨在执行特定工作的可重用语句序列。C++标准库附带了许多已经编写的函数供使用，但是编写自己的函数更能完成一些个性化功能。

自定义函数

自己编写的函数称为用户自定义函数。自定义函数怎么使用呢？跟标准库函数一样调用。调用可以用以下场景理解，考虑一下现实生活中可能发生的情况：你在读书时想起来要打个电话，然后你在书中夹个书签，当你完成电话通话后，再返回书签所在的地方，并从停下的地方继续阅读。打电话功能就是调用。

1. 用户定义函数的示例

首先，让我们从最基本的语法开始定义用户定义的函数。在本书中，所有用户定义的函数将采用以下形式：

返回值类型 函数名称标识符（）{ //括号内可以放置参数
　　//花括号之间语句称为函数主体
}

下面是一个示例程序，显示了如何定义和调用函数：

【例1】 阅读下面程序（ch6.1_1.cpp），思考该程序运行后的输出结果。

```
1. #include <iostream>
2. using namespace std;
3. void myPrint() { // myPrint() 自定义函数的名称
4.     cout << "In myPrint()\n";
5. }
6.
7. // 主函数 main()
8. int main() {
9.     cout << "Starting main()\n";
```

```
10.     myPrint(); // 中断 main() 去执行 myPrint(). main() 是调用者
11.     cout << "Ending main()\n"; // myPrint() 执行完毕
12.     return 0;
13. }
```

该程序产生以下输出：

Starting main( )

In myPrint( )

Ending main( )

该程序从函数 main 的顶部开始执行，要执行的第一行打印 Starting main( )。main 的第二行是对函数 myPrint 的函数调用。我们通过在函数名称后加上一对括号来调用函数 myPrint，例如：myPrint( )。务必注意进行函数调用时，请不要忘记在函数名称后加上括号( )。

因为进行了函数调用，所以 main 中语句的执行被挂起，并且执行跳转到被调用函数 myPrint 的顶部。myPrint 的第一行（也是唯一一行）在 myPrint( ) 中打印。当 myPrint 终止时，执行返回到调用方（此处为 main 函数），并从中断处重新开始。因此，在 main 中执行的下一条语句将显示 Ending main( )。

当然函数的一个好处是可以被多次调用来执行相同功能模块。下面是一个例子。

【例2】 阅读下面程序(ch6.1_2.cpp)，思考该程序运行后的输出结果。

```
1.  #include <iostream>
2.  using namespace std;
3.  void myPrint() {
4.      cout << "In myPrint()\n";
5.  }
6.
7.  int main() {
8.      cout << "Starting main()\n";
9.      myPrint(); // myPrint() 第 1 次调用
10.     myPrint(); // myPrint() 第 2 次调用
11.     cout << "Ending main()\n";
12.     return 0;
13. }
```

该程序产生以下输出：

Starting main( )

In myPrint( )

In myPrint( )

Ending main( )

由于 myPrint 由 main 调用两次，因此 myPrint 执行两次，而在 myPrint( ) 中则打印两次（每次调用一次）。

那么，被调用的函数还可以再调用别的函数吗？当然可以！（复杂嵌套，将分节单独介绍）。

我们看一个例子。main 函数可以调用另一个函数（例如上例中的 myPrint 函数），任何函数都可以调用任何其他函数。在以下程序中，主函数调用函数 myA，myA 函数再调用函数 myB，要注意函数 myB 定义在调用它的函数 myA 前面！

【例3】 阅读下面程序（ch6.1_3.cpp），思考该程序运行后的输出结果。

```
1.  #include <iostream>
2.  using namespace std;
3.  void myB() {
4.      cout << "In myB()\n";
5.  }
6.  void myA() {
7.      cout << "Starting myA()\n";
8.      myB();
9.      cout << "Ending myA()\n";
10. }
11. int main() {
12.     cout << "Starting main()\n";
13.     myA();
14.     cout << "Ending main()\n";
15.     return 0;
16. }
```

运行结果如下：

Starting main( )

Starting myA( )

In myB( )

Ending myA( )

Ending main( )

但是与某些编程语言不同，在 C++ 中，不能在函数内部定义其他函数，即不支持嵌套定义函数。

如以下程序不合法：

【例4】 阅读下面程序（ch6.1_4.cpp），思考该程序运行后的输出结果。

```
1.  #include <iostream>
2.  using namespace std;
3.  int main() {
4.      int foo() { // 不合法
5.          cout << "foo!\n";
6.          return 0;
7.      }
8.      foo();
9.      return 0;
10. }
```

编写上述程序的正确方法是:

```
1.  #include <iostream>
2.  using namespace std;
3.  int foo() { // 放在main()外面
4.      cout << "foo!\n";
5.      return 0;
6.  }
7.  int main() {
8.      foo();
9.      return 0;
10. }
```

【例5】 阅读下面程序(ch6.1_5.cpp),思考该程序运行后的输出结果。

```
1.  #include <iostream>
2.  using namespace std;
3.  void doB() {
4.      cout << "In doB()\n";
5.  }
6.  void doA() {
7.      cout << "In doA()\n";
8.      doB();
9.  }
10. int main() {
11.     cout << "Starting main()\n";
12.     doA();
13.     doB();
14.     cout << "Ending main()\n";
15.     return 0;
16. }
```

运行结果如下:

Starting main( )

In doA( )

In doB( )

In doB( )

Ending main( )

2. 返回值

编写用户定义的函数时,可以确定函数是否将值返回给调用方。要将值返回给调用者,需要做两件事:

首先,函数必须指出将返回哪种类型的值。这是通过设置函数的返回类型来完成的,返回类型是在函数名称之前定义的类型。在上面的示例中,函数 myA() 的返回类型为 void,函数 main() 的返回类型为 int。请注意,这并不能确定返回的具体值,而只是确定值的类型。

其次,在返回值的函数内部,我们使用 return 语句指示要返回给调用方的特定值。从函数返回的特定值称为返回值。执行 return 语句时,返回值将从函数复制回调用方。此过程称为按值返回。

让我们看一个返回整数值的简单函数,以及一个调用它的示例程序:

【例6】 阅读下面程序(ch6.1_6.cpp),思考该程序运行后的输出结果。

```cpp
1.  #include <iostream>
2.  using namespace std;
3.  // int 是返回类型
4.  // int 返回类型表示该函数将向调用者返回一些整数值（此处未指定特定值）
5.  int returnFive() {
6.      // return 语句指示将要返回的特定值
7.      return 5; // 将整数值 5 返回给调用方
8.  }
9.
10. int main() {
11.     cout << returnFive() << endl; // 输出 5
12.     cout << returnFive() + 2 << endl; // 输出 7
13.     returnFive();
14.     // 返回值 5, 但是会忽略它, 因为 main() 对它没有任何作用
15.     return 0;
16. }
```

运行结果如下:

5

7

执行从 main 的顶部开始。在第 11 句中,执行对 returnFive 的函数调用,函数 returnFive 将特定值 5 返回给调用方,然后通过 cout 将其打印到屏幕控制台。

在第二次函数调用中,再次调用函数 returnFive。函数 returnFive 将值 5 返回给调用方。计算表达式 5 + 2 产生结果 7,然后将结果通过 cout 输出到屏幕。

在第 13 句中,再次调用函数 returnFive,结果将值 5 返回给调用方。但是,函数 main 对返回值 5 不执行任何操作,因此不会再发生任何事情(忽略返回值),注意这种调用是被允许的,但是通常用在返回值为 void 类型的定义函数中,比如前面的 myA 和 myB 函数,这像一条命令语句。

注意:除非调用方通过 cout 将返回值发送到屏幕,否则不会输出返回值。在上述最后一种情况下,返回值不会发送到 cout,因此不会输出任何内容。

下面我们编写一个有点挑战的函数,模仿 cin 我们写一个用来输入整数值的 fromuser 函数。

【例7】 阅读下面程序(ch6.1_7.cpp),思考该程序运行后的输出结果。

```
1.  #include <iostream>
2.  using namespace std;
3.  int fromuser() { // 获得用户输入值
4.      cout << "输入一个整数: ";
5.      int input;
6.      cin >> input;
7.      return input;
8.  }
9.  int main() {
10.     int num = fromuser() ; // fromuser()返回值给 num
11.     cout << num << " 的平方是: " << num * num << endl;
12.     return 0;
13. }
```

当该程序执行时,main 中的第 10 句将创建一个名为 num 的 int 变量。程序初始化 num 时,将对 fromuser 函数调用,执行该函数。函数 fromuser 要求用户输入一个值,然后将该值返回给调用方(主函数)。此返回值用作变量 num 的初始化值。

自己编译该程序并运行,体会它的作用与流程。

不需要函数返回值时,可以使用 void 的返回类型告诉编译器函数不返回值,我们前面的 myPrint( ) 函数就是这样做的。

执行程序时,操作系统将对 main 进行函数调用,然后跳到 main 的顶部。main 中的语句按顺序执行。最后,main 将一个整数值(通常为 0)返回给操作系统。这就是为什么 main 定义为 int main( ) 的原因。为什么要将值返回给操作系统?它告诉操作系统,你的程序是否成功执行。按照共识,返回值为 0 表示成功,而返回值非零表示失败。如果程序正常运行,则主函数应返回 0。

请注意,C++规范明确指定函数 main 必须返回 int 类型。

有关返回值的其他说明,首先如果函数返回类型非 void,则它必须返回相应类型的值(使用 return 语句)。其次,当执行 return 语句时,该函数将立即返回到调用方,函数中的任何其他代码都将被忽略。函数每次被调用时只能将单个值返回给调用方。但是,该值不必是具体数值,它可以是任何有效表达式的结果,包括变量(还可以是 STL 向量等类型),甚至是对另一个函数的返回值的调用。例如在上面的 fromuser( ) 示例中,我们返回了一个变量,其中包含用户键入的数值。最后,注意函数可以自由定义其返回值的含义,某些函数使用返回值作为状态代码,以指示它们是成功还是失败,因此最好在注释中注明返回值的含义,以此来标记自定义的函数功能。

【例8】 阅读下面程序(ch6.1_8.cpp),思考该程序运行后的输出结果

```cpp
1.  #include <iostream>
2.  using namespace std;
3.  int fromuser() { // 获得用户输入值
4.      cout << "输入一个整数: ";
5.      int input;
6.      cin >> input;
7.      return input;
8.  }
9.  int main() {
10.     int x = fromuser() ; // 第1个加数
11.     int y = fromuser() ; // 第2个加数
12.     cout << x << " + " << y << " = " << x + y << endl;
13.     return 0;
14. }
```

在此程序中,我们两次调用 fromuser:一次初始化变量 x,一次初始化变量 y。这使我们不必复制代码来获取用户输入,并减少了犯错的概率。一旦知道 fromuser 可用于一个变量,它将根据需要用于所有变量。

这是模块化编程的本质:能够编写函数,对其进行测试,确保其能够正常工作,然后我们可以根据需要多次重复使用它。

小节练习

1. 以下关于C++语言程序中函数的说法正确的是(　　　)。

A. 函数的定义可以嵌套,但函数的调用不可以嵌套

B. 函数的定义不可以嵌套,但函数的调用可以嵌套

C. 函数的定义和调用均不可以嵌套

D. 函数的定义和调用都可以嵌套

2. 函数必须返回某种类型的值,返回类型是在函数名称之前定义的类型,如果确实程序不需要返回值,则函数的返回类型为_____。

3. 以下错误的描述是(　　　),函数调用可以_____。

A. 出现在执行语句中

B. 出现在一个表达式中

C. 仅能调用一次

D. 能调用多次

6.2 函数的参数

在函数的三要素函数名称、参数、返回值中,我们介绍了函数名称和返回值,下面着重介绍函数的参数。

在许多情况下,需要将信息传递给被调用的函数,以便该函数具有要使用的数据。例如,如果我们编写一个将两个数字相加的函数,则需要某种方法来告诉别的函数在调用该函数时要相加两个数字,否则,函数将不能与调用它的模块协同工作。一般我们通过附加函数参数实现。

1. 函数参数

简单一点,函数参数就是函数中使用的变量,函数参数的作用几乎与函数内部定义的变量相同,但有一个区别:它们总是使用函数调用者传递的值进行初始化。

通过在函数声明中的括号内放置参数来定义函数参数,多个参数之间用逗号分隔。

以下是一些带有不同数量参数的函数示例:

```
1.  // 该函数不带参数
2.  // 它不依赖调用者来做任何事情
3.  void myPrint()  {
4.      cout << "In myPrint()\n";
5.  }
6.  // 此函数采用一个名为 x 的整数参数
7.  // 调用者将提供 x 的值
8.  void printValue(int x)  {
9.      cout << x  << '\n';
10. }
11. // 此函数有两个整数参数,一个名为 x,一个名为 y
12. // 调用方将同时提供 x 和 y 的值
13. int add(int x, int y)  {
14.     return x + y;
15. }
```

参数是在进行函数调用时,从调用者传递给函数的值:

```
1. myPrint();  //此调用没有参数
2. printValue(6); // 6 是传递给函数 printValue()的参数
3. add(2,3); // 2 和 3 是传递给函数 add()的参数
```

参数和返回值如何协同工作的呢?

通过同时使用参数和返回值,我们可以创建将数据作为输入,对它进行一些计算并将值返回给调用方的函数。

下面是一个简单的函数示例,该函数将两个数字加在一起并将结果返回给调用方。

调用函数时,该函数的所有参数都将创建为变量,并将每个参数的值复制到匹配的参数中,此过程称为按值传递。

【例1】 阅读下面程序(ch6.2_1.cpp),思考该程序运行后的输出结果。

```cpp
#include <iostream>
using namespace std;
// 此函数有两个整数参数,一个名为x,一个名为y
// 调用方将同时提供x和y的值
int add( int x, int y ) {
    return x + y;
}
int main() {
    cout << add( 4, 5 ) << endl;
    // 参数4和5传递给函数add()
    return 0;
}
```

执行从 main 的顶部开始,执行 add(4,5)时,将调用函数 add,其中参数 x 初始化为值 4,参数 y 初始化为值 5。

函数 add 中的 return 语句对 x + y 求值,得出值 9,然后将其返回给 main。然后将此值 9 发送到 cout 流中,以便在屏幕上输出。

输出:
9

参考图 6.2-1 参数的值传递,让我们看一下更多的函数参数调用方式。

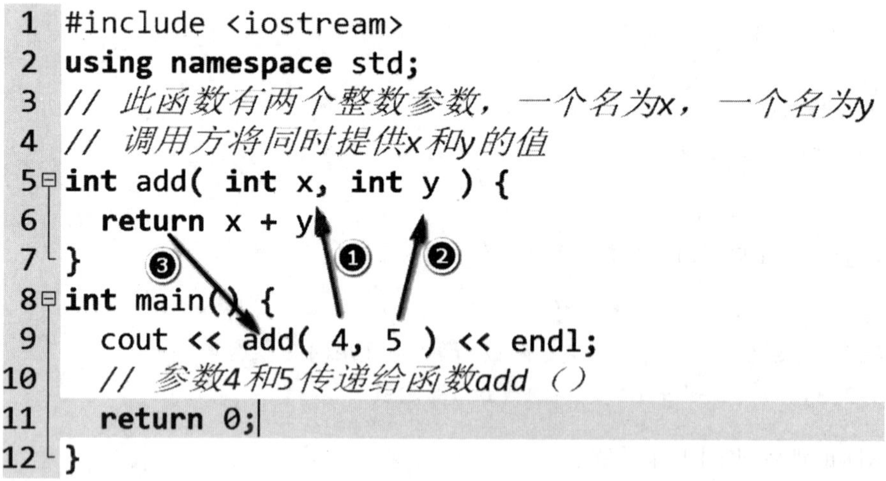

图 6.2-1 参数的值传递

【例2】 阅读下面程序(ch6.2_2.cpp),思考该程序运行后的输出结果。

```cpp
1.  #include <iostream>
2.  using namespace std;
3.  int add( int x, int y ) {
4.      return x + y;
5.  }
6.  int multiply( int z, int w ) {
7.      return z * w;
8.  }
9.  int main() {
10.     cout << add( 4, 5 ) << endl;
11.     // 在add()中 x = 4, y = 5, 所以 x + y = 9
12.     cout << add( 1 + 2, 3 * 4 ) << endl;
13.     int a = 5 ;
14.     cout << add( a, a ) << endl;
15.     cout << add( 1, multiply( 2, 3 ) ) << endl; // 等同于 1 + (2 * 3)
16.     cout << add( 1, add( 2, 3 ) ) << endl; // 等同于 1 + (2 + 3)
17.     return 0;
18. }
```

输出
9
15
10
7
6

思考以下程序输出什么值?

```cpp
1.  #include <iostream>
2.  using namespace std;
3.  int add(int x, int y, int z)  {
4.      return x + y + z;
5.  }
6.  int multiply(int x, int y)  {
7.      return x * y;
8.  }
9.  int main()  {
10.     cout << multiply(add(1, 2, 3), 4) << '\n';
11.     return 0;
12. }
```

输出24,add函数的返回值作为值类型参数传递。

再思考以下程序,其输出是什么?

```cpp
#include <iostream>
using namespace std;
int multiply(int x, int y)  {
    int product = x * y ;
}
int main()  {
    cout << multiply(4) << '\n';
    return 0;
}
```

有错误,在哪里? 有两个问题,其中问题1:main()将一个参数传递给multiple(),但是multiple()需要两个参数;问题2:multiple()没有return语句。

2. 局部变量

函数参数以及在函数体内定义的变量称为局部变量(与全局变量相对)。

```cpp
int add(int x, int y) {   // 函数参数 x 和 y 是局部变量
    int z = x + y ;  // z 也是局部变量
    return z;
}
```

我们将详细介绍局部变量的"寿命",前面讨论了变量定义(如int x)在执行时实例化(创建)。函数也是在执行时创建和初始化参数,在定义点处创建并初始化函数体内的变量。例如:

```cpp
int add(int x, int y) {   // x 和 y 在这里创建和初始化
    int z = x + y ;  // z 在这里创建并初始化
    return z;
}
```

自然的后续问题是,实例化变量何时被销毁? 在定义大括号的位置的末尾(或对于函数参数,在函数的末尾),以创建时的相反顺序销毁局部变量。

```cpp
int add(int x, int y) {   // x 和 y 在这里创建和初始化
    int z = x + y ;  // z 在这里创建并初始化
    return z;
}  //z, y 和 x 在这里被销毁
```

就像将人的一生定义为生与死之间的时间一样,将变量的一生定义为其创建与销毁之间的时间。请注意,变量的创建和销毁发生在程序运行时(称为运行时),而不是在编译时。因此,生存期是运行时的概念。

第 6 章 函数及其应用

【例 3】 阅读下面程序(ch6.2_3.cpp),思考该程序运行后的输出结果,了解变量的生命周期。

```
1.  #include <iostream>
2.  using namespace std;
3.  int add( int x, int y ) { // 创建 x 和 y 并在此处输入
4.      // x 和 y 仅在此函数中可见/可用
5.      return x + y;
6.  } // y 和 x 超出范围并在此处被销毁
7.  int main() {
8.      int a = 5 ; // a 创建,初始化并在此处赋值
9.      int b = 6 ; // b 创建,初始化并在此处赋值
10.     // a 和 b 仅在此函数内可用
11.     cout << add( a, b ) << endl; // 以 x = 5 和 y = 6 调用函数
12.     return 0;
13. } // b 和 a 超出范围并在此处被销毁
```

参数 x 和 y 是在调用 add 函数时创建的,只能在函数 add 中看到和使用,并在 add 结束时销毁。变量 a 和 b 在函数 main 中创建,只能在函数 main 中看到和使用,并在 main 末尾销毁。

为了加深对所有这些如何组合的理解,让我们详细了解一下该程序。依次发生以下情况:

执行从主程序的顶部开始

    主函数变量a被创建并赋予值5 (第8句)
    主函数变量b被创建并赋予值6 (第9句)
    使用参数的值5和6调用函数add (第11句)
    add函数的变量x被创建并初始化为5(依靠变量a传值获得)
    add函数的变量y被创建并初始化为6(依靠变量b传值获得)
    运算符+计算表达式x + y产生值11
    添加将值11复制回主调用方
    添加的y和x被销毁 (第6句)
    主函数打印11到屏幕
    main向操作系统返回0
    主函数的变量b和a被销毁 (第13句)

至此,我们完成了程序的执行。

请注意,如果函数 add 被调用两次,则参数 x 和 y 将被创建和销毁两次,在具有许多函数和函数调用的程序中,经常创建和销毁变量。

在上面的示例中,很容易看到变量 a 与 b 和 x 与 y 是不同的变量。

现在考虑以下类似程序:

```
1.  #include <iostream>
2.  using namespace std;
3.  int add(int x, int y) {    // 创建 x 和 y 并在此处传入
4.      // x 和 y 仅在此函数中可见/可用
5.      return x + y;
```

```
6. } // y 和 x 超出范围并在此处被销毁
7. int main()  {
8.     int x = 5 ;  // x 创建，初始化并在此处赋值
9.     int y = 6 ;  // y 创建，初始化并在此处赋值
10.    // x 和 y 仅在此函数内可用
11.    cout << add(x, y) << endl;  // 以 x = 5 和 y = 6 调用函数
12.    return 0;
13.} // y 和 x 超出范围并在此处被销毁
```

在此示例中，我们将函数 main 中的变量 a 和 b 的名称更改为 x 和 y。即使 main 和 add 函数都具有名为 x 和 y 的变量，该程序也可以相同地编译和运行。为什么？

首先，我们需要认识到，即使 main 函数和 add 函数都具有名为 x 和 y 的变量，这些变量也是不同的。函数 main 中的 x 和 y 与 add 函数中的 x 和 y 没有关系（只是恰好同名）。

其次，在函数 main 中，名称 x 和 y 指的是 main 的局部范围变量 x 和 y。这些变量只能在 main 内部被看到（使用）。同样，在函数 add 内部时，名称 x 和 y 表示函数参数 x 和 y，这些参数只能在 add 内部被看到（使用）。

简而言之，add 和 main 都不知道另一个函数具有相同名称的变量。由于作用域不重叠，因此编译器始终可以随时引用 x 和 y。

在函数体中声明的，用于函数参数或变量的名称，仅在声明它们的函数中可见。这意味着可以在不考虑其他函数中变量名称的情况下，命名函数内的局部变量，这有助于保持功能独立。

当然，一般情况下，我们不建议大家设计相同名称的变量，会引起混淆。

3. 引用类型参数

【例4】 阅读下面程序（ch6.2_4.cpp），思考该程序运行后的输出结果。

```
1. #include<bits/stdc++.h>
2. using namespace std;
3. void addOne( int &ref ) {
4.     ref = ref + 1;
5. }
6. int main() {
7.     int value = 5;
8.     cout << "value = " << value << endl;
9.     addOne( value );
10.    cout << "value = " << value << endl;
11.    return 0;
12.}
```

它的输出是

5

6

为什么是这个结果呢？是函数参数中的"&"符号在起作用，"&"是引用声明符。

"引用"(reference)是 C++中一种新的变量类型，是对 C 的一个重要补充。它的作用是为变量起一个别名。假如有一个变量 a，想给它起一个别名，可以这样写：

int a；　　int & b=a；

这就表明了 b 是 a 的"引用"，即 a 的别名。经过这样的声明，使用 a 或 b 的作用相同，都代表同一变量。在上述引用中，"&"是引用声明符，并不代表地址。

引用的主要功能：传递函数的参数和返回值。我们通过一个例子加以说明。

```
1.  void myswap(int a,int b) {
2.      int temp = a;
3.      a = b;
4.      b = temp;
5.  }
```

执行 myswap(x,y)，这里自定义的 myswap 交换函数，并不会造成传递的变量的值的真正交换。再看下一个函数：

```
1.  void myswap(int &a,int &b) {
2.      int temp = a;
3.      a = b;
4.      b = temp;
5.  }
```

形参为引用类型的话，执行 myswap(x,y)可以实现真正地交换 x、y 变量的值。

4. 数组作为参数

将数组名作为参数传给函数，实际上是把数组的地址传给函数。形参数组和实参数组的首地址重合，因此在被调用函数中对数组元素值进行改变，主调函数中实参数组的相应元素值也会改变。

【例 5】　阅读下面程序(ch6.2_5.cpp)，思考插入排序程序运行后的输出结果。

```
1.  #include<bits/stdc++.h>
2.  using namespace std;
3.  #define n 20
4.  void insert_sort( int a[], int length );
5.  int main() {
6.      int i;
7.      int a[n] = {1, 21, 0, 47, 60, 15, 84, 65, 77, 88,
8.                  100, 93, 8, 17, 36, 5, 24, 63, 72, 20
9.                 };
10.     cout << "Data  before sorting:" << endl;
11.     for ( i = 0; i < n; i++ )
12.         cout << a[i]<< " ";
```

```
13.     cout << endl;
14.     insert_sort( a, n ); //数组名做参数
15.     cout << "Data   after sorting:" << endl;
16.     for ( i = 0; i < n; i++ )
17.         cout << a[i] << " " ;
18.     cout << endl;
19.     return 0;
20. }
21. void insert_sort( int a[], int length ) {
22.     int i, j, x;
23.     for ( i = 1; i <= n - 1; i++ ) {
24.         x = a[i];
25.         j = i - 1;
26.         while ( j >= 0 && a[j] > x ) {
27.             a[j + 1] = a[j];
28.             j--;
29.         }
30.         a[j + 1] = x;
31.     }
32. }
```

运行结果

Data before sorting：

1 21 0 47 60 15 84 65 77 88 100 93 8 17 36 5 24 63 72 20

Data after sorting：

0 1 5 8 15 17 20 21 24 36 47 60 63 65 72 77 84 88 93 100

【例6】 统计素数(ch6.2_6.cpp)。

豆豆想统计1到n区间范围里的素数个数,例如n=10,则1和10之间(包括1、10)素数一共有4个,分别为:2、3、5、7。现在给出n,请你帮助他统计一下素数个数(n≤10000)。

【参考程序】

```
1.  #include<bits/stdc++.h>
2.  using namespace std;
3.  int prime( int n ) {
4.      int flag = 1;
5.      if( n == 1 ) return 0;
6.      for( int j = 2; j <= n - 1; j++ )
7.          if ( n % j == 0 ) {
8.              flag = 0;
9.              break;
10.         }
```

```
11.     return flag;
12. }
13. int main() {
14.     int n;
15.     cin >> n;
16.     int s = 0;
17.     for( int i = 1; i <= n; i++ ) {
18.         s += prime( i );
19.     }
20.     cout << s << endl;
21.     return 0;
22. }
```

【例7】 求两个数的最大公约数(ch6.2_7.cpp)。

【参考程序】

```
1.  #include<bits/stdc++.h>
2.  using namespace std;
3.  // 辗转相除法
4.  int gcd( int a, int b ) {
5.      int r;
6.      if ( !b ) return a;
7.      do {
8.          r = a % b;
9.          a = b;
10.         b = r;
11.     } while( r );
12.     return a;
13. }
14.
15. int main() {
16.     int a, b, ans;
17.     cin >> a >> b;
18.     ans = gcd( a, b );
19.     cout << ans << endl;
20.     return 0;
21. }
```

【例8】 高精度加法(ch6.2_8.cpp)。

编写一个高精度加法程序,求高精度数 a、b 的和,分两行输入 a、b$\leqslant 10^{500}$,输出只有一行代表 a+b 的值。

【参考程序】

```
1.  #include<bits/stdc++.h>
2.  using namespace std;
3.  const int maxn = 505;
4.  struct bigint {
5.      int len, num[maxn];
6.  };
7.  bigint ans;
8.  void add( bigint a, bigint b ) {
9.      int i;
10.     memset( ans.num, 0, sizeof( ans.num ) );
11.     ans.len = max( a.len, b.len );
12.     for( i = 1; i <= ans.len; i++ ) {
13.         ans.num[i] += a.num [i] + b.num [i];
14.         ans.num[i + 1] += ans.num[i] / 10;
15.         ans.num[i] %= 10;
16.     }
17.     if( ans.num[ans.len + 1] > 0 )
18.         ans.len++;
19. }
20. int main() {
21.     string a, b;
22.     cin >> a >> b;
23.     bigint x, y;
24.     memset( x.num, 0, sizeof( x.num ) );
25.     memset( y.num, 0, sizeof( y.num ) );
26.     x.len = a.size();
27.     y.len = b.size();
28.     int i;
29.     for( i = 0; i < x.len ; i++ )
30.         x.num[i + 1] = a[x.len - i - 1] - 48;
31.     for( i = 0; i < y.len ; i++ )
32.         y.num[i + 1] = b[y.len - i - 1] - 48;
33.
34.     add( x, y );
35.
36.     for( i = ans.len; i > 0; i-- )
37.         cout << ans.num[i];
38.     cout << endl;
39.     return 0;
40. }
```

第 6 章　函数及其应用

【例 9】 求 n 个整数的中位数(ch6.2_9.cpp)。

中位数就是 n 个数排好序之后,处于中间位置的数,n 为奇数时中位数是一个,n 为偶数时,取中间两个数的平均值作为中位数(若为浮点数则取整数部分)。

【问题分析】

只要将 n 个数排好序,然后根据 n 的奇偶性取中间位置的数即可,排序是我们经常遇到的,我们学过选择排序、冒泡排序、插入排序、桶排序、快速排序、归并排序等等。C++标准模板库 STL 给我们提供了排序函数 sort,我们可以直接使用它。

```cpp
1. #include<bits/stdc++.h>
2. using namespace std;
3. int a[100010], n;
4. int main() {
5.     cin >> n;
6.     for( int i = 0; i < n; i++ )cin >> a[i];
7.     sort( a, a + n );
8.     //将 a 数组下标[0,n)区间元素（左闭右开）排序，默认按从小到大顺序排列
9.     if( n % 2 == 1 )cout << a[n / 2] << endl;
10.    else  cout << ( a[n / 2 - 1] + a[n / 2] ) / 2 << endl;
11.    return 0;
12. }
```

sort 是 STL 里的一个排序函数,包含在<algorithm>头文件中,它具有非常高的效率,默认按从小到大排序,如果要从大到小排序怎么办呢？可以使用 sort(a, a+n, greater<int>( ))。greater<int>( )表示 C++内置类型从大到小排序,尖括号里面 int 表示数组元素的数据类型。相对应还有 less<int>( )表示从小到大排序,这是系统默认的,可以省略。

或者使用 sort 的第三个参数——二元比较函数,自己定义比较信息。看下面代码说明。

```cpp
1. #include<bits/stdc++.h>
2. using namespace std;
3. int a[100010], n;
4. bool cmp( int a, int b ) {
5.     return a < b; //如果需要从大到小改为 a > b 即可
6. }
7. int main() {
8.     cin >> n;
9.     for( int i = 0; i < n; i++ )cin >> a[i];
10.    sort( a, a + n, cmp );
11.    //将 a 数组下标[0,n)区间元素（左闭右开）排序，默认按从小到大顺序排列
12.    if( n % 2 == 1 )cout << a[n / 2] << endl;
13.    else  cout << ( a[n / 2 - 1] + a[n / 2] ) / 2 << endl;
14.    return 0;
15. }
```

小节练习

1. 以下函数声明正确的是(　　)。
   A. fun(int x, int y)
   B. double　fun(int x；int y)
   C. double　fun(int x, int y)
   D. double　fun(int x, y)

2. C++语言简单变量作实参，它与对应形参之间的数据传递方式是(　　)。
   A. 地址传递
   B. 单向值传递
   C. 双向值传递
   D. 由用户指定传递方式

3. 以下正确的函数形式是(　　)。
   A. double fun(int x, int y)
   　　　{z=x+y; return z;}
   B. fun (int x,y)
   　　　{int z; return z;}
   C. fun(x,y)
   　　{int x,y;　double z;
   　　　z=x+y;　　return z;}
   D. double fun(int x, int y)
   　　　{double z;
   　　　z=x+y;　return z;}

4. 有如下程序(ex6.2_4.cpp)：

```
1.  #include<bits/stdc++.h>
2.  using namespace std;
3.  int runc( int a, int b ) {
4.      return( a + b );
5.  }
6.  int main( ) {
7.      int x = 2, y = 5, z = 8, r;
8.      r = runc( runc( x, y ), z );
9.      printf( "%d\n", r );
10.     return 0;
11. }
```

该程序的输出的结果是(　　)。
A. 12　　　　　B. 13　　　　　C. 14　　　　　D. 15

5. 有以下程序(ex6.2_5.cpp)

```
1.  #include<bits/stdc++.h>
2.  using namespace std;
3.  void f( int x, int y ) {
4.      int t;
5.      if( x < y ) {
6.          t = x;
7.          x = y;
8.          y = t;
9.      }
```

```
10. }
11. int main() {
12.     int  a = 4, b = 3, c = 5;
13.     f( a, b );
14.     f( a, c );
15.     f( b, c );
16.     printf( "%d,%d,%d\n", a, b, c );
17.     return 0;
18. }
```

执行后输出的结果是(　　)。

A. 3,4,5　　　　　B. 5,3,4　　　　　C. 5,4,3　　　　　D. 4,3,5

6. 讨论以下 read( ) 函数的作用。

```
1.  int read() {
2.      int x = 0, flag = 1;
3.      char ch = getchar();
4.      while( ch < '0' || ch > '9' ) {
5.          if( ch == '-' )
6.              flag = -1;
7.          ch = getchar();
8.      }
9.      while( ch >= '0' && ch <= '9' ) {
10.         x = x * 10 + ( ch -= '0' );
11.         //x=(x<<1)+(x<<3)+(ch^48);
12.         ch = getchar();
13.     }
14.     return x * flag;
15. }
```

7. 统计数字(count.cpp/.in/.out)。

【问题描述】

请统计某个给定范围[L,R]的所有整数中,数字 2 出现的次数。

比如给定范围[2,22],数字 2 在数 2 中出现了 1 次,在数 12 中出现 1 次,在数 20 中出现 1 次,在数 21 中出现 1 次,在数 22 中出现 2 次,所以数字 2 在该范围内一共出现了 6 次。

【输入格式】

输入共 1 行,为两个正整数 L 和 R,之间用一个空格隔开。

【输出格式】

输出共 1 行,表示数字 2 出现的次数。

【样例输入】

2 22

2 100

【样例输出】
6
20
【数据范围】
1≤L≤R≤10000。

8. 高精度的减法(precis.cpp/.in/.out)。
【问题描述】
处理两个高精度的减法。(100位内)
【输入样例】
1234567890112345
2345678901234
【输出样例】
1211111110111111

9. 数字的乘积根(radix.cpp/.in/.out)。
【问题描述】
求数字的乘积根。正整数的数字乘积这样规定:这个正整数中非零数字的乘积。例如整数999的数字乘积为9*9*9,得到729;729的数字乘积为7*2*9,得到126;126的数字乘积为1*2*6,得到12;12的数字乘积为1*2,得到2。如此反复取数字的乘积,直至得到一位数字为止。999的数字乘积根是2。编程输入一个长度不超过100位数字的正整数,输出计算数字乘积根的每一步结果。
【输入样例】
3486784401
【输出样例】
3486784401
516096
1620
12
2

10. 幸运数字(江苏省2016信息与未来夏令营,luckynum.cpp/.in/.out)。
【问题描述】
小明认为,如果以下条件之一成立,正整数x就是一个幸运数字:
(1) x是4的倍数;
(2) x是7的倍数;
(3) x转换为字符串后包含子串"44"或"77"。
例如,105(7的倍数),442(包含"44"),1284(4的倍数)都是幸运数字,474则不是。编程统计1到n中幸运数字的数量。
【输入格式】
整数n(1 ≤ n ≤ 1,000,000)。
【输出格式】

一个整数:1、2、…、n 中幸运数字的数量。

【输入样例】

987 654

【输出样例】

11

6.3 函数的递归定义

前面我们介绍了函数间的调用,演示了不同函数间的调用情况。那么函数可以自己调用自己吗?

【例1】 我们看看倒计时程序(ch6.3_1.cpp),能否执行。

```
1. #include<bits/stdc++.h>
2. using namespace std;
3. void countDown( int count ) {
4.     cout << "push " << count << endl;
5.     countDown( count - 1 ); // countDown() 调用自己
6. }
7. int main() {
8.     countDown( 5 );
9.     return 0;
10. }
```

执行时,输出以下内容:

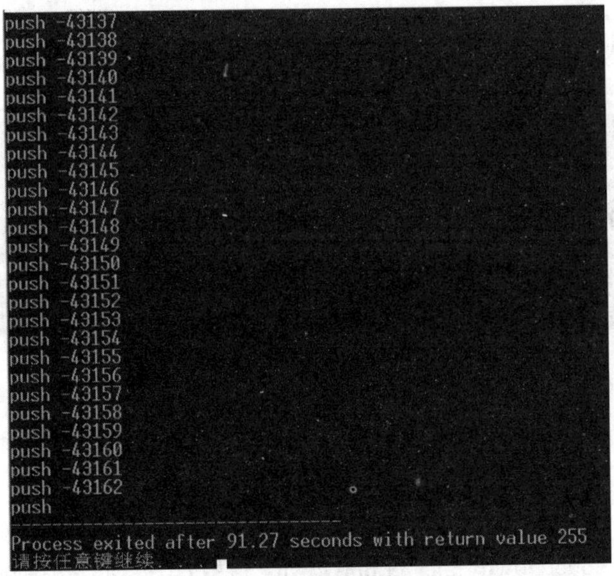

图 6.3-1 程序执行时栈溢出

然后屏幕报错提示,大家注意看 return value 255 的值。

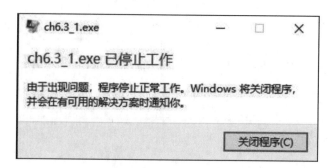

图 6.3-2　程序停止工作

不过,本着输出内容的程序就是"好"程序的原则分析,我们发现每次调用时用"书签"做个标记便于函数返回,结果书签用完了,程序崩溃。这个好处理,我们给个限制,不让函数无限制地调用下去。看修改程序 ch6.3_1_1.cpp。

```cpp
1.  #include<bits/stdc++.h>
2.  using namespace std;
3.  void countDown( int count ) {
4.      cout << "push " << count << endl;
5.      if ( count > 1 ) //  countDown() 符合某条件再调用自己
6.          countDown( count - 1 );
7.  }
8.  int main() {
9.      countDown( 5 );
10.     return 0;
11. }
```

从以下执行看,调用正常。

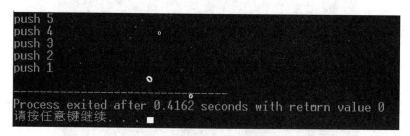

图 6.3-3　递归终止条件

成功实现了自己调用自己的操作。大家注意看 return value 0 的值。它是怎么执行的呢?

调用 countDown(5)时,将打印"push 5",因为 5>1,调用 countDown(4)。countDown(4)打印"push 4"并调用 countDown(3)。countDown(3)打印"push 3"并调用 countDown(2)。countDown(2)打印"push 2"并调用 countDown(1)。countDown(1)打印"push 1",但是此时

"1 > 1"的条件是假的,并不会调用countDown(0)。

通过这两个例子的对比可以发现递归终止条件的重要性。

上面的对比说明了递归函数调用与普通函数调用最重要的区别:它必须包括递归终止条件,否则它们将"永远"运行(实际上,电脑系统堆栈耗尽内存就会停止运行)。递归终止条件一旦满足,递归函数停止对其自身进行调用。

递归终止通常使用if语句,这是我们使用终止条件(和一些额外的输出)的重要设计。

当然大家可能会想,这么复杂的程序,用一个循环语句就可以代替。是的,不过我们再看下一个例子。(ch6.3_1_2.cpp)

```cpp
1.  #include<bits/stdc++.h>
2.  using namespace std;
3.  void countDown( int count ) {
4.      cout << "push " << count << endl;
5.      if ( count > 1 ) //  countDown()符合某条件再调用自己
6.        countDown( count - 1 );
7.      cout << "pop " << count << endl;
8.  }
9.  int main() {
10.     countDown( 5 );
11.     return 0;
12. }
```

执行结果如下:

push 5

push 4

push 3

push 2

push 1

pop 1

pop 2

pop 3

pop 4

pop 5

为什么是这个结果?跟程序ch6.3_1_1.cpp一样,"push"的过程比较好理解,我们看图6.3-4(从下往上看):

值得注意的是,"push"输出是按正序发生的,因为它们出现在递归函数调用之前。"pop"输出以相反的顺序发生,因为它们在递归函数调用之后发生,这些数据是从"栈"中弹出的(可以把上图看成一个仅上端开口的容器,称为"栈")。

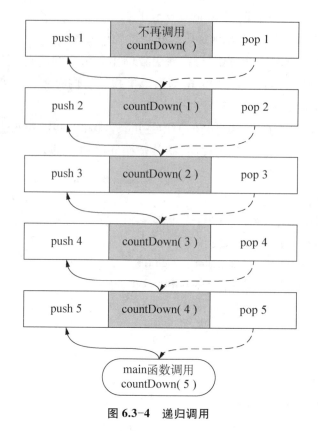

图 6.3-4 递归调用

上面程序功能用两个循环也可以完成,由此发现递归也是循环,不过它强大的地方在于"逻辑形式"上的重复(循环)。

一个更经典的的例子可以说明上面的结论。

【例2】 汉诺塔问题(hanoi.cpp/in/out)。

【问题描述】

相传在古代印度的 Brahma 神庙中,有位僧人每天把三根柱子上的金盘倒来倒去。原来他是想把64个一个比一个小的金盘从一根柱子上移到另一根柱子上去。移动过程中恪守下述规则:每次只允许移动一只盘子,且大盘不得落在小盘上面。这个传说叫做梵天寺之塔问题(Tower of Brahma puzzle)通常称为汉诺塔问题,据说当这些盘子移动完毕,世界就会灭亡。有人会觉得这很简单,真的动手移盘就会发现,如以每秒移动一只盘子的话,按照上述规则将64只盘子从一个柱子移至另一个柱子上,所需时间约为5849亿年,而整个宇宙现在也不过137亿年(按照宇宙大爆炸理论的推测)!

现在的问题是输入一个整数n,输出n个盘子的移动过程。

【输入格式】

一行,一个整数 $n(n \leqslant 20)$。

【输出格式】

n 个盘子的移动过程。

【输入样例】

3

【输出样例】

［1］move 1# from A to C

［2］move 2# from A to B

［3］move 1# from C to B

［4］move 3# from A to C

［5］move 1# from B to A

［6］move 2# from B to C

［7］move 1# from A to C

图 6.3-5　3 个盘子汉诺塔游戏

怎样编写程序？先从最简单的情况分析起，搬一搬看，慢慢理出思路。

1.假如在 A 柱上只有 1 只盘子，假定盘号为 1，这时只需将该盘从 A 搬至 C，一次完成，记为 move 1# from A to C（在程序中可以用 cout 输出来表示），假设我们定义一个函数 move 来表示，选择 4 个参数，代表将 1 只盘子从 A 经 B 搬到 C。则现在完成的问题是 move(1, A,B,C)。

2. 假如在 A 柱上有 2 只盘子，1 号为小盘，2 号为大盘。

第 1 步将 1 号盘从 A 移至 B，这是为了让 2 号盘能动；

第 2 步将 2 号盘从 A 移至 C；

第 3 步再将 1 号盘从 B 移至 C。

这三步记为：

move 1# from A to B；

move 2# from A to C；

move 1# form B to C。

它完成的问题 move(2,A,B,C)，其中 4 个参数，代表将 2 只盘子从 A 经 B 搬到 C。

3. 假如在 A 柱上有 3 只盘子，从小到大分别为 1 号、2 号、3 号。这次我们大胆设想一下，在我们已经会移动 2 个盘子的解决方法上：

第(1)步将 1 号盘和 2 号盘视为一个整体；先将两者作为整体从 A 移至 B，给 3 号盘创造能够一次移至 C 的机会。这一步记为 move(2, A, C, B)，意思是将上面的 2 只盘子作为整体从 A 借助 C 移至 B，一定要注意，我们移动 2 个盘子的问题略有变化，现在目标柱子是 B，不是上次的 C，上次只有 2 个盘子，现在是 3 个盘子，要给 3 号盘子创造机会。

第(2)步将 3 号盘从 A 移至 C，一次到位。记为：

move 3# from A to C

第(3)步将处于 B 上的作为一个整体的两只盘子，再移至 C。这一步记为 move(2,B, A,C)，意思是将两只盘子作为整体从 B 借助 A 移至 C。

4. 问题还没有结束，因为移动两个盘子的操作没有明确。在将 1 号和 2 号盘当整体从 A 移至 B 的过程中即 move(2，A，C，B) 实际上是分解为以下三步：

第 1 步:move 1# form A to C;

第 2 步:move 2# form A to B;

第 3 步:move 1# form C to B。

经过以上步骤,将 1 号和 2 号盘作为整体从 A 移至 B,为 3 号盘从 A 移至 C 创造了条件。同样,3 号盘一旦到了 C,就要考虑如何实现将 1 号和 2 号盘当整体从 B 移至 C 的过程了。实际上 move(2,B,A,C)也要分解为三步:

第 1 步:move 1# form B to A;

第 2 步:move 2# form B to C;

第 3 步:move 1# form A to C。

5. C 柱子的功能在整个移动中发生过改变,它本来是目标柱子,在 move(2,A,C,B)操作中要将 2 只盘子从 A 搬至 B,但没有 C 是不行的,因为其第 1 步就要将 1 号盘从 A 移到 C,给 2 号盘创造条件从 A 移至 B,然后再把 1 号盘从 C 移至 B。看到这里就能明白必须改变 C 的功能。因此,在构思搬移过程的参数时,要把 3 个柱子都用上,这也是递归调用中函数参数设计的重要性体现。

具体移动如图 6.3-6 所示:

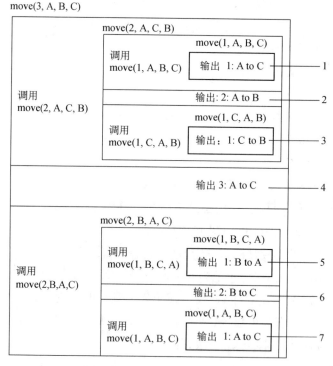

图 6.3-6　3 个盘子移动分解图

6.定义搬移函数 move(n,A,B,C),其意义是将 n 只盘子从 A 经 B 搬到 C。考虑到前面已经研究过的(1)(2)(3)步,可以将搬移过程用如下的图表示。这 3 步是相关的,相互依存的,而且是有序的,从左至右执行。

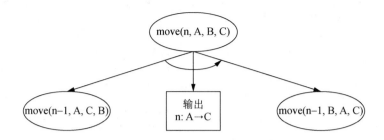

图 6.3-7　n 个盘子移动分解图

move(n,A,B,C)分解为 3 步：

（1）move(n-1,A,C,B)将上面的 n-1 只盘子作为一个整体从 A 经 C 移至 B；

（2）输出 n:A to C,将 n 号盘从 A 移至 C,是可直接解决的简单问题；

（3）move(n-1,B,A,C)将上面的 n-1 只盘子作为一个整体从 B 经 A 移至 C。

这里显然是一种递归定义,可以想象成:皇帝有一天想玩移动 n 个盘子的汉诺塔游戏,他安排宰相完成 move(n-1,A,C,B)的问题,自己将第 n 号盘子从 A 直接移至 C,即 n:A to C,然后让宰相再次完成 move(n-1,B,A,C)的任务。成功！

那宰相呢？大家能想到怎么办吗？

具体代码如下：

```
1.  #include<bits/stdc++.h>
2.  using namespace std;
3.  int step = 1;                    // 预置1,便于输出，总步数为 step - 1
4.  void  move( int, char, char, char );    // 声明 move 函数，4 个参数及类型
5.  int main() {
6.      int n;
7.      cin >> n;
8.      cout << "在3根柱子上移"
9.          << n << "只盘的步骤为:\n" << endl;
10.     move( n, 'A', 'B', 'C' );          // 调用 move 函数，注意实参的写法
11.     cout << "\n共" << step - 1 << "步！" << endl;
12.     return 0;
13. }
14. // 输 入：m,整型变量，表示盘子数目
15. //        x, y, z 为字符型变量，表示柱子标号
16. void move( int m, char x, char y, char z ) {
17.     if ( m == 1 ) { // 简单问题,输出移盘信息
18.         cout << "[" << step << "] move 1# from " << x << " to " << z << endl;
19.         step++;
20.     } else {
21.         move( m - 1, x, z, y ); // 递归调用 move(m-1,...)
```

```
22.         //简单问题,输出移盘信息
23.         cout << "[" << step << "] move " << m
24.              << "# from " << x << " to " << z << endl;
25.         step++;
26.         move( m - 1, y, x, z );
27.     }
28. }
```

递归程序的调试,建议采用的方法是,在函数体内第一行加个递归函数的参数值输出,便于观察递归函数参数变化。

【例3】 2 的幂次方(power.cpp/.in/.out)。

【问题描述】

任何一个正整数都可以用2的幂次方表示,例如:$137 = 2^7 + 2^3 + 2^0$,同时约定用括号来表示方次,即 a^b 可以表示为 $a(b)$,由此可知,137 可以表示为:2(7)+2(3)+2(0),进一步:$7 = 2^2+2+2^0$,所以最后 137 可以表示为:2(2(2)+2+2(0))+2(2+2(0))+2(0)。

【输入格式】

一行,一个正整数 n。

【输出格式】

一行。

【输入样例】

137

【输出样例】

2(2(2)+2+2(0))+2(2+2(0))+2(0)

【问题分析】

我们先将输入的十进制数转化为对应的二进制数,因为二进制中可能有较多的 0,而我们关心的是 1 所在的位置,所以在转化为二进制时,统计 1 在二进制中所出现的位置,用一个数组将它存起来,如 $137 = 2^7 + 2^3 + 2^0$,此时的一个数组记录下了指数 7、3、0,0 对应输出 2(0),但是 7、3 不满足直接输出条件,递归! $7 = 2^2 + 2^1 + 2^0$,数组记录下指数 2、1、0,指数 2

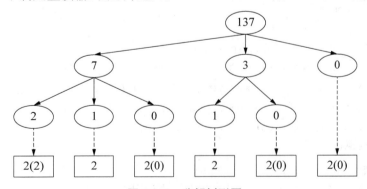

图 6.3-8 分解树形图

输出 2(2),指数 1 输出 2,0 对应输出 2(0)。同理 3 也分解。因此递归结束条件有 3 个,即对应指数为 2、1、0 时(十进制数 4、2、1)。

```cpp
1.  #include<bits/stdc++.h>
2.  using namespace std;
3.  void p( int x ) {
4.      int a[14], k = 0, i = 0, cnt = 0;
5.      //a 数组记录每次分解后指数
6.      while( x != 0 ) { //进制转换,k 为指数
7.          int m = x % 2;
8.          if( m == 1 ) {
9.              a[cnt] = k;
10.             cnt++;
11.         }
12.         x /= 2;
13.         k++;
14.     }
15.     for( i = cnt - 1; i >= 0; i-- ) {
16.         if( a[i] == 0 )
17.             cout << "2(0)";
18.         else if( a[i] == 1 )
19.             cout << "2";
20.         else if( a[i] == 2 )
21.             cout << "2(2)";
22.         else {
23.             cout << "2(";
24.             
25.             p( a[i] );
26.             
27.             cout << ")";
28.         }
29.         if( i != 0 )
30.             cout << "+";
31.     }
32. }
33. int main() {
34.     int n;
35.     cin >> n;
36.     p( n );
37.     return 0;
38. }
```

小节练习

1. 阅读程序写结果(ex6.3_1.cpp)。

```cpp
1.  #include<bits/stdc++.h>
2.  using namespace std;
3.  int fn( int n ) {
4.      if ( n < 1 )
5.          return 0;
6.      else if ( n == 1 )
7.          return 1;
8.      else return fn( n - 1 ) + n;
9.  }
10. int main () {
11.     int n = 10;
12.     cout << fn( n ) << endl;
13.     return 0;
14. }
```

2. 阅读程序写结果(ex6.3_2.cpp)。

```cpp
1.  #include<bits/stdc++.h>
2.  using namespace std;
3.  int m, n, s;
4.  void p1( int n ) {
5.      if( n != 0 ) p1( n / 2 );
6.      s = ( s * 2 + n % 2 * m ) % 1023;
7.  }
8.
9.  int main() {
10.     m = 2020;
11.     n = 9102;
12.     s = 0;
13.     p1( n );
14.     cout << s << endl;
15.     return 0;
16. }
```

3. 阅读程序写结果(ex6.3_3.cpp)。

```cpp
1.  #include<bits/stdc++.h>
2.  using namespace std;
3.  int solve( int n, int m ) {
4.      int i, sum;
5.      if ( m == 1 )
6.          return 1;
7.      sum = 0;
8.      for ( i = 1; i < n; i++ )
9.          sum += solve( i, m - 1 );
10.     return sum;
11. }
12. int main() {
13.     int n, m;
14.     cin >> n >> m;
15.     cout << solve( n, m ) << endl;
16.     return 0;
17. }
```

输入:7 4

输出:_____

4. 传球游戏(NOIP2008 普及组复赛,ball.cpp/.in/.out)。

【问题描述】

上体育课的时候,小蛮的老师经常带着同学们一起做游戏。这次,老师带着同学们一起做传球游戏。

游戏规则是这样的:n 个同学站成一个圆圈,其中一个同学手里拿着一个球,当老师吹哨子时开始传球,每个同学可以把球传给自己相邻的两个同学中的一个(左右任意),当老师再次吹哨子时,传球停止,此时,拿着球没传出去的那个同学就是败者,要给大家表演一个节目。

聪明的小蛮提出一个有趣的问题:有多少种不同的传球方法,可以使得从小蛮手里开始传的球,传了 m 次以后,又回到小蛮手里。两种传球的方法被视作不同的方法,当且仅当这两种方法中,接到球的同学按接球顺序组成的序列是不同的。比如有 3 个同学 1 号、2 号、3 号,并假设小蛮为 1 号,球传了 3 次回到小蛮手里的方式有 1→2→3→1 和 1→3→2→1,共 2 种。

【输入格式】

输入共一行,有两个用空格隔开的整数 n、m($3 \leq n \leq 30, 1 \leq m \leq 30$)。

【输出格式】

输出共一行,有一个整数,表示符合题意的方法数。

【样例输入】

3 3

【样例输出】
2

5. 数的计算(count.cpp/.in/.out)。
【问题描述】
我们要求找出具有下列性质数的个数(包含输入的自然数 n)。
先输入一个自然数 n(n≤500),然后对此自然数按照如下方法进行处理:
1) 不作任何处理;
2) 在它的左边加上一个自然数,但该自然数不能超过原数的一半;
3) 加上数后,继续按此规则进行处理,直到不能再加自然数为止。
【输入样例】
6
【输出样例】
6
【样例说明】
满足条件的数为　6（此部分不必输出）
　　　　　　　　16
　　　　　　　　26
　　　　　　　　126
　　　　　　　　36
　　　　　　　　136

6. 分解质因子(fjzyz.cpp/.in/.out)。
【问题描述】
任意输入一正整数 n,用递归求出它的所有质因子。如:10 = 2 * 5,20 = 2 * 2 * 5。
【输入格式】
输入只有一行,包括 1 个整数 n (1<n<32768)。
【输出格式】
输出若干行,按从小到大的顺序给出这个数的所有质因子,每行一个。
【输入样例】
36
【输出样例】
2
2
3
3

7. 十字方阵(szfz.cpp/.in/.out)(jzxx OJ)。
【问题描述】
小 t 同学最近对递归图案十分入迷,如著名的 Hilbert 曲线就是递归的,小 t 自己也想创作一个递归图案,有一次小 t 在经过一座基督教堂时看到了屋顶上的大十字架,他瞬间就产生了灵感,想出了一个递归的十字方阵图案,这个图案是由 2^n-1 行 2^n-1 列的字符构成的,其递归定义如下:

如果 n=1,它是 1 行 1 列的字符方阵,即一个字符,这个位置上的字符是 '+',表示十字架。

当 n>1 时,这个字符方阵被中间的一个大大的十字架(用+、-、l表示)递归地分解成大小相同的四部分,每一部分是一个 $2^{n-1}-1$ 行 $2^{n-1}-1$ 列的字符方阵。

【输入格式】

输入一个不超过 64 的正整数,这个正整数一定是形如 2^n-1 的。

【输出格式】

输出递归的十字架图案。行首和行尾没有空格,相邻两个字符之间也没有空格。

【输入样例】

7

【输出样例】

(见图 6.3-9)

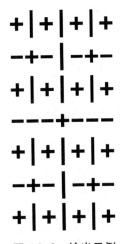

图 6.3-9　输出示例

题目说明:2^n 为 n 个 2 相乘的积,$2^3-1=2*2*2-1=7$,字符方阵最多只有 63 行 63 列。

8. 放苹果(apple.cpp/.in/.out)。

【问题描述】

把 M 个同样的苹果放在 N 个同样的盘子里,允许有的盘子空着不放,问共有多少种不同的放法(5,1,1 和 1,1,5 是同一种方法)。

【输入格式】

第一行包括两个整数 M 和 N,以空格分开(1≤M,N≤10)。

【输出格式】

输出相应的 K。

【输入样例】

7 3

【输出样例】

8

9. 编码(code.cpp/.in/.out)。

【问题描述】

豆豆不仅擅长数学,也擅长编码。有一种编码方式如下:

首先写下文本中间的字符(如果文本中的字符编号为 1..n,那么中间一个字符的编号为 (n+1)DIV 2,其中 DIV 为整除的意思),然后用这个方法递归地写下左边,最后再按这个方法递归地写下右边。例如,单词为 Xinghaishiyan 则其编码为 inXihgaishayn。即先写中间的那个字符 i,再对 Xingha 递归地编码,最后将 shiyan 递归地编码就得到了 inXihgaishayn。

给一个原来的文本,求出编码后的文本。

【输入格式】

一行字符,表示原始的文本内容。

【输出格式】

一行字符,表示编码后的文本内容。

【输入样例】

Xinghaishiyan

【输出样例】

inXihgaishayn

【数据范围】

对于 100% 的数据,字符串长度不超过 20000。

第 7 章 结构体及其模板的应用

在 C++语言中,引入类和结构的一个主要目的是将多种基本数据类型封装在一起;本章解决以下问题:在类中如何定义成员变量和函数;对于类如何进行定义、使用;在 C++中如何编写一个功能相同的通用函数,即模板函数;如何将函数和类进行模板化;如何使用函数模板和类模板。

7.1 结构体

在 C++中,可以将多个相同类型的数据组织在一起,形成数组。但有时,我们还需要将许多不同类型的数据组织在一起,形成一个整体。比如,一个人的信息包括姓名、性别、身高、年龄等,而这些信息中,姓名可以用字符串表示,性别可以用字符表示,身高可以用实数表示,年龄可以用整数表示。那么如果要表示这个人的这些信息,我们就需要对原来的基本数据类型进行组合,形成一种新的数据类型,这就要用到结构体。所谓结构体,就是将多种基本数据类型组合,从而形成的一种复合数据类型。结构体类型在 C++中非常重要,了解结构体是迈向面向对象编程(信息学奥林匹克竞赛不涉及)的第一步,很好地理解结构体将有助于更轻松地过渡到"类"知识的学习。

1. 结构体变量的定义

方法一:先定义结构体类型,再说明结构体变量。

步骤 1:定义结构体类型(此时系统不分配内存):

```
struct 结构体名
{
    类型名 1    成员名 1;
    类型名 2    成员名 2;
      ...
    类型名 n    成员名 n;
};
```

struct 是结构体类型的标志,结构体名是编程者自己选定的。

大括号所括起来的 5 条语句是结构体中 5 个成员的定义。结构体定义之后一定要跟一个";"。

例如,要定义表示人的姓名、性别、身高、年龄的结构体,我们可以这样定义:

207

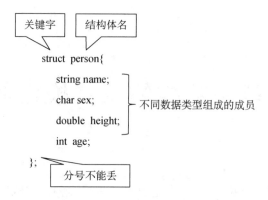

步骤2:定义结构体变量(此时系统开始分配内存)

person p1,p2;

方法二:在定义结构体类型的同时说明结构体变量。

struct   结构体名

｛ 成员列表 ｝变量名列表；

例如上面的结构体变量p1、p2,也可以这样定义:

struct person｛

 string name；

 char sex；

 double height；

 int age；

｝p1,p2；

方法三:直接说明结构变量(一次性使用)。

struct｛

   成员列表

｝变量名列表；

例如上面的结构体变量p1、p2,也可以这样定义:

struct｛

 string name；

 char sex；

 double height；

 int age；

｝p1,p2；

说明:

(1)结构体类型的变量所占内存空间的大小是其全体成员所占空间的总和。

name	sex	height	age

图 7.1-1　结构体示意图

（2）结构体的成员可以是另一个结构体类型。例如，一个人的信息除了姓名、性别、身高，还包含他的生日，而生日则主要包括出生的年、月、日，则我们可以将这个人的信息定义如下：

```
struct date{
    int month;
    int day;
    int year;
};
struct person{
    string name;
    char sex;
    double height;
    date birthday;
};
person  p1, p2;
```

name	sex	height	birthday		
			month	day	year

图 7.1-2　结构体嵌套示意图

（3）可以定义结构体数组。例如：

person　p[10 010];

	name	sex	height	birthday		
p[0]				month	day	year
p[1]	name	sex	height	birthday		
				month	day	year
p[2]	name	sex	height	birthday		
				month	day	year
p[3]	name	sex	height	birthday		
				month	day	year
...						

图 7.1-3　结构体数组示意图

2. 结构体变量的使用

（1）点操作符：用于对结构体变量的成员的引用。

如：cout<<p1.name;

表示"输出结构体 p1 的 name 成员"，这里"."看作"的"。如果是结构体数组，则可以用

p[3].name 引用数组 p[3]的 name 成员变量。

（2）结构体变量的初始化。

方法一：定义和初始化同时完成。

```
1.  struct date {
2.      int month;
3.      int day;
4.      int year;
5.  };
6.
7.  struct person {
8.      string name;
9.      char sex;
10.     double height;
11.     date birthday;
12. } p1, p2 = {"Doudou", 'm', 176, 12, 1, 2011};
```

person 是结构体类型，p1,p2 是结构体变量，p2.name = "Doudou"，p2.sex = 'm'，依次类推。

方法二：分开完成。

```
1.  struct date {
2.      int month;
3.      int day;
4.      int year;
5.  };
6.
7.  struct person {
8.      string name;
9.      char sex;
10.     double height;
11.     date birthday;
12. };
13. person  p1, p2 = {"Doudou", 'm', 176, 12, 1, 2011};
```

3. 结构体变量的使用注意事项

（1）对结构体中各个成员可以单独引用、赋值，其作用与变量等同。

例如：

p1.height=p2.height；//第二个人的身高赋值给第一个人

p1.sex='m'；//即第一个人的性别为'm'

如果成员本身又是一个结构则必须逐级找到最低级的成员才能使用。

例如：

p1.birthday.month++；

结构体成员变量正确引用后即与普通变量的使用方法完全相同。

(2) 不能对结构体变量整体输入或输出,只能分别对各个成员引用。例:

cin>>p1;　　//错误

cin>>p1.height;　　//正确

cin>>p1.birthday;　　//错误

cin>>p1.birthday.month;　　//正确

(3) 可以将一个结构体变量赋给另外一个相同类型的结构体变量。例如:

p1=100;　　//错误

p1=p2;　　//正确

(4) 在C++的结构体中,除了包含成员变量,还可以包含成员函数。例如:

```cpp
#include<bits/stdc++.h>
using namespace std;
struct person {
    string name;
    char sex;
    double height;
    int age;
    void print() {
        cout << name << " " << sex << " " << height << " " << age << endl;
    }
} p1, p2;
int main() {
    cin >> p1.name >> p1.sex >> p1.height >> p1.age;
    p1.print();
    return 0;
}
```

(5) 结构体变量不能直接进行算术、关系、逻辑等运算。例如:

person　p1,p2,p3;

p3=p1+p2;　　//错误

如果希望在结构体变量间直接进行算术、关系、逻辑等运算,必须要对这些运算的运算符进行重新定义,即运算符重载。

运算符重载是通过创建运算符函数实现的,运算符函数定义了重载的运算符将要进行的操作。运算符函数的定义与其他函数的定义类似,唯一的区别是运算符函数的函数名是由关键字operator和其后要重载的运算符符号构成的。运算符函数定义的一般格式如下:

函数类型　operator 运算符符号(函数参数){

　　函数体

}

例如:

```cpp
1.  #include<bits/stdc++.h>
2.  using namespace std;
3.  struct node {
4.      int x, y;
5.  } p1, p2, p3;
6.  node operator +( node x1, node x2 ) {
7.      node x3;
8.      x3.x = x1.x + x2.x;
9.      x3.y = x1.y + x2.y;
10.     return x3;
11. }
12. int main() {
13.     cin >> p1.x >> p1.y >> p2.x >> p2.y;
14.     p3 = p1 + p2;
15.     cout << p3.x << " " << p3.y << endl;
16.     return 0;
17. }
```

上述程序重载了"+"运算符,其运算规则是两个数据域分别相加。

【例1】 生日相同(NOI3.1 数据结构 6 377,birthday.cpp/.in/.out)。

【问题描述】

在一个有180人的大班级中,存在两个人生日相同的概率非常大,现给出每个学生的名字,出生月日。试找出所有生日相同的学生。

【输入格式】

第一行为整数n,表示有n个学生,n ≤ 180;

此后每行包含一个字符串和两个整数,分别表示学生的名字(名字第一个字母大写,其余小写,不含空格,且长度小于20)和出生月(1 ≤ m ≤ 12)日(1 ≤ d ≤ 31)。名字、月、日之间用一个空格分隔。

【输出格式】

每组生日相同的学生,输出一行,其中前两个数字表示月和日,后面跟着所有在当天出生的学生的名字,数字、名字之间都用一个空格分隔。对所有的输出,要求按日期从前到后的顺序输出。对生日相同的名字,按名字从短到长按序输出,长度相同的按字典序输出。如没有生日相同的学生,输出"None"。

【样例输入】

6
Avril 3 2
Candy 4 5
Tim 3 2
Sufia 4 5
Lagrange 4 5
Bill 3 2

【样例输出】

3 2 Tim Bill Avril

4 5 Candy Sufia Lagrange

【问题分析】本题难点在用户自定义结构体类型的排序比较函数的编写,按照生日日期和名字长短与字典序对班级里所有的同学进行排序,然后检索输出。

【参考程序】

```cpp
#include<bits/stdc++.h>
using namespace std;
struct st {
    string  name;
    int month, date, no;
};
bool cmp( st a, st b ) {
    int x = a.name.size() , y = b.name.size();
    if( a.month == b.month ) {
        if( a.date == b.date ) {
            if( x == y ) {
                return  a.name < b.name;
            }
            return x < y;
        } else {
            return a.date < b.date ;
        }
    }
    return a.month < b.month ;
}
int main() {
    st stu[200];
    int n;
    bool beg = true, fir = true;
    cin >> n;
    for( int i = 0; i < n; i++ ) {
        cin >> stu[i].name >> stu[i].month >> stu[i].date;
        stu[i].no = i ;
    }
    sort( stu, stu + n, cmp );
    for( int i = 0; i < n - 1; i++ ) {
        if( stu[i].month == stu[i + 1].month && stu[i].date == stu[i + 1].date ) {
            if( beg ) {
                if( fir ) {
                    cout << stu[i].month << " " << stu[i].date << " " << stu[i].name;
                    fir = false;
                } else
```

```
38.              cout << endl << stu[i].month << " " << stu[i].date <
   < " " << stu[i].name;
39.              beg = false;
40.          }
41.          cout << " " << stu[i + 1].name;
42.      } else
43.          beg = true;
44.  }
45.  if( beg == true )
46.      cout << "None" << endl;
47.  return 0;
48. }
```

小节练习

1. 奖学金（NOIP2007 普及组复赛，scholar.cpp/.in/.out）。

【问题描述】

某小学最近得到了一笔赞助，打算拿出其中一部分为学习成绩优秀的前 5 名学生发奖学金。期末，每个学生都有 3 门课的成绩：语文、数学、英语。先按总分从高到低排序，如果两个同学总分相同，再按语文成绩从高到低排序，如果两个同学总分和语文成绩都相同，那么规定学号小的同学排在前面，这样，每个学生的排序是唯一确定的。

任务：先根据输入的 3 门课的成绩计算总分，然后按上述规则排序，最后按排名顺序输出前 5 名学生的学号和总分。注意，在前 5 名同学中，每个人的奖学金都不相同，因此，必须严格按上述规则排序。例如，在某个正确答案中，如果前两行的输出数据（每行输出两个数：学号、总分）是：

7 279

5 279

这两行数据的含义是：总分最高的两个同学的学号依次是 7 号、5 号。这两名同学的总分都是 279（总分等于输入的语文、数学、英语三科成绩之和），但学号为 7 的学生语文成绩更高一些。如果前两名的输出数据是：

5 279

7 279

则按输出错误处理，不能得分。

【输入格式】

输入文件包含 n+1 行：

第 1 行为一个正整数 n，表示该校参加评选的学生人数；

第 2 到 n+1 行，每行有 3 个用空格隔开的数字，每个数字都在 0 到 100 之间。第 j 行的 3 个数字依次表示学号为 j-1 的学生的语文、数学、英语的成绩。每个学生的学号按照输入顺序编号为 1~n（恰好是输入数据的行号减 1）。

所给的数据都是正确的,不必检验。

【输出格式】

输出文件共有 5 行,每行是两个用空格隔开的正整数,依次表示前 5 名学生的学号和总分。

【输入样例 1】

6
90 67 80
87 66 91
78 89 91
88 99 77
67 89 64
78 89 98

【输出样例 1】

6 265
4 264
3 258
2 244
1 237

【输入样例 2】

8
80 89 89
88 98 78
90 67 80
87 66 91
78 89 91
88 99 77
67 89 64
78 89 98

【输出样例 2】

8 265
2 264
6 264
1 258
5 258

【数据规模】

对于 50% 的数据满足:各学生的总成绩各不相同;

对于 100% 的数据满足:6≤n≤300。

7.2 模板及其应用

1. 函数重载

在实际应用中,有时候我们需要实现几个功能类似的函数,只是有些细节不同。例如希望交换两个变量的值,这两个变量有多种类型,可以是 int、float、char、bool 等。当然,我们可以分别设计四个不同名称的函数,如下:

void swap1(int &a, int &b); //交换 int 变量的值
void swap2(float &a, float &b); //交换 float 变量的值
void swap3(char &a, char &b); //交换 char 变量的值
void swap4(bool &a, bool &b); //交换 bool 变量的值

但在 C++中,这完全没有必要。C++允许多个函数拥有相同的名字,只要它们的参数列表不同就可以,这就是函数的重载。借助重载,一个函数名可以有多种用途。

在 C++中,参数列表包括参数的类型、参数的个数和参数的顺序,只要有一个不同就叫做参数列表不同。所以,交换不同类型的两个变量值,我们可以通过函数重载。如下:

```cpp
1.  #include <bits/stdc++.h>
2.  using namespace std;
3.  //交换 int 变量的值
4.  void Swap(int &a, int &b){
5.      int c = a;
6.      a = b;
7.      b = c;
8.  }
9.  //交换 float 变量的值
10. void Swap(float &a, float &b){
11.     float c = a;
12.     a = b;
13.     b = c;
14. }
15. //交换 char 变量的值
16. void Swap(char &a, char &b){
17.     char c = a;
18.     a = b;
19.     b = c;
20. }
21. //交换 bool 变量的值
22. void Swap(bool &a, bool &b){
23.     bool c = a;
24.     a = b;
25.     b = c;
```

```
26.}
27.int main(){
28.    //交换 int 变量的值
29.    int n1 = 100, n2 = 200;
30.    Swap(n1, n2);
31.    cout << n1 << ", " << n2 << endl;
32.    //交换 float 变量的值
33.    float f1 = 12.5, f2 = 56.93;
34.    Swap(f1, f2);
35.    cout << f1 << ", " << f2 << endl;
36.    //交换 char 变量的值
37.    char c1 = 'A', c2 = 'B';
38.    Swap(c1, c2);
39.    cout << c1 << ", " << c2 << endl;
40.    //交换 bool 变量的值
41.    bool b1 = false, b2 = true;
42.    Swap(b1, b2);
43.    cout << b1 << ", " << b2 << endl;
44.    return 0;
45.}
```

函数重载时,要注意:

(1) 函数名称必须相同。

(2) 参数列表必须不同(个数不同、类型不同、参数排列顺序不同等)。

(3) 函数的返回类型可以相同,也可以不同。

(4) 仅仅返回类型不同,不足以称为函数的重载。

2. 模板函数

函数重载虽然在调用时方便了一些,但从本质上说,还是定义了四个功能相同、函数体相同的函数,只是数据的类型不同而已,这看起来有点浪费代码,是否可以把它们压缩成一个函数呢? 在 C++中,这是可以实现的,即借助于模板函数。

所谓模板函数,实际上是建立一个通用函数,它所用到的数据类型(包括返回值类型、形参类型、局部变量类型)可以不具体指定,而是用一个虚拟的类型来代替(实际上是用一个标识符来占位),等发生函数调用时,再根据传入的实参来逆推出真正的类型。这个通用函数就称为模板函数(Template Function)。模板函数定义格式如下:

template <typename 类型参数 1, typename 类型参数 2, ...>
返回值类型 函数名(形参列表){
    //在函数体中可以使用类型参数
}

template 是定义函数模板的关键字,它后面紧跟尖括号<>,尖括号包含的是类型参数(也可以说是虚拟的类型,或者说是类型占位符)。typename 是另外一个关键字,用来声明具体的类型参数。从整体上看,template<typename T>被称为模板头。模板头中包含的类型参数可以用在函数定义的各个位置,包括返回值、形参列表和函数体。类型参数的命名规则跟其他标识符的命名规则一样,不过使用 T、T1、T2、Type 等已经成为一种惯例。定义了函数模板后,就可以像调用普通函数一样来调用它们了。

例如,我们可以将上面的四个 Swap( ) 函数压缩为一个模板函数:

```cpp
#include <bits/stdc++.h>
using namespace std;
template<typename T>
void Swap(T &a, T &b){
    T c = a;
    a = b;
    b = c;
}
int main(){
    //交换 int 变量的值
    int n1 = 100, n2 = 200;
    Swap(n1, n2);
    cout << n1 << ", " << n2 << endl;
    //交换 float 变量的值
    float f1 = 12.5, f2 = 56.93;
    Swap(f1, f2);
    cout << f1 << ", " << f2 << endl;
    //交换 char 变量的值
    char c1 = 'A', c2 = 'B';
    Swap(c1, c2);
    cout << c1 << ", " << c2 << endl;
    //交换 bool 变量的值
    bool b1 = false, b2 = true;
    Swap(b1, b2);
    cout << b1 << ", " << b2 << endl;
    return 0;
}
```

【例1】 三个数的最大值(max3.cpp/.in/.out)。

【问题描述】

利用模板函数,分别求三个数同时为 int、double、long long 三种类型的最大值。

【输入格式】

共三行,每行三个数,分别为 int、double、long long 三种类型。

【输出格式】

共三行,每行一个数,即对应的最大值。

【输入样例】

5 2 9

1.658 2.87 0.398

35895268987 25897453965 25558884449

【输出样例】

9

2.87

35895268987

【参考程序】

```cpp
#include <bits/stdc++.h>
using namespace std;
//定义函数模板
template<typename T>
T max(T a, T b, T c){
    T max_num = a;
    if(b > max_num) max_num = b;
    if(c > max_num) max_num = c;
    return max_num;
}
int main( ){
    freopen("max3.in", "r", stdin);
    freopen("max3.out", "w", stdout);
    //求三个 int 类型的最大值
    int i1, i2, i3, i_max;
    cin >> i1 >> i2 >> i3;
    i_max = max(i1,i2,i3);
    cout << i_max << endl;
    //求三个 double 类型的最大值
    double d1, d2, d3, d_max;
    cin >> d1 >> d2 >> d3;
    d_max = max(d1,d2,d3);
    cout << d_max << endl;
    //求三个 long long 类型的最大值
    long long g1, g2, g3, g_max;
    cin >> g1 >> g2 >> g3;
    g_max = max(g1,g2,g3);
    cout << g_max << endl;
    return 0;
}
```

3. 类模板

C++在 C 语言的基础上增加了面向对象编程。类(class)就是面向对象编程的核心特性,通常被称为用户定义的类型。类用于指定对象的形式,它包含了数据表示法和用于处理数据的方法,即成员变量和成员函数。结构体可以被认为是一种特殊的类。

C++ 除了支持函数模板,还支持类模板(Class Template)。函数模板中定义的类型参数可以用在函数声明和函数定义中,类模板中定义的类型参数可以用在类声明和类实现中。

声明类模板的语法为：
    template<class 类型参数 1，class 类型参数 2，…>
    struct 类名{
        //成员变量及其成员函数
    };

类模板和函数模板都是以 template 开头，后跟类型参数，类型参数不能为空，多个类型参数用逗号隔开。

声明了类模板，就可以将类型参数用于类的成员函数和成员变量。换句话说，原来使用 int、float、char 等基本数据类型的地方，都可以用类型参数来代替。

假如我们现在要定义一个类来表示坐标，要求坐标的数据类型可以是整数、浮点数和字符串，例如：
    x = 10、y = 10
    x = 12.88、y = 129.65
    x = "东经 180 度"、y = "北纬 210 度"

这时就可以使用下面的类模板代码来实现：
    template<class T1, class T2>　　//这里不能有分号
    struct Point{
        T1 m_x;　　//x 坐标
        T2 m_y;　　//y 坐标
        Point(T1 x, T2 y){ m_x=x; m_y=y; }
        T1 getX( )　{ return m_x;}
        void setX(T1 x){ m_x = x; }
        T2 getY( ){ return m_y; }
        void setY(T2 y){ m_y = y; }
    };

接下来就可以使用 Point 来创建变量。使用类模板创建变量时，需要指明具体的数据类型。请看下面的代码：
    Point<int, int> p1(10, 20);
    Point<int, float> p2(10, 15.5);
    Point<float, string> p3(12.4, "东经 180 度");

将上面的代码整合起来，构成一个完整的程序，如下所示：

```cpp
1.  #include <bits/stdc++.h>
2.  using namespace std;
3.  template<class T1, class T2>    //这里不能有分号
4.  struct Point{
5.      T1 m_x;  //x 坐标
6.      T2 m_y;  //y 坐标
7.      Point(T1 x, T2 y){ m_x=x; m_y=y; }
```

```
8.      T1 getX()  { return m_x; }
9.      void setX(T1 x){ m_x = x; }
10.     T2 getY(){ return m_y; }
11.     void setY(T2 y){ m_y = y; }
12. };
13. int main(){
14.     Point<int, int> p1(10, 20);
15.     cout << "x=" << p1.getX() << ", y=" << p1.getY() << endl;
16.     Point<int, string> p2(10, "东经180度");
17.     cout << "x=" << p2.getX() << ", y=" << p2.getY() << endl;
18.     Point<string, string> p3("东经180度", "北纬210度");
19.     cout << "x=" << p3.getX() << ", y=" << p3.getY() << endl;
20.     return 0;
21. }
```

【例2】 查找模板(find.cpp/.in/.out)。

【问题描述】

编写一个类模板程序,用来对整型数组与字符型数组中的元素进行查找(find)操作。

【输入格式】

第一行一个整数t,表示元素类型,当t为1时,表示元素是整型;当t为2时,表示元素是字符型;

第二行一个整数n($1 \leq n \leq 100$)以及待查找的元素,其中n表示元素个数;

第三行包含n个数,表示数组的元素。

【输出格式】

一行"YES"或"NO",分别表示在或不在。

【输入样例】

2

6 a

A b 1 x B Z

【输出样例】

NO

【参考程序】

```
1. #include <bits/stdc++.h>
2. #define maxn 100010
3. using namespace std;
4. template<class T1, class T2>
5. struct node{
6.     T1 n;
7.     T2 a[maxn];
8.     void setn(T1 x){ n = x; }
9.     void input(){
```

```
10.        for(T1 i = 1; i <= n; i++)
11.            cin >> a[i];
12.        return ;
13.    }
14.    bool find(T2 x){
15.        for(T1 i = 1; i <= n; i++)
16.            if(x == a[i]) return true;
17.        return false;
18.    }
19. };
20. int main(){
21.     freopen("find.in", "r", stdin);
22.     freopen("find.out", "w", stdout);
23.     int type;
24.     cin >> type;
25.     if(type == 1) {
26.         node<int, int> tmp;
27.         int x, y;
28.         cin >> x >> y;
29.         tmp.setn(x);
30.         tmp.input();
31.         if(tmp.find(y)) cout << "YES" << endl;
32.         else cout << "NO" << endl;
33.     }
34.     else {
35.         node<int, char> tmp;
36.         int x;
37.         char y;
38.         cin >> x;
39.         cin >> y;
40.         tmp.setn(x);
41.         tmp.input();
42.         if(tmp.find(y)) cout << "YES" << endl;
43.         else cout << "NO" << endl;
44.     }
45.     return 0;
46. }
```

小节练习

1. 课程统计(course.cpp/.in/.out)。

【问题描述】

知名高校 TH 有 n 个教师,现在需要讲授 s 门课程($1 \leq n \leq 100, 1 \leq s \leq 8$)。已知每

人能讲授的课程集合,为了后期的课务安排,校长现在想统计每门课程有多少个教师可以讲授。

【输入格式】

第一行包含两个整数 n 和 s,含义如题目描述;

随后 n 行,每行若干个数,表示该教师能讲授的课程。

【输出格式】

s 行,每行一个整数,即每门课程可以讲授的教师数量。

【样例输入】

2 2

2

1 2

【样例输出】

1

2

【说明】

第 1 个教师可以讲授课程 2,第 2 个教师可以讲授课程 1 和 2,所以第 1 门课程有 1 个教师讲授,第 2 门课程有 2 个教师讲授。

要求用模板函数实现数据的读入。

2. 数组倒置(reverse.cpp/.in/.out)。

【问题描述】

编写一个类模板程序,用来对整型数组与双精度数组中元素进行倒置(reverse)。

【输入格式】

第一行一个整数 t,表示元素类型,当 t 为 1 时,表示元素是整型,当 t 为 2 时,表示元素是双精度型;

第二行一个整数 $n(1 \leq n \leq 100)$,表示元素个数;

第三行包含 n 个数,表示数组的元素。

【输出格式】

一行,n 个数,即倒置后的数组元素值。

【输入样例】

1

6

1 2 3 4 5 6

【输出样例】

6 5 4 3 2 1

7.3 C++中的 STL 及其应用

STL（Standard Template Library），即标准模板库，是一个高效的 C++ 程序库。该库提供了通用的模板类和函数，这些模板类和函数可以实现常用的算法和数据结构，如向量、链表、队列、栈等。利用 STL 可以帮助我们提高编程的效率。

STL 的核心包括容器、迭代器、算法几个主要部分。

1. 容器

主要用于存放各种类型数据的数据结构。主要分为三大类：

（1）常用的顺序容器

vector：其头文件为<vector>，实际上就是个动态数组。随机存取任何元素都能在常数时间完成，在尾端增删元素具有较佳的性能。在前面第 5 章数组中有专门的介绍。

deque：即双端队列，其头文件为 <deque>，也是个动态数组。随机存取任何元素都能在常数时间完成（但性能次于 vector），在两端增删元素具有较佳的性能。

list：其头文件为<list>，在任何位置增删元素都能在常数时间完成。不支持随机存取，其实就是双向链表。

（2）常用的关联容器

关联式容器内的元素是排序的，插入任何元素，都按相应的排序准则来确定其位置。关联式容器的特点是在查找时具有非常好的性能。主要有：

set：即集合，其头文件为<set>，set 中不允许有相同元素。

map/multimap：其头文件为<map>，map 与 set 的不同在于 map 中存放的是成对的 key/value，并根据 key 对元素进行排序，可快速地根据 key 来检索元素，map 同 multimap 的不同在于是否允许多个元素有相同的 key 值。

上述几个关联容器的插入和检索的时间都是 O(logN)，其中 N 表示容器中元素的个数。

（3）容器适配器

stack：即栈，其序列中被删除、检索和修改的项只能是最近插入序列的项，即按照后进先出的原则。

queue：即队列，插入只可以在尾部进行，删除、检索和修改只允许从头部进行，即按照先进先出的原则。

stack 和 queue 的使用后面章节会有专门介绍。

priority_queue：即优先队列，其头文件为<queue>，最高优先级元素总是第一个出列。

2. 迭代器

可依次存取容器中元素的内容，比如，数组 int array[100]是个容器，而 int * 类型的指针变量就可以称为迭代器。

定义一个容器类的迭代器的方法可以是：容器类名::iterator 变量名；

访问一个迭代器指向的元素：* 迭代器变量名；

迭代器上可以执行++操作,以指向容器中的下一个元素。

例如:

vector<double> v; //定义一个存放 double 元素的向量容器,一开始里面没有元素

vector<double>::iterator i; //定义容器的迭代器

3. 算法

STL 中提供能在各种容器中通用的算法,比如插入、删除、查找、排序等。其实,算法就是一个个函数模板,算法通过迭代器来操纵容器中的元素。许多算法需要两个参数,一个是起始元素的迭代器,一个是终止元素的后面一个元素的迭代器,比如排序和查找。有的算法返回一个迭代器,比如 find( )算法,在容器中查找一个元素,并返回一个指向该元素的迭代器。

4. STL 应用实例

【例1】 查找元素(find.cpp/.in/.out)。

输入 $N(N \leq 10^5)$ 个整数(int 范围内)和一个待查找的数 X,判断 X 是否在这 N 个数中。

【输入格式】

第一行,一个整数 N;

第二行,N 个整数;

第三行,一个整数 X。

【输出格式】

一行,"YES"或"NO"表示在或不在。

【输入样例】

5

29 24 15 39 60

28

【输出样例】

NO

【参考程序】

```
1.  #include <vector>
2.  #include <algorithm>
3.  #include <iostream>
4.  using namespace std;
5.  int n,x;
6.  vector<int> v;
7.  vector<int>::iterator p;
8.  int main()  {
9.      scanf("%d",&n);
10.     for(int i=1; i<=n; i++) {
11.         scanf("%d",&x);
12.         v.push_back(x);
```

```
13.         }
14.         scanf("%d",&x);
15.         p = find(v.begin(),v.end(),x);
16.         if(p!=v.end())
17.             printf("YES\n");
18.         else
19.             printf("NO\n");
20.         return 0;
21. }
```

在上述程序中,定义了一个容器 v,容器迭代器 p,调用了一个算法 find。

【例2】　排队(usaco,cline.cpp/.in/.out)。

现有 N 个同学(编号为 1 到 N 号),薛老师要求同学们按他的口令排队。开始时队伍中没有人。薛老师发出了 S($1 \leq S \leq 100000$)个口令,每个口令只可能是以下四种情况之一:

A L:没有加入队伍的编号最小的一个同学加入队伍的左边;

A R:没有加入队伍的编号最小的一个同学加入队伍的右边;

D L K:队伍左边的 K 个同学离开(离开的同学不能再加入队伍);

D R K:队伍右边的 K 个同学离开(离开的同学不能再加入队伍)。

请求出最终的队伍状态。数据保证离开的人数不会超过队伍里的人数,最后的队伍不空。

【输入格式】

共 S + 1 行:

第 1 行,包含一个整数 S;

第 2~S + 1 行,每行表示一个动作。

【输出格式】

若干个用空格隔开的整数,表示最终的队伍状态。

【输入样例】

10

A L

A L

A R

A L

D R 2

A R

A R

D L 1

A L

A R

【输出样例】

7

2
5
6
8

【问题分析】

本题的意思是在队列的两端进行增、删操作。我们用 C++提供的 deque 实现就非常方便。

deque 的定义为:deque<类型>标识符；

例如:deque<int>q;//定义一个 int 型的 deque。deque 中的类型一般是 int、float、char 等,也可以是结构体类。

表 7.3-1 deque 的常用函数

函数	使用
front( )	q.front( );//返回 q 的第一个元素
back( )	q.back( );//返回 q 的最后一个元素
push_front(num)	q.push_front(5);//在 q 的开始位置增加一个元素 5
pop_front( )	q.pop_front( );//删除 q 的头元素
push_back(num)	q.push_back(5);//在 q 的末尾位置增加一个元素 5
pop_back( )	q.pop_back( );//删除 q 的最后一个元素
empty( )	q.empty( );//判断 q 是否为空,空则返回 true,非空则返回 false
size( )	q.size( );//返回 q 中元素的个数

【参考程序】

```
1.  #include<bits/stdc++.h>
2.  using namespace std;
3.  deque<int>q;
4.  int s,k,cnt;
5.  char x,y;
6.  int main() {
7.      freopen("cline.in","r",stdin);
8.      freopen("cline.out","w",stdout);
9.      cin >> s;
10.     while(s--) {
11.         cin >> x >> y;
12.         if (x == 'A') {
13.             if (y == 'L')
14.                 q.push_front(++cnt);//插入队头
15.             else
16.                 q.push_back(++cnt);//插入队尾
17.         } else {
```

```
18.         cin >> k;
19.         while(!q.empty() && k--)
20.             if (y == 'L')
21.                 q.pop_front();//队头元素出队
22.             else
23.                 q.pop_back();//队尾元素出队
24.         }
25.     }
26.     while(!q.empty()) {
27.         cout << q.front() << endl;
28.         q.pop_front();
29.     }
30.     return 0;
31. }
```

【例3】 合并果子(NOIP2004提高组,fruit.cpp/.in/.out)。

【问题描述】

在一个果园里,多多已经将所有的果子打了下来,而且按果子的不同种类分成了不同的堆。多多决定把所有的果子合成一堆。

每一次合并,多多可以把两堆果子合并到一起,消耗的体力等于两堆果子的重量之和。可以看出,所有的果子经过 n − 1 次合并之后,就只剩下一堆了。多多在合并果子时总共消耗的体力等于每次合并所耗体力之和。

因为还要花大力气把这些果子搬回家,所以多多在合并果子时要尽可能地节省体力。假定每个果子重量都为1,并且已知果子的种类数和每种果子的数目,请设计出合并的次序方案,使多多耗费的体力最少,并输出这个最小的体力耗费值。

例如有 3 种果子,数目依次为 1、2、9。可以先将 1、2 堆合并,新堆数目为 3,耗费体力为 3。接着,将新堆与原先的第三堆合并,又得到新的堆,数目为 12,耗费体力为 12。所以多多总共耗费体力 = 3 + 12 = 15。可以证明 15 为最小的体力耗费值。

【输入格式】

输入有2行:

第 1 行是 1 个整数 $n(1 \leq n \leq 10000)$,表示果子的种类数;

第 2 行包含 n 个整数,用空格分隔,第 i 个整数 $a_i(1 \leq a_i \leq 20000)$ 是第 i 种果子的数目。

【输出格式】

1 行,只包含 1 个整数,也就是最小的体力耗费值。输入数据保证这个值小于 2^{31}。

【输入样例】

3

1 2 9

【输出样例】

15

【问题分析】

为了保证得到最小的体力耗费值,每次都要选最小的两堆果子合并,可以用优先队列来实现。

优先队列的定义:

优先输出大数据:priority_queue <类型> q;

优先输出小数据 priority_queue<类型,vector<类型>,greater<类型> > q;

当然,我们还可以自定义优先级。

表 7.3-3 priority_queue 的常用函数

函数	使用
empty( )	q.empty( );//判断 q 是否为空
pop( )	q.pop( );//删除 q 的队头元素
top( )	q.top( );//返回 q 的队头元素
push( )	q.push(8);//向 q 中加入一个元素 8
size( )	q.size( );//返回 q 中元素个数

【参考程序】

```
1.  #include<bits/stdc++.h>
2.  using namespace std;
3.  priority_queue <int,vector<int>,greater<int> > q;
4.  int n,num,ans;
5.  int main(){
6.      freopen("fruit.in","r",stdin);
7.      freopen("fruit.out","w",stdout);
8.      scanf("%d",&n);
9.      for(int i = 1;i <= n;i++){
10.         scanf("%d",&num);
11.         q.push(num);
12.     }
13.     for(int i = 1;i < n;i++){
14.         int x = q.top();//最小的一堆果子
15.         ans += x;
16.         q.pop();
17.         int y = q.top();//次小的一堆果子
18.         ans += y;
19.         q.pop();
20.         q.push(x + y);//合并后的果子重新入队
21.     }
22.     cout << ans << endl;
23.     return 0;
24. }
```

【例4】 明明的随机数(NOIP2006普及组,random.cpp/.in/.out)。
【问题描述】
明明想在学校请一些同学做一项问卷调查。为了实验的客观性,他先用计算机生成了n个1~1000之间的随机整数($n \leq 100$),对于其中重复的数字,只保留一个,把其余相同的数去掉,不同的数对应着不同的学生学号。然后再把这些数从小到大排序,按照排好的顺序去找同学做调查。请你协助明明完成"去重"与"排序"的工作。
【输入格式】
输入有2行:
第1行为1个正整数,表示所生成的随机数的个数N;
第2行有N个用空格隔开的正整数,为所产生的随机数。
【输出格式】
输出有2行:
第1行为1个正整数M,表示不相同的随机数的个数;
第2行为M个用空格隔开的正整数,为从小到大排好序的不相同的随机数。
【输入样例】
10
20 40 32 67 40 20 89 300 400 15
【输出样例】
8
15 20 32 40 67 89 300 400
【问题分析】
在set中每个元素的值都唯一,而且系统能根据元素的值自动进行排序。本题只要将每个元素放入set中,然后再将所有元素输出。
set的定义为:set<类型> 标识符;
例如:set <int> a;

表7.3-2 set的常用函数

函数	使用
begin()	a.begin();//返回a中第一个元素的迭代器
end()	a.end();//返回一个指向a末尾元素的下一位置的迭代器
clear()	a.clear();//删除a中所有的元素
empty()	a.empty();//判断a是否为空
size()	a.size();//返回a中元素个数

【参考程序】
```
1. #include<bits/stdc++.h>
2. using namespace std;
3. int n,i,num,ans;
```

```
4.  set <int> a;
5.  set <int>::iterator it;
6.  bool first = true;
7.  int main() {
8.      freopen("random.in","r",stdin);
9.      freopen("random.out","w",stdout);
10.     cin >> n;
11.     for(i = 1; i <= n; i++) {
12.         cin >> num;
13.         a.insert(num);
14.     }
15.     cout << a.size() << endl;//输出随机数个数
16.     for(it = a.begin(); it != a.end(); it++)
17.         if (first) {
18.             cout << *it;
19.             first = false;
20.         }
21.         else
22.             cout << " " << *it;
23.     cout << endl;
24.     return 0;
25. }
```

C++还提供了 multiset,与 set 不同的是,multiset 中允许存在相同的元素。

【例5】 统计数字(NOIP2007 提高组,count.cpp/.in/.out)。

【问题描述】

某次科研调查时得到了 n 个自然数,每个数均不超过 1500000000(1.5×10^9)。已知不相同的数不超过 10000 个,现在需要统计这些自然数各自出现的次数,并按照自然数从小到大的顺序输出统计结果。

【输入格式】

共 n + 1 行:

第 1 行是整数 n,表示自然数的个数;

第 2~n + 1 行,每行一个自然数。

【输出格式】

共 m 行(m 为 n 个自然数中不相同数的个数),按照自然数从小到大的顺序输出。

每行输出 2 个整数,分别是自然数和该数出现的次数,其间用一个空格隔开。

【输入样例】

8

2

4

2

4

5
100
2
100

【输出样例】

2 3

4 2

5 1

100 2

【问题分析】

本题要统计每个数字出现的次数。map 是 STL 的一个关联容器,它提供一对一(其中第一个可以称为关键字,每个关键字只能在 map 中出现一次,第二个称为该关键字的值)的数据处理能力,可以起到 hash 表的作用。map 内部所有的数据都是有序的。

map 的定义:map<类型 1,类型 2> 标识符;

mpa 几乎支持常见的所有类型。

例如:map<int,int>cnt;

表 7.3-4 map 的常用函数

函数	使用
begin( )	q.begin( );//返回 q 中第一个元素的迭代器
end( )	q.end( );//返回指向 q 末尾的迭代器
empty( )	q.empty( );//如果 q 为空则返回 true,否则返回 false
size( )	q.size( );//返回 q 中元素的个数
find( )	q.find(5);//查找 q 中有没有 5 这个元素,如果找到则返回 5 所在位置的迭代器,如果没有要查找的数据,返回指向 q 末尾的迭代器

【参考程序】

```
1.  #include<bits/stdc++.h>
2.  using namespace std;
3.  int n,num;
4.  map<int,int>cnt;
5.  int main() {
6.      freopen("count.in","r",stdin);
7.      freopen("count.out","w",stdout);
8.      cin >> n;
9.      for(int i = 0; i < n; i++) {
10.         cin >> num;
11.         cnt[num]++;
12.     }
13.     map<int,int>::iterator it;
```

```
14.     for(it = cnt.begin(); it != cnt.end(); it++)
15.         cout << it->first << " " << it->second << endl ;
16.     return 0;
17. }
```

小节练习

1. H 数（hnumber.cpp/.in/.out）。

【问题描述】

所谓 H 数，是指该数最多只有 2、3、5、7 四种质因子，不会再有其他质因子。如 630 即为 H 数，而 22 不是。要求对键盘输入的自然数 N，求出第 N 个 H 数。如 N = 30，应输出 49。规定要求的 H 数不超出长整型数的范围。

【输入格式】

一个整数 n，含义如题目描述，n ≤ 10000。

【输出格式】

第 n 个 H 数。

【输入样例 1】

30

【输出样例 1】

49

【输入样例 2】

1

【输出样例 2】

1

2. 贪婪的送礼者（usaco, gift.cpp/.in/.out）。

【问题描述】

有 n 个人，他们会互送礼物。每个人都准备了一些钱来送礼物，而这些钱将会被平均分给他的好朋友。

给出所有的姓名，每个人的姓名用一个字符串表示，字符串长度不超过 14。同时给出每个人将花在送礼上的钱和他好朋友的姓名，请算出每个人收到的钱与送出的钱的差值。

【输入格式】

第一行一个正整数 n，表示人数；

接下来 n 行，每行一个字符串表示 n 个人的姓名；

接下来有 n 段内容，对于每一段：

第一行是送出礼物人的姓名；第二行包含两个非负整数，第一个是原有的钱的数目（在 0 到 2000 的范围里），第二个 Gi 是将收到这个送礼者好朋友的人数。如果 Gi 是非零的，在下面 Gi 行列出他的好朋友的姓名，一行一个好朋友的姓名。

【输出格式】

输出n行：

每行是一个人的姓名加上空格再加上收到的钱与送出的钱的差值。

对于每一个人输出顺序应和他在输入的2到n+1行中输入的顺序相同。所有的送礼的钱都是整数。

每个人把相同数目的钱给每位朋友，而且尽可能多给，不能给出的钱被送礼者自己保留。送出的钱永远是整数，剩余未送出的钱应返还给送礼者。

【输入样例】

5
dave
laura
owen
vick
amr
dave
200 3
laura
owen
vick
owen
500 1
dave
amr
150 2
vick
owen
laura
0 2
amr
vick
vick
0 0

【输出样例】

dave 302
laura 66
owen -359
vick 141
amr -150

第 8 章　穷举及其应用

穷举法又称列举法、枚举法，是蛮力策略的具体体现，是一种简单而直接地解决问题的方法。理论上，穷举可以解决计算领域中的各种问题。尤其处于计算机计算速度非常快的今天，穷举的应用领域非常广阔。

8.1 穷举法概念

穷举是一种常见的算法设计思想，它是基于计算机特点而进行解题的思维方式，它是按照问题要求将所有的可能解一一列举进行判断从而找出正确解，或者将问题的全部解列出一一判断，从而找出最优解的一种方法。

穷举法在我们生活中经常用到，例如有一只密码箱，其密码是一位十进制数，现在忘记了密码，那么我们就可以从 0 到 9 列举一个个数并进行尝试，从而找到正确的密码；以此类推，如果密码是两位十进制数字，那么我们可以在 00～99 的所有两位数字之间进行一一列举，理论上来说，我们用穷举可以破解任何一个此类密码，只是一个时间问题。

一般，用穷举求解的问题通常要满足两个条件：
（1）可预先确定每个状态的元素个数 n；
（2）状态元素 $a_1, a_2, \cdots, a_n$ 的可能值为一个连续的值域。

对于满足上述两个条件的问题，我们可以通过穷举法来解决，利用穷举法时，一般步骤如下：
（1）确定穷举对象；
（2）确定每个对象的穷举范围；
（3）处理穷举出来的状态。如验证穷举状态是否合法，统计每个穷举状态对答案的贡献等。

设 a_{i1} 为状态元素 a_i 的最小值；a_{ik} 为状态元素 a_i 的最大值（$1 \leqslant i \leqslant n$），即 $a_{11} \leqslant a_1 \leqslant a_{1k}, a_{21} \leqslant a_2 \leqslant a_{2k}, a_{i1} \leqslant a_i \leqslant a_{ik}, \cdots\cdots, a_{n1} \leqslant a_n \leqslant a_{nk}$，那么我们穷举法即为：

for $a_1 \leftarrow a_{11}$ to a_{1k} do
　　for $a_2 \leftarrow a_{21}$ to a_{2k} do
　　　　……
　　　　　　for $a_i \leftarrow a_{i1}$ to a_{ik} do
　　　　　　　　……

$$\text{for } a_n \leftarrow a_{n1} \text{ to } a_{nk} \text{ do}$$
$$\text{if 状态}(a_1, \cdots, a_i, \cdots, a_n) \text{满足检验条件 then}$$
$$\text{输出问题的解;}$$

下面,我们就通过几个实例来说明穷举法的具体应用。

【例1】 水仙花数(daffodil.cpp/.in/.out)。

【问题描述】

春天是鲜花的季节,水仙花就是其中迷人的代表。数学上有个水仙花数,它是这样定义的:"水仙花数"是指一个三位数,它的各位数字的立方和等于其本身,比如:$153 = 1^3 + 5^3 + 3^3$。现在要求输出所有在 m 和 n 范围内的水仙花数。

【输入格式】

输入数据有多组,每组占一行,包括两个整数 m 和 n($100 \leq m \leq n \leq 999$)。

【输出格式】

对于每个测试实例,要求输出所有在给定范围内的水仙花数。也就是说,输出的水仙花数必须大于等于 m,并且小于等于 n,如果有多个,则要求从小到大排列在一行内输出,之间用一个空格隔开;如果给定的范围内不存在水仙花数,则输出 no;每个测试实例的输出占一行。

【输入样例】

100 120
300 380

【输出样例】

no
370 371

【问题分析】

根据题意,我们只要穷举 m~n 的每个数 i,然后通过函数 jud(i) 来判定 i 是否为水仙花数即可。判定 x 是否为水仙花数时,只要根据水仙花数的定义,把 x 的每个数字 z 分离出来,求出它们的立方和 s,如果 s 和 x 相等,那么就是水仙花数,否则就不是。

【参考程序】

```cpp
1.  #include<bits/stdc++.h>
2.  using namespace std;
3.  bool jud(int x){
4.      int s = 0, y = x, z;
5.      while(y){
6.          z = y % 10;
7.          s = s + z * z * z;
8.          y = y / 10;
9.      }
10.     if(s == x) return true;
11.     else return false;
```

```
12. }
13. int main(){
14.     freopen("daffodil.in", "r", stdin);
15.     freopen("daffodil.out", "w", stdout);
16.     int m, n;
17.     while(cin >> m >> n){
18.         int flag = 0;
19.         for(int i = m; i <= n; i++){
20.             if(jud(i)){
21.                 flag = 1;
22.                 cout << i << " ";
23.             }
24.         }
25.         if(!flag) cout << "no";
26.         cout << endl;
27.     }
28.     return 0;
29. }
```

【例2】 百鸡百钱(chickens.cpp/.in/.out)。

【问题描述】

百鸡百钱问题是我国古代数学家张丘建在《算经》一书中提出的数学问题,原问题是这样:鸡翁一值钱五,鸡母一值钱三,鸡雏三值钱一。百钱买百鸡,问鸡翁、鸡母、鸡雏各几何?用我们现在的话说,即公鸡5元一只,母鸡3元一只,小鸡1元三只,问100元钱买100只鸡,公鸡、母鸡、小鸡各多少只?

现在我们的问题是这样,用 x 元买 x 只鸡,问公鸡、母鸡、小鸡各多少只?

【输入格式】

一行一个整数 x($0 < x \leq 500$),表示需要用 x 元买 x 只鸡。

【输出格式】

一行空格隔开的三个大于 0 的整数,依次为公鸡、母鸡、小鸡的数量。如果有多种情况,则输出公鸡数量最多的情况;公鸡数量相同,母鸡和小鸡有多种情况的,则输出母鸡数量最多的。如果给定的 x 元买不到 x 只鸡,则输出 No。

【输入样例1】

100

【输出样例1】

12 4 84

【输入样例2】

20

【输出样例2】

No

【问题分析】

根据题意,我们只要穷举公鸡、母鸡和小鸡的数量 i、j、k,因为要买 x 只鸡,而且三种鸡的数量要大于 0,所以我们可以界定 i、j、k 的穷举范围都是 1~x,然后我们判定鸡的总数 i + j + k 是否为 x 只,花费的钱 i * 5 + j * 3 + k / 3 是否为 x 元,同时,小鸡的数量是否为 3 的倍数,如果满足这几个条件,那么就是一个可行解。

但要注意的是,题目要求在所有可行解中,要求公鸡的数量最多,公鸡数量相同时,母鸡的数量最多,所以我们可以把公鸡、母鸡的穷举顺序从 1 到 x 的递增,转换为从 x 到 1 的递减,这样找到的第一个解就是所求解。

【参考程序】

```cpp
1.  #include<bits/stdc++.h>
2.  using namespace std;
3.  int main(){
4.      freopen("chickens.in", "r", stdin);
5.      freopen("chickens.out", "w", stdout);
6.      int x;
7.      cin >> x;
8.      for(int i = x; i >= 1; i--)
9.          for(int j = x; j >= 1; j--)
10.             for(int k = 3; k <= x; k = k + 3)
11.                 if(i + j + k == x && x == i * 5 + j * 3 + k / 3){
12.                     cout << i << " " << j << " " << k <<endl;
13.                     return 0;
14.                 }
15.     cout << "No" <<endl;
16.     return 0;
17. }
```

【例3】 火柴棒等式(2008 年 NOIP 提高组复赛,matches.cpp/.in/.out)。

【问题描述】

给你 n 根火柴棒,你可以拼出多少个形如"A+B=C"的等式?等式中的 A、B、C 是用火柴棒拼出的整数(若该数非零,则最高位不能是 0)。用火柴棒拼数字 0~9 的拼法如图 8.1-1 所示:

图 8.1-1　0~9 数字的火柴棒表示

注意:

1. 加号与等号各自需要两根火柴棒。

2. 如果 A≠B，则 A+B=C 与 B+A=C 视为不同的等式（A、B、C≥0）
3. n 根火柴棍必须全部用上。

【输入格式】

共一行，一个整数 n（n ≤ 24）。

【输出格式】

共一行，表示能拼成的不同等式的数目。

【输入样例1】

14

【输出样例1】

2

【样例1解释】

2 个等式为 0+1=1 和 1+0=1

【输入样例2】

18

【输出样例2】

9

【样例2解释】

9 个等式为：

0+4=4

0+11=11

1+10=11

2+2=4

2+7=9

4+0=4

7+2=9

10+1=11

11+0=11

【问题分析】

根据题意，设等式三个变量为 i、j、k，如果已知 i 和 j，则可以求出 k：k = i + j。所以，我们可以穷举两个加数 i、j 值，求得值 k，然后计算 i、j、k 所用的火柴棒数量 f[i] + f[j] + f[k]。如果 f[i] + f[j] + f[k] == n，则 ans++。但下面还有两个问题要处理：

问题1：i 和 j 的穷举范围是多少。其实根据 n ≤ 24 的条件，可以确定枚举 A 和 B 的范围，即如果都使用最少火柴的数字（如数字1）构造表达式中的数，得到最大的数是多少，可以算出该数 ≤1111，因此 A 和 B 的范围为 0~1 111。

问题2：如何计算数 i 所用的火柴棒数量 f[i]。根据题意，我们可以先穷举 0~9 这些数所用的火柴棒数量，大于 9 的数 i，可以把每个数字用的数量进行累加。

【参考程序】

```cpp
1.  #include<bits/stdc++.h>
2.  #define maxn 1200
3.  using namespace std;
4.  int n, f[2 * maxn];
5.  int main(){
6.      freopen("matches.in", "r", stdin);
7.      freopen("matches.out", "w", stdout);
8.      cin >> n;
9.      memset(f, 0, sizeof(f));
10.     f[0] = 6; f[1] = 2; f[2] = 5;
11.     f[3] = 5; f[4] = 4; f[5] = 5;
12.     f[6] = 6; f[7] = 3; f[8] = 7;
13.     f[9] = 6;
14.     for(int i = 10; i <= 2 * maxn; i++){
15.         int x = i;
16.         while(x > 0){
17.             f[i] = f[i] + f[x % 10];
18.             x = x / 10;
19.         }
20.     }
21.     int ans = 0;
22.     n = n - 4;
23.     for(int i = 0; i <= maxn; i++){
24.         for(int j = 0; j <= maxn; j++) {
25.             int k = i + j ;
26.             if(f[i] + f[j] + f[k] == n) ans++;
27.         }
28.     }
29.     cout << ans <<endl;
30.     return 0;
31. }
```

小节练习

1. 完全数（perfect.cpp/.in/.out）。

【问题描述】

完全数（Perfect number），又称完美数或完备数，所谓"完全数"是指一个数恰好等于除它本身以外的因子和，例如 6 = 1 + 2 + 3，我们就称 6 是完全数。完全数具有一些特殊的性质，如：

（1）除 6 以外的完全数，都可以表示成连续奇立方数之和，并规律式增加。例如：$28 = 1 + 3^3$；$496 = 1^3 + 3^3 + 5^3 + 7^3$；

（2）都可以表示为 2 的一些连续正整数次幂之和。不但如此，而且它们的数量为连续质数。例如：$6 = 2^1 + 2^2$；$28 = 2^2 + 2^3 + 2^4$；$496 = 2^4 + 2^5 + 2^6 + 2^7 + 2^8$；

（3）完全数都是以 6 或 8 结尾。

现在要求输出所有在 m 和 n 范围内的完全数。

【输入格式】

输入数据有多组，每组占一行，包括两个整数 m 和 n（$1 \leq m \leq n \leq 1000$）。

【输出格式】

对于每组数据，要求输出所有在给定范围内的完全数，也就是说，输出的完全数必须大于等于 m，并且小于等于 n，如果有多个，则按照从小到大在一行输出，数据之间用一个空格隔开；如果给定的范围内不存在完全数，则输出 no；每组数据占一行。

【输入样例】

70 80

1 50

【输出样例】

no

6 28

2. 鸡兔同笼（cage.cpp/.in/.out）。

【问题描述】

一个笼子里面关了鸡和兔子（每只鸡有 2 只脚，每只兔子有 4 只脚）。现在已经知道笼子里面脚的总数 a，问笼子里面至少有多少只鸡和兔子，最多有多少只鸡和兔子。

【输入格式】

一行，一个正整数 a（$a < 32768$）。

【输出格式】

一行，包含两个正整数，第一个是最少的数量，第二个是最多的数量，两个正整数用一个空格分开。

如果没有满足要求的答案，则输出两个 0，中间用一个空格分开。

【输入样例】

20

【输出样例】

5 10

3. 比例简化（NOIP2014 普及组，ratio.cpp/.in/.out）。

【问题描述】

在社交媒体上，经常会看到针对某一个观点同意与否的民意调查以及结果。例如，对某一观点表示支持的有 1498 人，反对的有 902 人，那么赞同与反对的比例可以简单地记为 1498∶902。

不过，如果把调查结果就以这种方式呈现出来，大多数人肯定不会满意。因为这个比例的数值太大,难以一眼看出它们的关系。对于上面这个例子,如果把比例记为 5∶3,虽然与真实结果有一定的误差,但依然能够较为准确地反映调查结果,同时也显得比较直观。

现给出支持人数 A、反对人数 B,以及一个上限 L,请将 A 比 B 化简为 A'比 B',要求在 A'和 B'均不大于 L 且 A'和 B'互质(两个整数的最大公约数是 1)的前提下,A'/B' ≥ A/B 且 A'/B'- A/B 的值尽可能小。

【输入格式】

共一行,包含三个整数 A、B、L,每两个整数之间用一个空格隔开,分别表示支持人数、反对人数以及上限。

【输出格式】

共一行,包含两个整数 A'、B',中间用一个空格隔开,表示化简后的比例。

【输入样例】

1498 902 10

【输出样例】

5 3

【说明】

对于 100% 的数据,1 ≤ A ≤ 1000000,1 ≤ B ≤ 1000000,1 ≤ L ≤ 100,A/B ≤ L。

算法评价及其穷举优化

在程序设计中,我们说算法通常是指解决问题的方法和步骤。

对于一个问题的具体算法来说,首先要正确,即在任何合理的输入数据下,运行按照该算法编写出来的程序,总能得到正确的结果。

此外,我们在设计算法时,通常还要评价该算法的效率。算法的效率通常通过时间复杂度和空间复杂度来描述。

1. 时间复杂度

时间复杂度是指运行该算法编写的程序所花费的时间,通常用基本语句(最深层循环内的语句)执行的次数来表示,记为 O(f(n)),其中 f(n) 表示问题规模为 n 时基本语句执行的次数。如下列几个程序段:

(1) x = x + 1;

该程序段的时间复杂度为 O(1)。

(2) for(int i = 1; i <= n; i++)
        x = x + 1;

该程序段的时间复杂度为 O(n)。

(3) for(int i = 1; i <= n; i++)
        for(int j = 1; j <= n; j++)
            x = x + 1;

该程序段的时间复杂度为 $O(n^2)$。

常见的算法时间复杂度有:$O(1)$、$O(n)$、$O(\log_2 n)$、$O(n\log_2 n)$、$O(n^2)$、$O(n^3)$、$O(2^n)$ 等。当 n 很大的时候,一般有:$O(1) < O(\log_2 n) < O(n) < O(n\log_2 n) < O(n^2) < O(n^3) < O(2^n)$。

2. 空间复杂度

空间复杂度是指该算法所耗费的存储空间,记为 $O(f(n))$,其中 $f(n)$ 表示问题规模为 n 时所需要定义的变量个数。

和时间复杂度一样,常见的算法空间复杂度有:$O(1)$、$O(n)$、$O(\log_2 n)$、$O(n\log_2 n)$、$O(n^2)$、$O(n^3)$、$O(2^n)$ 等。当 n 很大的时候,一般有:$O(1) < O(\log_2 n) < O(n) < O(n\log_2 n) < O(n^2) < O(n^3) < O(2^n)$。

注意,在计算时间复杂度和空间复杂度的时候,我们一般只计算到具体的数量级即可,除非在要求特别严格的情况下,才会精确计算到系数。如下列程序:

```
1.  #include<bits/stdc++.h>
2.  using namespace std;
3.  int main(){
4.      int n;
5.      cin >> n;
6.      for(int i = n; i >= 1; i--)
7.          for(int j = n; j >= 1; j--)
8.              for(int k = 3; k <= n; k = k + 3)
9.                  if(i + j + k == n && n == i * 5 + j * 3 + k / 3){
10.                     cout << i << " " << j << " " << k <<endl;
11.                     return 0;
12.                 }
13.     cout << "no" <<endl;
14.     return 0;
15. }
```

该程序中基本语句为:

```
1.              if(i + j + k == n && n == i * 5 + j * 3 + k / 3){
2.                  cout << i << " " << j << " " << k <<endl;
3.                  return 0;
4.              }
```

执行了 $n^3/3$ 次,所以该算法的时间复杂度为 $O(n^3)$,空间复杂度为 $O(1)$。

3. 穷举优化

利用穷举可以解决很多问题,但效率一般比较低,所以对于穷举法解决问题时,通常需要优化穷举的效率,从而减少穷举的次数。

在进行穷举优化时,一般从穷举对象的选择、穷举范围的界定、穷举状态的处理三个方面进行优化,下面通过几个具体实例来说明穷举的优化。

【例1】 百鸡百钱(chickens.cpp/.in/.out,1S,128MB)。

【问题描述】

百鸡百钱问题是我国古代数学家张丘建在《算经》一书中提出的数学问题,原问题是这样:鸡翁一值钱五,鸡母一值钱三,鸡雏三值钱一。百钱买百鸡,问鸡翁、鸡母、鸡雏各几何?用我们现在的话说,即公鸡5元一只,母鸡3元一只,小鸡1元三只,问100元钱买100只鸡,公鸡、母鸡、小鸡各多少只。

现在我们的问题是这样,用x元买x只鸡,问公鸡、母鸡、小鸡各多少只。

【输入格式】

一行一个整数x(0 < x ≤ 20000),表示需要用x元买x只鸡。

【输出格式】

一行空格隔开的三个大于0的整数,依次为公鸡、母鸡、小鸡的数量。如果有多种情况,则输出公鸡数量最多的情况,公鸡数量相同母鸡和小鸡有多种情况的,则输出母鸡数量最多的。如果给定的x元买不到x只鸡,则输出No。

【输入样例1】

100

【输出样例1】

12 4 84

【输入样例2】

20

【输出样例2】

no

【问题分析】

上节中,我们已经分析了用朴素的穷举法来解决此问题,即穷举公鸡、母鸡、小鸡的数量,该算法的时间复杂度为$O(n^3)$。其实,当我们确定公鸡数量i、母鸡数量j时,小鸡的数量k可以计算出来,即k = n - i - j,所以我们可以将穷举对象公鸡、母鸡、小鸡减少为只穷举公鸡、母鸡。此外,由于公鸡5元一只、母鸡3元一只,所以公鸡的数量$i \leq n / 5$、母鸡的数量$j \leq n / 3$,这样还可以进一步缩小公鸡、母鸡的穷举范围,时间复杂度为$O(n^2/15)$。

【参考程序】

```
1.  #include<bits/stdc++.h>
2.  using namespace std;
3.  int main(){
4.      freopen("chickens.in", "r", stdin);
5.      freopen("chickens.out", "w", stdout);
6.      int n;
7.      cin >> n;
8.      for(int i = n / 5; i >= 1; i--)
9.          for(int j = n / 3; j >= 1 ; j--){
```

```
10.          int k = n - i - j;
11.          if(k % 3 == 0 && n == i * 5 + j * 3 + k / 3){
12.              cout << i << " " << j << " " << k <<endl;
13.              return 0;
14.          }
15.      }
16.    cout << "No" <<endl;
17.    return 0;
18. }
```

该题主要从改变穷举对象、缩小穷举范围的角度优化了时间复杂度。

【例2】 H数(hnumber.cpp/.in/.out,1S,128MB)。

【问题描述】

所谓H数是指该数最多只有2、3、5、7四种质因子,不会再有其他质因子。如630即为H数,而22不是。要求对键盘输入的自然数n,求出第n个H数。如N = 30,应输出49。规定要求的H数不超出长整型数的范围。

【输入格式】

一个整数n,含义如题目描述,n ≤ 10000。

【输出格式】

第n个H数

【输入样例1】

30

【输出样例1】

49

【输入样例2】

1

【输出样例2】

1

【问题分析】

方法一:从H数的定义可以看出,如果一个数是H数,那么将它的2、3、5、7四种因子去掉以后必然剩下1。所以我们可以从1开始依次穷举每个整数i,当i为H数时,则将H数的个数s = s + 1,当s == n时,则输出此时的H数i。设第n个H数为m,则该算法的时间复杂度为O(m)。

【参考程序】

```
1. #include<bits/stdc++.h>
2. using namespace std;
3. int main(){
4.    freopen("hnumber.in", "r", stdin);
5.    freopen("hnumber.out", "w", stdout);
```

```
6.      int n;
7.      cin >> n;
8.      int i = 0, s = 0;
9.      while(s < n){
10.         i++;
11.         int x = i;
12.         while(x % 2 == 0) x /= 2;
13.         while(x % 3 == 0) x /= 3;
14.         while(x % 5 == 0) x /= 5;
15.         while(x % 7 == 0) x /= 7;
16.         if(x == 1) s++;
17.     }
18.     cout << i << endl;
19.     return 0;
20. }
```

方法一中,由于所要求的 H 数在长整型范围内,显然,用穷举与逐一判断的方法效率太低,对值比较大的 H 数时间复杂度太高。

分析 H 数问题,发现 H 数因子只有 4 种,可以考虑从因子出发由小到大地生成 H 数,如果一个数是 H 数,那么这个 H 数的 2 倍数、3 倍数、5 倍数、7 倍数也都是 H 数,而且所有的 H 数都是某 H 数的 2 倍数或 3 倍数或 5 倍数或 7 倍数(除了第 1 个 H 数 1)。

方法二:改变穷举对象,穷举 H 数表的 2 倍表、3 倍表、5 倍表和 7 倍表,然后利用这 4 个表来生成 H 数表,如图 8.2-1:

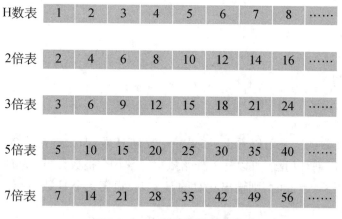

图 8.2-1　H 数表及其倍数表

第 i 次穷举时,首先从四个倍数表中找一个最小的数 x,将其添加到 H 数表中,然后生成 x 的 2 倍、3 倍、5 倍、7 倍,将其添加到对应的倍数表中。当穷举到第 i 个 H 数时即可,时间复杂度为 O(n)。

【参考程序】

```
1.  #include<bits/stdc++.h>
2.  #define maxn 10010
3.  using namespace std;
4.  int h[maxn],h2[maxn],h3[maxn],h5[maxn],h7[maxn];
5.  int main(){
6.      freopen("hnumber.in", "r", stdin);
7.      freopen("hnumber.out", "w", stdout);
8.      int n;
9.      cin >> n;
10.     h[1] = 1; h2[1] = 2; h3[1] = 3;
11.     h5[1] = 5; h7[1] = 7;
12.     int t, t2, t3, t5, t7;
13.     t = t2 = t3 = t5 = t7 = 1;
14.     for(int i = 2; i <= n; i++){
15.         int x = h2[t2];
16.         if(h3[t3] < x) x = h3[t3];
17.         if(h5[t5] < x) x = h5[t5];
18.         if(h7[t7] < x) x = h7[t7];
19.         h[i] = x; h2[i] = x * 2; h3[i] = x * 3;
20.         h5[i] = x * 5; h7[i] = x * 7;
21.         if(h2[t2] == x) t2++;
22.         if(h3[t3] == x) t3++;
23.         if(h5[t5] == x) t5++;
24.         if(h7[t7] == x) t7++;
25.     }
26.     cout << h[n] << endl;
27.     return 0;
28. }
```

方法三：进一步分析，可以发现不用四个倍数表数组，而直接用 H 数表中的值来穷举。同样的，还用 t2、t3、t5、t7 四个指针分别指向 H 数表中的四个数，然后从这四个数的 2 倍、3 倍、5 倍及 7 倍的值中选一个最小的数加到 H 数表中，同时把对应的指针后移。如图 8.2-2，从 t2 指向的数 4 的 2 倍 8、t3 指向的数 3 的 3 倍 9、t5 指向的数 2 的 5 倍 10、t7 指向的数 2 的 7 倍 14 中选一个最小的数 8 加到 H 数表中，然后把对应的指针 t2 后移即可。

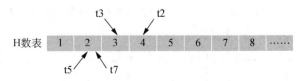

图 8.2-2　H 数表及其倍数表合成图

【参考程序】

```cpp
1.  #include<bits/stdc++.h>
2.  #define maxn 10010
3.  using namespace std;
4.  int h[maxn];
5.  int main(){
6.      freopen("hnumber.in", "r", stdin);
7.      freopen("hnumber.out", "w", stdout);
8.      int n;
9.      cin >> n;
10.     h[1] = 1;
11.     int t2, t3, t5, t7;
12.     t2 = t3 = t5 = t7 =1;
13.     for(int i = 2; i <= n; i++){
14.         int x = 2 * h[t2];
15.         if(3 * h[t3] < x) x = 3 * h[t3];
16.         if(5 * h[t5] < x) x = 5 * h[t5];
17.         if(7 * h[t7] < x) x = 7 * h[t7];
18.         h[i] = x;
19.         if(2 * h[t2] == x) t2++;
20.         if(3 * h[t3] == x) t3++;
21.         if(5 * h[t5] == x) t5++;
22.         if(7 * h[t7] == x) t7++;
23.     }
24.     cout << h[n] << endl;
25.     return 0;
26. }
```

该题主要通过改变穷举对象，优化了时间复杂度。通过分析穷举对象的重复数据，对空间复杂度进行了常数优化。

【例3】 轰炸机(bomber.cpp/.in/.out,1S,128MB)。

【问题描述】

大山两侧的X国与Y国爆发了一场战争，由于山势险峻，只有一条山路可以通行，所以双方的军营都设置在这一条路上(直线)。X国科学家正在研制一种高威力轰炸机，其炮弹可以大规模精准摧毁目标。由于在前线连连失利，X国高层决定提前将其投入使用。但由于研发尚未完成，仅有一枚导弹可供使用。这枚导弹可以摧毁任意个目标(包括敌方军营和己方军营)，但这些目标必须是连续的。

在一个月黑风高的夜晚，X国高层决定用这架轰炸机发起突袭。他们预先侦察到了山路上双方共有N个军营，并探清了每个军营的情况，请帮他们算出这次突袭战果最大的方案。

X国战果的计算公式为:战果=敌方损失的战斗力-己方损失的战斗力。

【输入格式】

第一行一个整数N;

第二行N个整数,第i个整数A_i表示第i个军营的属性值。

A_i的绝对值表示第i个军营的战斗力。

$A_i > 0$,表明该军营是Y国的军营;

$A_i < 0$,表明该军营是X国的军营;

$A_i = 0$,表明该军营是空的。

【输出格式】

仅一行,输出突袭战果最大的值。

【输入样例】

4

1 3 -10 20

【输出样例】

20

【数据范围】

对于30%的数据:$N \leq 3000$;

对于100%的数据$N \leq 1000000$,A_i为int范围内的整数。

【问题分析】

方法一:显然,该题本质上就是求原序列的一个子序列,要求该子序列的和为最大值。可以直接穷举子序列的起始位置i、结束位置j,然后统计该子序列的和s,把s和答案ans比较,如果s > ans,则更新ans。

【参考程序】

```
1.  #include<bits/stdc++.h>
2.  #define maxn 1000100
3.  using namespace std;
4.  int a[maxn];
5.  int main(){
6.      freopen("bomber.in", "r", stdin);
7.      freopen("bomber.out", "w", stdout);
8.      int n, ans = 0;
9.      cin >> n;
10.     for(int i = 1; i <= n; i++)
11.         cin >> a[i];
12.     for(int i = 1; i <= n; i++)
13.         for(int j = i; j <= n; j++){
14.             int s = 0;
15.             for(int k = i; k <= j; k++)
```

```
16.            s += a[k];
17.            if(ans < s) ans = s;
18.        }
19.    cout << ans << endl;
20.    return 0;
21. }
```

上述程序中,第 11 行的代码执行了 n 次,第 14 行的代码执行了 n^2 次,第 16 行的代码执行了 n^3 次,所以算法的时间复杂度为 $O(n+n^2+n^3)$,而我们一般可以用最高的数量级来表示,即该算法的时间复杂度用 $O(n^3)$ 表示即可。

方法二:在方法一中,统计子序列的和 s 时,显然可以通过前缀和来优化。即用 s[i] 来表示从第 1 个数到第 i 个数的和,那么首先可以预处理数组 s[i],然后在统计第 i 个数到第 j 个数的和时,可以用 s[j] − s[i − 1] 直接求得,时间复杂度为 $O(n^2)$。

【参考程序】

```
1.  #include<bits/stdc++.h>
2.  #define maxn 1000100
3.  using namespace std;
4.  int s[maxn];
5.  int main(){
6.      freopen("bomber.in", "r", stdin);
7.      freopen("bomber.out", "w", stdout);
8.      int n, ans = 0;
9.      cin >> n;
10.     memset(s, 0, sizeof(s));
11.     for(int i = 1; i <= n; i++){
12.         int x;
13.         cin >> x;
14.         s[i] = s[i - 1] + x;
15.     }
16.     for(int i = 1; i <= n; i++)
17.         for(int j = i; j <= n; j++)
18.             if(ans < s[j] - s[i - 1])
19.                 ans = s[j] - s[i - 1];
20.     cout << ans << endl;
21.     return 0;
22. }
```

方法三:改变穷举对象,我们穷举子序列结束位置 i,那么以 i 结尾的子序列的最大和可以通过 s2 − s1 来求得,其中 s2 表示前缀和 s[i],s1 表示前缀和 s[j]($j \leq i$)的最小值。这样我们可以在输入原序列的过程中直接求得 s1、s2 以及答案 ans。时间复杂度为 $O(n)$,空间复杂度为 $O(1)$。

【参考程序】

```cpp
1.  #include<bits/stdc++.h>
2.  #define maxn 1000100
3.  using namespace std;
4.  int main(){
5.      freopen("bomber.in", "r", stdin);
6.      freopen("bomber.out", "w", stdout);
7.      int n, ans = 0, s1 = 0, s2 = 0;
8.      cin >> n;
9.      for(int i = 1; i <= n; i++){
10.         int x;
11.         cin >> x;
12.         s2 += x;
13.         if(s1 > s2) s1 = s2;
14.         if(s2 - s1 > ans)
15.             ans = s2 - s1;
16.     }
17.     cout << ans << endl;
18.     return 0;
19. }
```

该题主要通过前缀和对穷举状态的预处理,将时间复杂度降低到 $O(n^2)$;通过改变穷举对象,将时间复杂度进一步降低到 $O(n)$,空间复杂度降低到 $O(1)$。

小节练习

1. 分数拆分(split.cpp/.in/.out,1S,128MB)。

【问题描述】

对于给定 k,求出所有满足 $1/k=1/x+1/y$ 的 x 和 y 的值。

【输入格式】

一行,一个整数 k。

【输出格式】

以 x 从小到大的顺序输出。

【输入样例】

8

【输出样例】

1/8 = 1/9+1/72

1/8 = 1/10+1/40

1/8 = 1/12+1/24

1/8 = 1/16+1/16

【数据范围】

对于100%的数据满足:k < 3000。

2. 电缆公司的烦恼(cable.cpp/.in/.out,1S,128MB)。

【问题描述】

某地的居民决定举办一场程序比赛,为了保证组织一次最公正的比赛,评委会将选手的电脑以星形结构连接到一个中心计算机上,并且所有电脑要以同样的距离连到该中心计算机。所以评委会要求电缆公司提供一定量等长的电缆,并希望电缆越长越好,从而使选手之间的距离尽可能远。电缆公司的老板知道他的电缆长度可以精确到厘米,而且他能以厘米为单位切割电缆,但是他不知道所需的电缆长度。郁闷的老板找到你,希望你能提供一个程序,可以算出为达到所需电缆的数量,这些电缆最大可以切成多长。

【输入格式】

第一行N、K表示公司里的电缆数量以及评委会需要的电缆数量;

接下来N行,每行一个实数,表示每根电缆的长度(1米到100千米之间),精确到厘米(即小数点后2位)。

【输出格式】

一个实数(表示最长的满足要求的电缆长度),保留2位小数。

【输入样例】

4 11

8.02

7.43

4.57

5.39

【输出样例】

2.00

【数据范围】

对于100%的数据满足:N、K ≤ 10^6。

3. CS 战队(cs.cpp/.in/.out,1S,128MB)。

【题目描述】

CS 是一款非常流行的游戏。

为了提升战力,小凯组建了一支 CS 战队。评价这支战队的战力是这样的,设战队有 n 个人,每个人的身高是 a[i],战队中每有一个三人组(x,y,z)满足以下条件,即可提供 1 个战斗力。条件如下:

(1) a[x] < a[y] < a[z]

(2) a[y]-a[x] ≤ a[z]-a[y] ≤ 2 * (a[y]-a[x])

现在战队成员的身高千奇百怪,有 1cm 的,也有 100km 的。现在小凯迫切的想知道战队的战力,你能告诉他吗?

【输入格式】

第一行一个整数 n,表示球队的人数;

接下来 n 行,每行一个数 a[i],表示每个人的身高($1 \leq a[i] \leq 10^9$)。
【输出格式】
一行一个数,表示 CS 战队的战斗力。
【输入样例】
5
3
1
10
7
4
【输出样例】
4
【样例解释】
1-3-7,1-4-7,4-7-10,和 1-4-10
【数据规模】
对于 30% 的数据,$1 \leq n \leq 100$;
对于 50% 的数据,$1 \leq n \leq 500$;
对于 100% 的数据,$1 \leq n \leq 1000$。

4. 改造计划(plan.cpp/.in/.out,1S,128MB)。
【题目描述】
小凯来到一个荒无人烟的山丘地带,但是山的高度很令他烦恼。于是他决定要用最小的代价让最高山峰与最低山峰的高度差不超过 17。小凯经过测量,已知第 i 座山峰高度为 a[i],小凯询问了专业人员,将高度 a[i] 的山峰改造成高度 x 的山峰所需代价为 $(a[i]-x)^2$,小凯希望知道花费的最小代价是多少。
【输入格式】
第一行一个数 n,表示山峰的数量;
接下来 n 行,每行一个整数 a[i]($0 \leq a[i] \leq 100$),表示第 i 座山峰的高度。
【输出格式】
一行一个整数,表示最小的代价。
【输入样例】
5
20
4
1
24
21
【输出样例】
18

【数据规模】

对于30%的数据，1 ≤ n ≤ 100；

对于50%的数据，1 ≤ n ≤ 500；

对于100%的数据，1 ≤ n ≤ 1000。

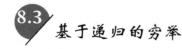 基于递归的穷举

前两节的穷举，都是基于循环结构来实现的。但是，当循环层数较多时，我们一般可以用递归来实现。

【例1】 二进制数(binary.cpp/.in/.out,1S,128MB)。

【问题描述】

输入一个整数n，按照从小到大的顺序依次输出n位的二进制数。

【输入格式】

一行，一个整数n(0 < n ≤ 20)。

【输出格式】

若干行，每行一个n位的二进制数，顺序如问题描述。

【输入样例】

3

【输出样例】

000

001

010

011

100

101

110

111

【问题分析】

从第一位开始穷举，穷举每一位是0还是1，当n位穷举完后，即得到一个二进制数。因为按照从小到大的顺序输出，所以在穷举每一位时，要先穷举0，然后再穷举1。如果用循环来实现，对于n位的二进制来说，每一位就要一重循环，这样实现起来比较复杂，而用递归则可以很方便地实现，如用函数f(x)来穷举n位二进制数的第x位数字，则有：

a[x] = 0; f(x + 1);　//第x位为0,穷举下一位 x + 1 位

a[x] = 1; f(x + 1);　//第x位为1,穷举下一位 x + 1 位

当x > n，即n位穷举完，输出数组a即可。

因为有n位，每一位都有0和1两种情况，所以时间复杂度为$O(2^n)$。

【参考程序】

```
1.  #include<bits/stdc++.h>
2.  #define maxn 30
3.  using namespace std;
4.  int n, a[maxn];
5.  void print(){
6.      for(int i = 1; i < n; i++) cout << a[i];
7.      cout << a[n] << endl;
8.      return ;
9.  }
10. void f(int x){
11.     if(x > n) {print(); return ;}
12.     a[x] = 0; f(x + 1);
13.     a[x] = 1; f(x + 1);
14.     return ;
15. }
16. int main(){
17.     freopen("binary.in", "r", stdin);
18.     freopen("binary.out", "w", stdout);
19.     cin >> n;
20.     f(1);
21.     return 0;
22. }
```

【例 2】 数塔（tower.cpp/.in/.out，1S，128MB）。

【问题描述】

如图 8.3-1 所示为一个数塔：

现在要从数塔的顶层出发，每一结点只能选择向左下走或是向右下走，如在第 3 层值为 6 的结点时，只能向第 4 层的 18 走，或者向第 4 层的 9 走，一直走到最底层。现在要求找出一条路径，使路径上的数值之和最接近零。

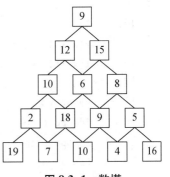

图 8.3-1 数塔

【输入格式】

第 1 行 1 个整数 n（0 < n ≤ 20），表示数塔的层数；

第 2～n + 1 行，描述数塔每层的数字，其中第 i 行有 i - 1 个整数，表示数塔的第 i 层从左向右的 i 个数字，每个整数之间用一个空格隔开。每个整数 x 的范围为（-100 ≤ x ≤ 100）。

【输出格式】

一行一个整数，表示路径上的数值之和。

【输入样例】

5

9
12 15
10 6 8
2 18 9 5
19 7 10 4 16

【输出样例】

40

【问题分析】

显然,数塔可以转换成如样例所示的数字三角形。设当前在结点(x, y),则下一次可以到达的只能是结点$(x + 1, y)$或结点$(x + 1, y + 1)$,如果我们把向左下走到的结点$(x + 1, y)$看成是穷举当前的二进制位0,向右下到达的结点$(x + 1, y + 1)$看成是穷举当前的二进制位1,则可以用如例1的递归方法来穷举每一个结点下一步走的方式,同时在穷举的过程中,需要把路径上的数进行累加,时间复杂度同样为$O(2^n)$。

【参考程序】

```cpp
1.  #include<bits/stdc++.h>
2.  #define inf 0x3f3f3f3f
3.  #define maxn 25
4.  using namespace std;
5.  int n, ans = inf;
6.  int a[maxn][maxn];
7.  void f(int x,int y, int z){
8.      if(x > n){
9.          if(abs(z) < ans) ans = z;
10.         return ;
11.     }
12.     f(x + 1, y, z + a[x][y]);
13.     f(x + 1, y + 1, z + a[x][y]);
14. }
15. int main(){
16.     freopen("tower.in", "r", stdin);
17.     freopen("tower.out", "w", stdout);
18.     cin >> n;
19.     for(int i = 1; i <= n; i++)
20.         for(int j = 1; j <= i; j++)
21.             cin >> a[i][j];
22.     f(1, 1, 0);
23.     cout << ans << endl;
24.     return 0;
25. }
```

【例3】 0-1背包(bag.cpp/.in/.out,1S,128MB)。

【问题描述】

有n件物件,每件物品有一个重量和一个价值。重量分别记为W_1、W_2、$\cdots$、W_n,价值分别记为C_1、C_2、$\cdots\cdots$、C_n。

现在有个背包,其容量为S。要求从n件物品中任意取出若干件装到该背包中,要求:

(1) 重量之和小于等于S;

(2) 价值之和最大。

请求出这个最大价值。

【输入格式】

第1行2个整数n、s,分别表示物品的件数和背包的容量;

第2行n个整数,表示每件物品的重量;

第3行n个整数,表示每件物品的价值。

【输出格式】

一个整数,即最大价值。

【输入样例】

8 200

79 58 86 11 28 62 15 68

83 14 54 79 72 52 48 62

【输出样例】

334

【问题分析】

可以穷举每件物品是否放进背包,同时统计放在背包里的物品的价值z。如果z大于答案ans,则更新ans的值为z。如果把第x件物品不放进容量为y的背包状态记为0,放的状态记为1,则该问题同样可以转换成例1的n位二进制穷举问题,即f(x,y,z)的问题可以转换成不放状态f(x + 1,y,z),和当w[x] ≤ y时的放的状态f(x + 1,y - w[x],z + c[x])。时间复杂度为$O(2^n)$。

【参考程序】

```
1.  #include<bits/stdc++.h>
2.  #define maxn 25
3.  using namespace std;
4.  int n, s, ans = 0;
5.  int w[maxn], c[maxn];
6.  void f(int x, int y, int z){
7.      if(z > ans) ans = z;
8.      if(x > n) return ;
9.      f(x + 1, y, z);
10.     if(w[x] <= y) f(x + 1, y - w[x], z + c[x]);
```

```
11.        return ;
12. }
13. int main(){
14.     freopen("bag.in", "r", stdin);
15.     freopen("bag.out", "w", stdout);
16.     cin >> n >> s;
17.     for(int i = 1; i <= n; i++)
18.         cin >> w[i];
19.     for(int i = 1; i <= n; i++)
20.         cin >> c[i];
21.     f(1, s, 0);
22.     cout << ans << endl;
23.     return 0;
24. }
```

【例4】 生成排列(array.cpp/.in/.out,1S,128MB)。

【问题描述】

输入一个整数n,按照字典序输出1~n的所有排列。

【输入格式】

一行,一个整数$n(0 < n \leq 9)$。

【输出格式】

若干行,每行一个n位的排列,顺序如问题描述。

【输入样例】

3

【输出样例】

123

132

213

231

312

321

【问题分析】

和穷举二进制数的每一位一样,可以穷举排列的每一个位置上的数字,只不过穷举的范围由原来的0~1变成1~n。此外,由于是1~n的排列,数字不能重复,所以需要再开一个数组v来记录数字在前面是否用过,如果$v[i]$等于0,表示数字i在前面还没有用过,则当前第x个位置可以是i,并把$v[i]$赋值为1,表示i已经在当前位置用过,然后再穷举下一个位置,时间复杂度为$O(n!)$。

【参考程序】

```
1.  #include<bits/stdc++.h>
2.  #define maxn 30
3.  using namespace std;
4.  int n, a[maxn], v[maxn];
5.  void print(){
6.      for(int i = 1; i < n; i++) cout << a[i];
7.      cout << a[n] <<endl;
8.      return ;
9.  }
10. void f(int x){
11.     if(x > n) {print(); return ;}
12.     for(int i = 1; i <= n; i++)
13.         if(!v[i]){
14.             v[i] = 1;
15.             a[x] = i;
16.             f(x + 1);
17.             v[i] = 0;
18.         }
19.     return ;
20. }
21. int main(){
22.     freopen("array.in", "r", stdin);
23.     freopen("array.out", "w", stdout);
24.     cin >> n;
25.     memset(v, 0, sizeof(v));
26.     f(1);
27.     return 0;
28. }
```

【例5】 n 皇后问题（queen.cpp/.in/.out，1S，128MB）。

【问题描述】

n 皇后问题研究的是如何将 n 个皇后放置在 n×n 的棋盘上，并且使皇后彼此之间不能相互攻击，即要按如下的规则放置：

（1）使得每行、每列有且只有一个皇后；

（2）每条对角线（包括两条主对角线的所有平行线）上至多有一个皇后。

图 8.3-2 为 8 皇后问题的一种放法。

现在，给定一个整数 n，输出所有不同的 n 皇后问题的

图 8.3-2 8 皇后放法图

放置方案。

【输入格式】

一行,一个整数n(1 ≤ n ≤ 10)。

【输出格式】

所有的放置方案,每个方案包括1行n个整数,表示棋盘上第1行到第n行的每个皇后位置。方案按序列升序排列,第i个方案前输出"step i:",具体参考样例。

【输入样例】

4

【输出样例】

step 1:2 4 1 3

step 2:3 1 4 2

【问题分析】

和生成排列相似,可以穷举棋盘上每一行 x 的每一个位置 i,每个位置的穷举范围同样是1~n。限制条件通过调用函数ok(x, i)判定x行第i个位置是否可放,如果ok(x, i)等于1,表示在第 x 行的位置 i 可以放置,则将第 x 行的位置 a[x]值赋为 i,再穷举下一行,时间复杂度为 O(n!)。

【参考程序】

```
1.  #include<bits/stdc++.h>
2.  #define maxn 15
3.  using namespace std;
4.  int n, ans = 0;
5.  int a[maxn];
6.  void print(){
7.      cout << "step " << ++ans <<":";
8.      for(int i = 1; i < n; i++) cout << a[i] << " ";
9.      cout << a[n] <<endl;
10.     return ;
11. }
12. bool ok(int x, int y){
13.     for(int i = 1; i < x; i++){
14.         if(a[i] == y) return 0;
15.         if(i + a[i] == x + y) return 0;
16.         if(i - a[i] == x - y) return 0;
17.     }
18.     return 1;
19. }
20. void f(int x){
21.     if(x > n){
22.         print();
```

```
23.        return ;
24.    }
25.    for(int i = 1; i <= n; i++)
26.        if(ok(x, i)) {
27.            a[x] = i;
28.            f(x + 1);
29.        }
30.    return ;
31. }
32. int main(){
33.     freopen("queen.in", "r", stdin);
34.     freopen("queen.out", "w", stdout);
35.     cin >> n;
36.     f(1);
37.     return 0;
38. }
```

小节练习

1. 数的划分（NOIP2001提高组，divide.cpp/.in/.out，1S，128MB）。

【问题描述】

将整数 n 分成 k 份,且每份不能为空,任意两个方案不相同(不考虑顺序)。

例如:n = 7,k = 3,下面三种分法被认为是相同的。

1,1,5; 1,5,1; 5,1,1。

问有多少种不同的分法。

【输入格式】

n,k ($6 < n \leq 20, 2 \leq k \leq 6$)。

【输出格式】

1个整数,即不同的分法。

【输入样例】

7 3

【输出样例】

4

【样例说明】

四种分法为:

1、1、5; 1、2、4; 1、3、3; 2、2、3。

2. 饲料调配（usaco，deployment.cpp/.in/.out，1S，128MB）。

【问题描述】

农夫约翰从来只用调配得最好的饲料来喂他的奶牛。饲料由三种原料调配成:大麦、燕麦和小麦。他知道自己的饲料精确的配比,在市场上是买不到这样的饲料的。所以他只好购买其他三种混合饲料(同样都由三种麦子组成),然后将它们混合,从而来调配他的完美饲料。

现在给出三组整数,表示三种混合饲料的大麦、燕麦和小麦比例,请你找出用这三种饲料调配 x : y : z 的完美饲料的方法。

例如,给出完美饲料的原料比例 3 : 4 : 5,和三种混合饲料的原料比例为 1 : 2 : 3; 3 : 7 : 1; 2 : 1 : 2。

请你编程找出使这三种混合饲料用量最少的方案,要是不能用这三种混合饲料调配出完美饲料,则输出"NONE"。"用量最少"意味着三种饲料的用量(整数)之和必须最小。

对于上面的例子,你可以用 8 份混合饲料 1,1 份混合饲料 2,和 5 份混合饲料 3,来得到 7 份完美饲料:8 * (1 : 2 : 3) + 1 * (3 : 7 : 1) + 5 * (2 : 1 : 2) = (21 : 28 : 35) = 7 * (3 : 4 : 5)

表示混合饲料、完美饲料比例的整数都为小于 100 的非负整数,一种混合饲料的比例不会由其他两种混合饲料的比例直接相加得到。

【输入格式】

第 1 行,三个用空格分开的整数,表示完美饲料的比例;

第 2~4 行,每行包括三个用空格分开的整数,表示农夫约翰买进的混合饲料的比例。

【输出格式】

输出包括一行,这一行要么有四个整数,要么是"NONE"。前三个整数表示三种混合饲料的份数,第四个整数表示混合三种饲料后得到的完美饲料的份数。

【输入样例】

3 4 5

1 2 3

3 7 1

2 1 2

【输出样例】

8 1 5 7

3. 基因(usaco,gene.cpp/.in/.out,1S,128MB)。

【问题描述】

FJ 有 n 头有斑点的牛和 n 头没有斑点的牛。由于他刚刚学完牛的基因学课程,他想知道牛有没有斑点是否与牛的基因有关。

FJ 花了巨大的代价测出了每头牛的基因,每头牛的基因用一个长度为 M 由字母"A,C,G,T"构成的字符串。FJ 将这些字符串写成一个矩阵,如 n=3,就像图中这样:

位置:　　　1 2 3 4 5 6 7 ... M

斑点牛 1：A A T C C C A ... T

斑点牛 2：G A T T G C A ... A

斑点牛 3：G G T C G C A ... A

普通牛 1：A C T C C C A ... G

普通牛 2：A G T T G C A ... T

普通牛 3：A G T T C C A ... T

FJ 仔细地观察这个表,他发现通过观测 2、4 位置的字符串,可以预测牛是否有斑点。

在这个例子中,假如他看到 24 位置是 GC、AT 或者 AC 就可以断定其有斑点,因为 1 号斑点牛 24 位置基因为 AC,2 号为 AT,3 号为 GC,而且没有任何一头普通牛的 24 位置出现过这三个串。

FJ 认为,1 个或者 2 个位置是不能够区分品种的,必须是刚好 3 个位置。他想知道能用多少组 3 个本质不同的位置判断牛的斑点。注意,$\{1,2,3\}$ 和 $\{1,3,2\}$ 是本质相同的。

【输入格式】

第 1 行包含 2 个整数 $N(1 \leq N \leq 500)$ 和 $M(3 \leq M \leq 50)$;

随后有 N 行,每行一个长度为 M 的字符串,描述 N 头斑点牛的基因;

随后再有 N 行,每行一个长度为 M 的字符串,描述 N 头普通牛的基因。

【输出格式】

一个整数,表示 FJ 能用多少组三个本质不同的位置判断牛的斑点。

【输入样例】

3 8
AATCCCAT
GATTGCAA
GGTCGCAA
ACTCCCAG
ACTCGCAT
ACTTCCAT

【输出样例】

22

4. 锁屏密码(password.cpp/.in/.out,1S,128MB)。

【题目描述】

小凯作为一个与众不同的人,他的锁屏密码当然也和别人不同。

每次小凯想要开启手机时,他需要手机先告诉他一个数 N,并且 N 有这样的特殊含义:

对给定的 $N(4 \leq N \leq 24)$,它表示一个特殊等式即:-1@2@3@4@5…@N-2@N-1=N,其中字符@可能是加号也可能是减号。

如果小凯想要开启手机,他要输入多少个符合条件的这样的等式。

【输入格式】

一行,一个整数 N。

【输出格式】

一个整数,表示满足条件的等式的个数。

【输入样例】

8

【输出样例】

4

【样例说明】

有如下4个符合条件的等式：
-1-2-3-4+5+6+7=8
-1-2+3+4+5+6-7=8
-1+2-3+4+5-6+7=8
-1+2+3-4-5+6+7=8

8.4 穷举法应用举例

【例1】 一元三次方程(NOIP2001提高组,equation.cpp/.in/.out,1S,128MB)。

【问题描述】

有形如：$ax^3+bx^2+cx+d=0$(a 不等于 0)这样的一个关于未知数 x 的式子叫一元三次方程。给出该方程中各项的系数(a、b、c、d 均为实数)，并约定该方程存在三个不同实数根，根的范围在 -100 至 100 之间，且根与根之差的绝对值大于等于 1，请求出这三个实数根，并四舍五入精确到小数点后 2 位。

【输入格式】

一行，四个实数，即该方程的系数 a、b、c、d。

【输出格式】

一行，三个实数，即三个实数根，四舍五入精确到小数点后 2 位，且由小到大依次输出。

【输入样例】

1 -5 -4 20

【输出样例】

-2.00 2.00 5.00

【问题分析】

由于已经确定方程的根在 -100 至 100 之间，所以可以直接穷举这个范围内的每个数 i，然后将 i 带入方程，检验其等式是否成立即可。由于穷举 i 时一般用整型数据，而方程的根为实数且要求保留两位小数，所以在穷举时需要将循环变量扩大 100 倍，最后只要将所求结果再缩小 100 倍即可。

【参考程序】

```
1.  #include<bits/stdc++.h>
2.  using namespace std;
3.  int main(){
4.      freopen("equation.in", "r", stdin);
5.      freopen("equation.out", "w", stdout);
6.      float a, b, c, d;
7.      scanf("%f %f %f %f",&a, &b, &c, &d);
8.      for(int i = -10000; i <= 10000; i++){
```

```
9.          float x = i / 100.00;
10.         float y = a * x * x * x + b * x * x + c * x + d;
11.         int z = y * 100;
12.         if(z == 0)
13.             printf("%.2f ", x);
14.     }
15.     printf("\n");
16.     return 0;
17. }
```

【例2】 火星人(NOIP2004普及组,martians.cpp/.in/.out,1S,128MB)。

【问题描述】

人类终于登上了火星的土地并且见到了神秘的火星人。人类和火星人都无法理解对方的语言,但是我们的科学家发明了一种用数字交流的方法。这种交流方法是这样的,首先,火星人把一个非常大的数字告诉人类科学家,科学家破解这个数字的含义后,再把一个很小的数字加到这个大数上面,把结果告诉火星人,作为人类的回答。

火星人用一种非常简单的方式来表示数字——掰手指。火星人只有一只手,但这只手上有成千上万的手指,这些手指排成一列,分别编号为1、2、3…火星人的任意两根手指都能随意交换位置,他们就是通过这种方法计数的。

一个火星人用一个人类的手演示了如何用手指计数。如果把五根手指——拇指、食指、中指、无名指和小指分别编号为1、2、3、4、5,当它们按正常顺序排列时,形成了5位数12345,当交换无名指和小指的位置时,会形成5位数12354,当把五个手指的顺序完全颠倒时,会形成54321,在所有能够形成的120个5位数中,12345最小,火星人将其表示为1;12354是第二小,火星人将其表示为2;54321最大,火星人则将其表示为120。

下表展示了只有3根手指时能够形成的6个3位数和它们代表的数字:

三进制数 123 132 213 231 312 321

代表的数字 1 2 3 4 5 6

现在你有幸成了第一个和火星人交流的地球人。一个火星人会让你看他的手指,科学家会告诉你要加上去的很小的数。你的任务是,把火星人用手指表示的数与科学家告诉你的数相加,并根据相加的结果改变火星人手指的排列顺序。输入数据保证这个结果不会超出火星人手指能表示的范围。

【输入格式】

共三行:

第一行一个正整数N,表示火星人手指的数目($1 \leq N \leq 10000$);

第二行是一个正整数M,表示要加上去的小整数($1 \leq M \leq 100$);

第三行是1到N这N个整数的一个排列,用空格隔开,表示火星人手指的排列顺序。

【输出格式】

N个整数,表示改变后的火星人手指的排列顺序。每两个相邻的数中间用一个空格分开。

【输入样例】

5

3

1 2 3 4 5

【输出样例】

1 2 4 5 3

【数据规模】

对于30%的数据，N ≤ 15；

对于60%的数据，N ≤ 50；

对于全部的数据，N ≤ 10000。

【问题分析】

方法一：该题本质上是求全排列，所以和上节中例4生成排列类似，区别在于要从当前的排列生成下一个排列，一直生成到后面的第 m 个排列。如果从第一个排列 1、2、……、n 开始生成当前排列的后 m 个排列，由于 n 较大，时间复杂度太高。为了降低时间复杂度，可以在原排列的基础上来生成后面的 m 个排列，具体方法是：

从原排列的第 n 个数开始向前穷举每个位置，在穷举位置 x 上可以填的数时，要注意穷举范围为 a[x] + 1 到 n，只要生成了 m 个排列，就可以结束穷举。当位置 x 穷举完时，和生成排列一样，要把位置 x 上的数清零。

【参考程序】

```
1.  #include<bits/stdc++.h>
2.  #define maxn 10010
3.  using namespace std;
4.  int a[maxn];
5.  bool v[maxn];
6.  int n, m, s = 0;
7.  void f(int x){
8.      if(x > n){
9.          s++; return ;
10.     }
11.     for(int i = a[x] + 1; i <= n; i++)
12.         if(!v[i]){
13.             a[x] = i; v[i] = true;
14.             f(x + 1);
15.             if(s - m == 0) return ;
16.             a[x] = 0; v[i] = false;
17.         }
18. }
19. int main(){
20.     freopen("martians.in", "r", stdin);
```

```
21.     freopen("martians.out", "w", stdout);
22.     cin >> n >> m;
23.     for(int i = 1; i <= n; i++)
24.         cin >> a[i];
25.     memset(v, true, sizeof(v));
26.     for(int i = n; i >= 1; i--){
27.         if(m > s) {
28.             v[a[i]] = false;
29.             f(i);
30.             if(m > s) a[i] = 0;
31.             else break;
32.         }
33.         else break;
34.     }
35.     for(int i = 1; i < n; i++) cout << a[i] << " ";
36.     cout << a[n] << endl;
37.     return 0;
38. }
```

方法二：生成当前排列的下一个排列，可以直接调用 STL 库里的函数 next_permutation，函数 next_permutation( ) 是按照字典序产生排列的，并且是从数组中当前的字典序开始依次增大，直至到最大字典序，其使用方法与 sort 函数类似，格式为：next_permutation（数组头地址，数组尾地址）。

【参考程序】

```
1.  #include<bits/stdc++.h>
2.  #define maxn 10010
3.  using namespace std;
4.  int a[maxn], n, m;
5.  int main(){
6.      freopen("martians.in", "r", stdin);
7.      freopen("martians.out", "w", stdout);
8.      cin >> n >> m;
9.      for(int i = 1; i <= n; i++)
10.         cin >> a[i];
11.     while(m--) next_permutation(a + 1, a + n + 1);
12.     for(int i = 1; i < n; i++)
13.         cout << a[i] << " ";
14.     cout << a[n] << endl;
15.     return 0;
16. }
```

【例3】 文具订购(2020年CCF线上测试,stationery.cpp/.in/.out,1S,128MB)。
【题目描述】
小明的班上共有n元班费,同学们准备使用班费集体购买3种物品:
1. 圆规,每个7元。
2. 笔,每支4元。
3. 笔记本,每本3元。
小明负责订购文具,设圆规、笔、笔记本的订购数量分别为a、b、c,他订购的原则依次如下:
1. n元钱必须正好用光,即 $7a + 4b + 3c = n$。
2. 在满足以上条件情况下,成套的数量尽可能大,即a、b、c中的最小值尽可能大。
3. 在满足以上条件情况下,物品的总数尽可能大,即 $a + b + c$ 尽可能大。
请你帮助小明求出满足条件的最优方案。可以证明若存在方案,则最优方案唯一。
【输入格式】
仅一行一个整数n,表示班费数量。
【输出格式】
若方案不存在则输出-1。否则输出一行,包含三个用空格分隔的非负整数a、b、c,表示答案。
【样例1输入】
1
【样例1输出】
-1
【样例2输入】
14
【样例2输出】
1 1 1
【样例3输入】
33
【样例3输出】
1 2 6
【样例3解释】
$a = 2, b = 4, c = 1$ 也是满足条件1,2的方案,但对于条件3,该方案只买了7个物品,不如 $a = 1, b = 2, c = 6$ 的方案。
【数据范围与提示】
对于测试点1~6: $n \leq 14$;
对于测试点7~12: n 是 14 的倍数;
对于测试点13~18: $n \leq 100$;
对于所有测试点: $0 \leq n \leq 10^5$。
【问题分析】
根据题意,和百鸡百钱问题一样:

方法一:枚举圆规、笔、笔记本的数量,然后根据三个约束条件来更新答案,时间复杂度为 $O(n^3)$。

方法二:根据第一个约束条件"7a+4b+3c=n",同样的可以只枚举圆规数量 a、笔数量 b,然后剩下的能被 3 整除,则计算出笔记本数量 c,根据第二、三两个约束条件来更新答案,时间复杂度为 $O(n^2)$。此外根据第二、三的约束条件,在穷举时还可以改变穷举范围和方向,做一些常数优化,对于 n 是 14 倍数的数据,可以直接除以 14 做特殊处理。

但该题和百鸡百钱不一样的地方是圆规、笔、笔记本的价格,通过分析这三个价格 7、4、3,可以发现 7 = 4 + 3,如果对于圆规数量 a、笔数量 b、笔记本数量 c 的方案记为(a,b,c),那么可以把圆规的数量 a 拆成 a 个笔和 a 个笔记本,即方案变为(0,b + a,c + a)。

设 x = b + a,y = c + a,则 7a + 4b + 3c = n 可以转换为 4x + 3y = n,这样只要穷举一个数 x 或 y 即可,时间复杂度为 O(n)。由于要求 min(a,b,c)要最大,所以最好的情况是 a 和 min(x - a, y - a)尽量接近。即把 min(x, y)均摊给 a。但同时又要满足 a + b + c 最大,所以肯定是 a 越小方案越优,这样就有更多的钱去买别的。所以遇到 min(x, y)为奇数,我们就把它除以 2 向下取整赋给 a,所以最优解就是:(min(x, y) / 2, x - min(x, y) / 2, y - min(x, y) / 2)。

【参考程序】

```
1.  #include<bits/stdc++.h>
2.  using namespace std;
3.  int main(){
4.      freopen("stationery.in", "r", stdin);
5.      freopen("stationery.out", "w", stdout);
6.      int n, ansa = 0, ansb = 0, ansc = 0;
7.      int flag = 0;
8.      cin >> n;
9.      for(int x = 0; 4 * x <= n; ++x)
10.         if((n - 4 * x) % 3 == 0){
11.             int a = min(x, (n - 4 * x) / 3) / 2;
12.             int b = x - min(x, (n - 4 * x) / 3) / 2;
13.             int c = (n - 4 * x) / 3 - min(x, (n - 4 * x) / 3) / 2;
14.             int minabc = min(min(a, b), c);
15.             int minans = min(min(ansa, ansb), ansc);
16.             if((minabc>minans) || (minab ==minans) && a+b+c > ansa+ansb+ansc){
17.                 ansa = a;
18.                 ansb = b;
19.                 ansc = c;
20.             }
21.             flag=1;
22.         }
```

```
23.     if(!flag)
24.         cout << "-1" << endl;
25.     else
26.         cout << ansa << " " << ansb << " " << ansc << endl;
27.     return 0;
28. }
```

【例4】 熄灯问题(openjudge,lights.cpp/.in/.out,1S,128MB)。
【问题描述】
有一个由按钮组成的矩阵,其中每行有6个按钮,共5行。每个按钮的位置上有一盏灯。当按下一个按钮后,该按钮以及周围位置(上边、下边、左边、右边)的灯都会改变一次。即,如果灯原来是点亮的,就会被熄灭;如果灯原来是熄灭的,则会被点亮。在矩阵角上的按钮改变3盏灯的状态;在矩阵边上的按钮改变4盏灯的状态;其他的按钮改变5盏灯的状态。

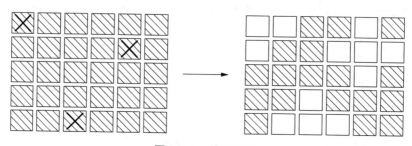

图8.4-1 熄灯实例

在图8.4-1中,左边矩阵中用X标记的按钮表示被按下,右边的矩阵表示灯状态的改变。对矩阵中的每盏灯设置一个初始状态。请你按按钮,直至每一盏灯都熄灭。与一盏灯毗邻的多个按钮被按下时,一个操作会抵消另一次操作的结果。在图8.4-2中,第2行第3、5列的按钮都被按下,因此第2行第4列的灯的状态就不改变。

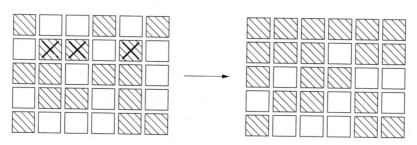

图8.4-2 熄灯实例

请你写一个程序,确定需要按下哪些按钮,恰好使得所有的灯都熄灭。
根据上面的规则,我们知道:
(1)第2次按下同一个按钮时,将抵消第1次按下时所产生的结果。因此,每个按钮最多只需要按下一次;

（2）各个按钮被按下的顺序对最终的结果没有影响；

（3）对第 1 行中每盏点亮的灯,按下第 2 行对应的按钮,就可以熄灭第 1 行的全部灯。如此重复下去,可以熄灭第 1、2、3、4 行的全部灯。同样,按下第 1、2、3、4、5 列的按钮,可以熄灭前 5 列的灯。

【输入格式】

5 行组成,每一行包括 6 个数字（0 或 1）。相邻两个数字之间用单个空格隔开。0 表示灯的初始状态是熄灭的,1 表示灯的初始状态是点亮的。

【输出格式】

5 行组成,每一行包括 6 个数字（0 或 1）。相邻两个数字之间用单个空格隔开。其中的 1 表示需要把对应的按钮按下,0 则表示不需要按对应的按钮。

【输入样例】

0 1 1 0 1 0
1 0 0 1 1 1
0 0 1 0 0 1
1 0 0 1 0 1
0 1 1 1 0 0

【输出样例】

1 0 1 0 0 1
1 1 0 1 0 1
0 0 1 0 1 1
1 0 0 1 0 0
0 1 0 0 0 0

【问题分析】

由于每个按钮最多只需要按下一次,所以每个按钮只有两种状态:按和不按,按下用 1 表示,不按用 0 表示。对于 5×6 = 30 的矩阵来说,同二进制数一样,依次穷举 30 位的二进制数,然后判定在该二进制数状态下所有灯是否都熄灭,时间复杂度为 $O(30*2^{30})$。

进一步分析可以发现,每一行灯的状态主要由当前行按钮和下一行按钮的状态来控制,和其他行没有关系,比如第 1 行灯的状态:0 1 1 0 1 0,如果穷举第 1 行按钮的状态为 1 0 0 1 0 1,那么第 1 行灯的状态就变为:1 0 0 1 1 1,第 2 行按钮的状态就必须为 1 0 0 1 1 1,这样才能确保第 1 行灯的状态全部熄灭。同样的,此时根据第 2 行灯的状态,又可确定第 3 行按钮的状态,根据第 3 行灯的状态,又可以确定第 4 行按钮的状态,第 4 行灯的状态可以确定第 5 行按钮的状态。这样确定所有按钮状态后,此时如果第 5 行灯全部熄灭,那么就得到让所有灯熄灭的按钮方案;否则,就需要穷举第 1 行按钮的其他状态。所以只要穷举第 1 行按钮的状态,然后依次根据当前行灯的状态推导出下一行按钮状态,最后确定第 5 行灯是否全部熄灭即可。时间复杂度为 $O(30*2^6)$。

【参考程序】

```
1.  #include<bits/stdc++.h>
2.  using namespace std;
3.  bool a[7][8], b[7][8];
4.  bool c[7][8], b1[8];
5.  void print(){
6.      for(int i = 1; i <= 5; i++){
7.          for(int j = 1; j <= 5; j++)
8.              cout << b[i][j] << " ";
9.          cout << b[i][6] << endl;
10.     }
11. }
12. void change(int x, int y){
13.     b[x][y] = 1;
14.     a[x][y] = !a[x][y];
15.     a[x - 1][y] = !a[x - 1][y];
16.     a[x + 1][y] = !a[x + 1][y];
17.     a[x][y - 1] = !a[x][y - 1];
18.     a[x][y + 1] = !a[x][y + 1];
19. }
20. void f(){
21.     for(int i = 1; i <= 6; i++)
22.         if(b1[i]) change(1, i);
23.     for(int i = 2; i <= 5; i++)
24.         for(int j = 1; j <= 6; j++)
25.             if(a[i - 1][j]) change(i, j);
26.     for(int i = 1; i <= 6; i++)
27.         if(a[5][i]) return;
28.     print();
29.     return ;
30. }
31. int main(){
32.     freopen("lights.in", "r", stdin);
33.     freopen("lights.out", "w", stdout);
34.     for(int i = 1; i <= 5; i++)
35.         for(int j = 1; j <= 6; j++)
36.             cin >> c[i][j];
37.     for(int i = 0; i < 64; i++){
38.         memset(b, 0, sizeof(b));
39.         memcpy(a, c, sizeof(a));
40.         int x = i;
```

```
41.        for(int j = 1; j <= 6; j++){
42.            b1[j] = x % 2;
43.            x = x / 2;
44.        }
45.        f();
46.    }
47.    return 0;
48. }
```

小节练习

1. 孪生素数(twin.cpp/.in/.out,1S,128MB)。

【问题描述】

在质数的大家庭中,大小之差不超过2的两个质数称它俩为一对孪生素数,如2和3、3和5、17和19等。请你统计一下,在不大于自然数N的质数中,最大的孪生素数。

【输入格式】

一行,一个整数$n(n \leq 10^6)$。

【输出格式】

一行,两个整数x和y(x<y),即不大于N的最大一对孪生素数。

【输入样例】

20

【输出样例】

17 19

2. 等式(equation.cpp/.in/.out,1S,128MB)。

【问题描述】

有一个未完成的等式:1 2 3 4 5 6 7 8 9=N

当给出整数N的具体值后,请你在2、3、4、5、6、7、8、9这8个数字的每一个前面,或插入一个运算符号"+",或插入一个运算符号"-",或不插入任何运算符号,使等式成立,并统计出能使等式成立的算式总数,若无解,则输出0。

例如:取N为108时,共能写出15个不同的等式,以下就是其中的两个算式:

    1+23+4+56+7+8+9=108 123-45+6+7+8+9=108

【输入格式】

输入只有1个数,即整数N的值,N在int范围内。

【输出格式】

输出只有一行,该行只有1个数,表示使等式成立的算式总数。

【输入样例】

108

【输出样例】

15

3. 除法（division.cpp/.in/.out，1S，128MB）。

【问题描述】

给你一个数 n（2 ≤ n ≤ 79），将 0~9 这十个数字分成两组，组成两个 5 位数 a、b（可以包含前导 0，如 02345 也算），使得 a／b = n。列出所有的可能答案。

【输入格式】

一行，一个整数 n（2 ≤ n ≤ 79）。

【输出格式】

若干行，每行两个整数 a、b（可以包含前导 0），即满足 a／b = n，并且按照 a 从小到大的顺序输出。

【输入样例】

2

【输出样例】

13458 06729

4. 画家问题（openjudge1 815，painter.cpp/.in/.out，1S，128MB）。

【问题描述】

有一个正方形的墙，由 N * N 个正方形的砖组成，其中一些砖是白色的，另外一些砖是黄色的。Bob 是个画家，想把全部的砖都涂成黄色。但他的画笔不好使。当他用画笔涂画第(i, j)个位置的砖时，位置(i - 1, j)、(i + 1, j)、(i, j-1)、(i, j + 1)上的砖都会改变颜色。请你帮助 Bob 计算出最少需要涂画多少块砖，才能使所有砖的颜色都变成黄色。

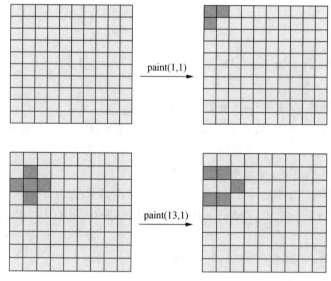

图 8.4-3 颜色改变实例

【输入格式】

第一行是一个整数 n（1 ≤ n ≤ 15），表示墙的大小。

接下来的 n 行表示墙的初始状态。每一行包含 n 个字符。第 i 行的第 j 个字符表示位于位置(i,j)上的砖的颜色。w 表示白砖,y 表示黄砖。

【输出格式】

一行,如果 Bob 能够将所有的砖都涂成黄色,则输出最少需要涂画的砖数,否则输出"inf"。

【输入样例】

5
wwwww
wwwww
wwwww
wwwww
wwwww

【输出样例】

15

5. 十字架(cross.cpp/.in/.out,1S,128MB)。

【问题描述】

小月有一个 n 行 n 列的电路板,即电路板有 n×n 个格子。每个单元格都包含符号"."或"#"。

小月想在电路板上画几个如下图所示的十字(可能是零个)。

每个十字必须正好覆盖五个带有符号"#"的单元格,并且任何带有符号"#"的单元格都必须属于某个十字。没有两个十字架可以共用一个单元格。

请你告诉小月,她是否能按上述方法画出十字架。

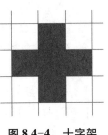

图 8.4-4　十字架

【输入格式】

第一行,包含一个整数 n(3≤n≤100),表示电路板的大小;

随后 n 行,每行 n 个字符"."或"#",描述电路板的组成。

【输出格式】

一行,"YES"或"NO",表示是否可以画出要求的十字架。

【输入样例 1】

5
.#...
####.
.####
...#.
.....

【输出样例 1】

YES

【输入样例 2】

4

```
####
####
####
####
```
【输出样例2】
NO
【样例说明】
样例1可以画出如下2个十字架,样例2画不出符合要求的十字架。

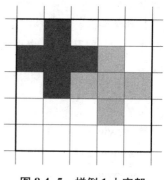

图8.4-5 样例1十字架

6. 模板集(template.cpp/.in/.out,1S,128MB)。

【问题描述】

小凯马上要准备参加大学生的ACM,因为ACM比赛是可以把程序带到现场的。现在小凯有n个程序,并且他已经把第i个程序的难度估计为整数c_i。他想从这些程序中选出一些做一个模板集,为比赛做准备。

程序的模板集必须至少包含两个程序。模板集有一个总难度,其定义为模板集中所有程序的难度之和。小凯计划模板集的总难度必须至少为L,最多为R。而且,模板集中所选的程序,最容易的和最难的程序难度之间的差别必须至少为x。

现在,请你帮小凯统计他一共可以做多少种程序模板集。

【输入格式】

第1行,包含4个整数n、L、R、x($1 \leq n \leq 15$, $1 \leq L \leq R \leq 10^9$, $1 \leq x \leq 10^6$),其含义如题目描述;
第2行n个整数c_1、c_2、...、c_n($1 \leq ci \leq 10^6$),依次表示每个程序的难度值。

【输出格式】

1行一个整数,表示模板集方案数。

【输入样例1】

3 5 6 1
1 2 3

【输出样例1】

2

【输入样例2】

4 40 50 10
10 20 30 25

【输出样例2】

2

【样例说明】

样例1中,模板集总难度在5~6,其模板集中最简单程序和最难的程序难度值相差至少为1,所以可选的模板集为{2,3}或{1,2,3}两种。

样例2中,模板集总难度在40~50,其模板集中最简单程序和最难的程序难度值相差至少为10,所以可选的模板集为{10,30}或{20,30}两种。

第 9 章　搜索算法及其应用

客观世界中问题的演变是根据一定的规则进行的,计算机求解问题时经常需要从初始状态向目标状态转换,这种转换同样是基于一定的规则。因此,用计算机进行问题求解的本质就是找到从问题初始状态(问题本身)到目标状态(问题的解)的过程,这种过程就是"搜索",而深度优先搜索和宽度优先搜索是最常用的两种搜索思想,本章我们做一些探究。

9.1　栈结构

线性表是一种数据结构类型,反映了数据元素之间一对一的线性逻辑关系。除了第一个元素之外,所有元素都有"前一个元素";除了最后一个元素外,所有元素都有"后一个元素"。数组是最常见的表示线性表存储的方式,数组的元素(element)或项(item)的类型是相同的,它的大小是固定的、静态的、连续的,它对某元素的存取是 $O(1)$ 时间,插入、删除操作是 $O(n)$ 时间。由于数组通常的插入、删除操作是 $O(n)$ 时间的,在某些特定的条件下就显得低效了。因此我们通过对数组元素操作的限制,来达到操作的高效或者特殊应用。常见的"订制"数组有:栈、队列、堆等,它们操作的时间效率都较高,并且可以用数组来实现。本节我们介绍栈。

1. 栈的定义

栈(stack)又叫堆栈,是一种运算受限的线性表,即只允许在表的一端进行插入和删除运算。一端称为栈顶,相对地,另一端称为栈底。向一个栈中插入新元素又称为进栈、入栈或压栈,即把新元素放到栈顶元素的上面,使之成为新的栈顶元素。从一个栈中删除元素又称为出栈或退栈、弹栈,即把栈顶元素删除掉,使其相邻元素成为新的栈顶元素。

由于栈的插入和删除运算仅在栈顶一端进行,后进栈的元素必定先被删除,因而又把栈称为后进先出表(Last In First Out,缩写为 LIFO)。

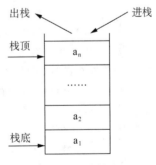

图 9.1-1　栈的图示

2. 栈的基本操作

栈的一种最简单的存储结构是顺序存储,一般使用一个数组来处理。mystack 数组用来顺序存储栈的所有元素,top 用来存储栈顶元素所在单元的编号(即下标),所以又把 top 称为栈顶指针，maxn 表示栈能够达到的最大深度（即长度）。此时注意，存储起始序号是否包括 0 号位置，一般地在一个栈中，若 top 已经指向了 maxn 单元，则表示栈已满了；若 top = 0，则表示栈是空的。向一个满栈中插入元素和从一个空栈中删除元素，都属于错误操作，应当避免。

栈有三个基本操作压入（push）、弹出（pop）、取数（getTop），操作都为 O(1) 时间，栈顶指针 top 同时代表栈中元素计数器。x 为具有相符类型的一个数据元素，则栈的各种操作所对应的算法如下：

```
1.  const int maxn = 1000;
2.  int mystack[maxn],
3.      top = 0;
4.  void push(int x) {        //入栈
5.      mystack[++ top] = x;
6.  }
7.  int pop() {               //出栈
8.      return mystack[top --];
9.  }
```

【例1】 进制转换（ch9.1_1.cpp）。

想要用程序完成进制转换，首先我们要知道如何实现进制之间的转换，例如 10 进制想要转成 8 进制可按照如图方法。

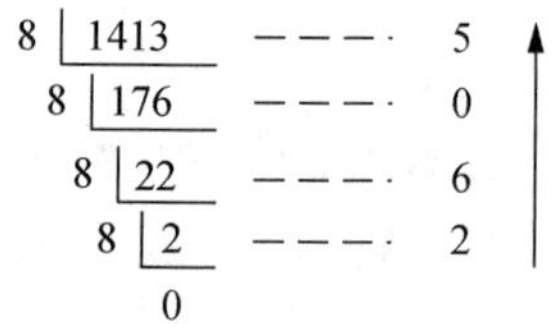

可以看出，余数 5 是最初产生的，但是在构成的新 8 进制数中，它是最后一位，而数字 2 相反。这表示进制转换符合先进后出的情况，先进后出、后进先出正是栈的重要特性，我们看看用栈如何实现进制转换。

图 9.1-2 进制转换

```
1.  #include<bits/stdc++.h>
2.  using namespace std;
3.  const int maxn = 1000;
4.  int mystack[maxn],
5.      top = 0;
6.  void push( int x ) {         //入栈
7.      mystack[++top] = x;
8.  }
9.  int pop() {                  //出栈
10.     return mystack[top--];
11. }
12. int main() {
13.     int number, n;
14.     cin >> number >> n;
15.     while( number ) {
```

```
16.          push( number % n );
17.          number = number / n;
18.      }
19.      while( top != 0 ) { //非空栈
20.          cout << pop();
21.      }
22.      cout << endl;
23.      return 0;
24. }
```

大家可能会想,递归更简单!看以下代码:

```
1.  #include<bits/stdc++.h>
2.  using namespace std;
3.  const int maxn = 1000;
4.  int mystack[maxn],
5.      top = 0;
6.  void trans( int m, int n ) {
7.      if( m > 0 ) {
8.          trans( m / n, n );
9.      }
10.     if( m != 0 ) cout << m % n;
11.     return;
12. }
13. int main() {
14.     int number, n;
15.     cin >> number >> n; //n 小于 10
16.     trans( number, n );
17.     cout << endl;
18.     return 0;
19. }
```

由此可以看出,递归程序使用了系统栈,跟手工栈得到结果是一样的,但是手工栈没有递归程序看起来简洁和容易理解。

另外,鉴于栈在程序设计中的重要性,C++ STL 中的容器特别地加入 stack 栈。要使用 stack,必须声明头文件包含语句"#include <stack>"。同样 STL 栈提供入栈、出栈、栈顶元素访问和判断是否为空等几种方法。比如采用 push( ) 方法将元素入栈;采用 pop( ) 方法出栈;采用 top( ) 方法访问栈顶元素;采用 empty( ) 方法判断栈是否为空,如果为空,则返回逻辑真,否则返回逻辑假。当然,还可以采用 size( ) 方法返回当前栈中有几个元素。

下面的程序是对 STL 栈各种方法的示例:

```cpp
1.  #include <iostream>
2.  #include <stack>
3.  using namespace std;
4.
5.  int main() {
6.      //定义栈 s，其元素类型是整型
7.      stack<int> s;
8.      //元素入栈，即插入元素
9.      s.push( 1 );
10.     s.push( 2 );
11.     s.push( 3 );
12.     s.push( 8 );
13.     s.push( 9 );
14.     //读取栈顶元素
15.     cout << s.top() << endl;
16.     //返回栈元素数量
17.     cout << s.size() << endl;
18.     //判断栈是否为空
19.     cout << s.empty() << endl;
20.     //所有元素出栈（删除所有元素）
21.     while( s.empty() != true ) { //栈非空
22.         cout << s.top() << " "; //读取栈顶元素
23.         s.pop();                //出栈（即删除栈顶元素）
24.     }
25.     //回车换行
26.     cout << endl;
27.     return 0;
28. }
```

运行结果：
9
5
0
9 8 3 2 1

【例2】 汉诺塔（栈解决方案，ch9.1_2.cpp）。

相传在古代印度的 Brahma 神庙中，有位僧人整天把三根柱子上的金盘倒来倒去，原来他是想把 64 个一个比一个小的金盘从一根柱子上移到另一根柱子上去。移动过程中恪守下述规则：每次只允许移动一只盘，且大盘不得落在小盘上面。这个传说叫做梵天寺之塔问题(Tower of Brahma puzzle)通常称为汉诺塔问题，据说当这些盘子移动完毕，世界就会灭亡。有人会觉得这很简单，真的动手移盘就会发现，如以每秒移动一只盘子的话，按照上述

规则将 64 只盘子从一个柱子移至另一个柱子上,所需时间约为 5 849 亿年,而整个宇宙现在也不过 137 亿年(按照宇宙大爆炸理论的推测)!

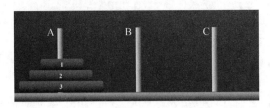

图 9.1-3　三个盘子汉诺塔

我们尝试用栈解决汉诺塔问题,先看递归求解汉诺塔问题的原理,设 hanoi(n,x,y,z)表示将 n 个圆盘从 x 通过 y 移动到 z 上,则其递归模型如下:

hanoi(n,x,y,z):输出移盘信息　当 n=1 时　　　　　(1)式

$$\text{hanoi}(n,x,y,z):-\begin{bmatrix} \text{hanoi}(n-1,x,z,y); \\ \text{输出移盘信息}; \\ \text{hanoi}(n-1,y,x,z) \end{bmatrix} \quad \text{其他情况}\quad (2)式$$

对应的递归算法如下:

```
1.  void hnoi( int n, char x, char y, char z ) {
2.      if ( n ==1 ) {  // 简单问题,输出移盘信息
3.          cout << "[" << step << "] move 1# from " << x << " to " << z <<endl;
4.      } else {
5.
6.          hnoi( n - 1,x,z,y );     // 递归调用 hnoi( n - 1,... )
7.
8.          // 简单问题,输出移盘信息
9.          cout << "[" << step << "] move " << m
10.              << "# from " << x << " to " << z << endl;
11.
12.         hnoi( n - 1,y,x,z );
13.     }
14. }
```

将其转换为非递归算法时,用栈模拟递归算法的执行过程,由于(2)式是有序的,在分解 hanoi(n,x,y,z)时,进栈的顺序与(2)右边部分相反,即先处理 hanoi(n-1,y,x,z),再处理移盘信息,最后处理 hanoi(n-1,x,z,y)。

```
1.#include<bits/stdc++.h>
2.using namespace std;
3.const int MaxSize = 1000;
4.int step = 1;                    // 预置 1,便于输出,总步数为 step - 1
```

```
5. struct st {
6.     int n;          //保存 n 值
7.     char x, y, z;   //保存 3 个柱子
8.     int tag;        //标识是否可直接移动一个盘片，1:不可，0:能移
9. } mystack[MaxSize];
10. int top = -1;  //栈顶
11.
12. void hanoi2( int n, char x, char y, char z ) {
13.     int top = -1, num;
14.     char a, b, c;
15.     top++;
16.     mystack[top].n = n;  //初值进栈
17.     mystack[top].x = x;
18.     mystack[top].y = y;
19.     mystack[top].z = z;
20.     mystack[top].tag = 1;
21.     while ( top > -1 ) {  //栈不空时循环
22.         if ( mystack[top].tag == 1 ) {
23.             if ( mystack[top].n == 1 )   //(1)式
24.                 mystack[top].tag = 0;
25.             else {  //(2)式
26.                 a = mystack[top].x;
27.                 b = mystack[top].y;
28.                 c = mystack[top].z;
29.                 num = mystack[top].n;
30.                 top--;    //退栈 hanoi2 (n, x, y, z)
31.                 top++;    //将 hanoi2 (n-1, y, x, z)进栈
32.                 mystack[top].n = num - 1;
33.                 mystack[top].x = b;
34.                 mystack[top].y = a;
35.                 mystack[top].z = c;
36.                 mystack[top].tag = 1;
37.                 top++;    //将移盘信息进栈
38.                 mystack[top].n = num;
39.                 mystack[top].x = a;
40.                 mystack[top].z = c;
41.                 mystack[top].tag = 0;
42.                 top++;    //将 hanoi2 (n-1, x, z, y)进栈
43.                 mystack[top].n = num - 1;
44.                 mystack[top].x = a;
45.                 mystack[top].y = c;
46.                 mystack[top].z = b;
```

```
47.                    mystack[top].tag = 1;
48.                }
49.            } else if ( top > -1 && mystack[top].tag == 0 ) {
50.                cout << "[" << step << "] move " << mystack[top].n
51.                     << "# from " << mystack[top].x << " to " << mystack[top].z << endl;
52.                step++;
53.                top--;
54.            }
55.        }
56. }
57. int main() {
58.     int n;
59.     cin >> n;
60.     cout << "在 3 根柱子上移"
61.          << n << "只盘的步骤为:\n" << endl;
62.     cout << "以下为栈实现结果" << endl;
63.     step = 1;
64.     hanoi2( n, 'A', 'B', 'C' );
65.     cout << "共" << step - 1 << "步！" << endl;
66.     return 0;
67. }
```

【例3】 迷宫问题(用栈实现, ch9.1_3.cpp)。

求迷宫问题就是求出从入口到出口的路径，如图9.1-4。

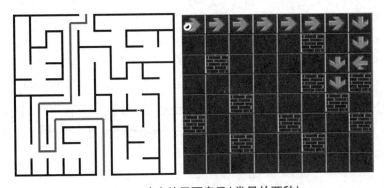

图 9.1-4 迷宫的平面表示(常见的两种)

在求解时，通常用的是"穷举回溯"的方法，即从入口出发，顺某一方向向前试探，若能走通，则继续往前走；否则从最后到达的位置沿原路退回一步，换一个方向再继续试探，直至所有可能的通路都试探完为止。为了保证在任何位置上都能沿原路退回(称为回溯)，需要用一个"后进先出"的栈来保存从入口到当前位置的路径。

首先用如图9.1-5所示的方块图表示一个8*8的迷宫，为了算法方便，在四周加了一个外墙。对于图中的每个方块,用空白表示通道,用阴影表示墙。所求路径必须是简单路径,即在求得的路径上不能重复出现同一通道块。

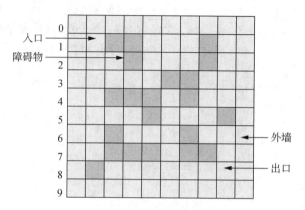

图 9.1-5 方块图迷宫

为了表示迷宫,设置一个数组 mg,其中每个元素表示一个方块的状态,为 0 时表示对应方块是通道,为 1 时表示对应方块为墙,如图 9.1-5 所示的迷宫,对应的迷宫数组 mg 如下:

```
1.   int mg[M + 2] [N + 2] = {//为判断方便地图增加 2 行 2 列作外墙
2.     {1,1,1,1,1,1,1,1,1,1},
3.     {1,0,1,1,0,0,0,1,0,1},
4.     {1,0,0,1,0,0,0,1,0,1},
5.     {1,0,0,0,0,1,1,0,0,1},
6.     {1,0,1,1,1,0,1,0,0,1},
7.     {1,0,0,0,1,0,0,0,1,1},
8.     {1,0,1,0,0,0,1,0,0,1},
9.     {1,0,1,1,1,0,1,1,0,1},
10.    {1,1,0,0,0,0,0,0,0,1},
11.    {1,1,1,1,1,1,1,1,1,1}
12.  };
```

对于迷宫中的每个方块,有上下左右 4 个方块相邻,如下图所示,第 i 行第 j 列的当前方块的位置为(i, j),规定上方方块为方位 0,顺时针方向递增编号。在试探过程中,假设从方位 0 到方位 3 的方向查找下一个可走的方块。

	(i−1, j)	
(i, j−1)	(i, j)	(i, j+1)
	(i+1, j)	

图 9.1-6 方位图

(i−1,j)方位 0,(i,j+1)方位 1,(i+1,j)方位 2,(i,j−1)方位 3 如图 9.1-6 所示。

为了便于回溯,对于可走的方块都要进栈,并试探它的下一个可走的方位,将这个可走

的方位保存到栈中,为此,将栈定义为:

```
1. struct Node {
2.     int i;    //当前位置的行号
3.     int j;    //当前位置的列号
4.     int di;   //di 是下一个可走方位的方位号
5. } St[MaxSize];  //定义栈
6. int top = -1;  //初始化栈顶指针
```

求解迷宫(1,1)到(M,N)路径的过程是:先将入口进栈(初始方位设置为-1),在栈不空时循环:取栈顶方块(不退栈),若该方块是出口,则输出栈中方块即为路径。否则,找下一个可走的相邻方块,若不存在这样的方块,则退栈。若存在这样的方块,则将其方位保存到栈顶元素中,并将这个可走的相邻方块进栈(初始方位设置为-1)。

为了保证试探的可走相邻方块不是已走路径上的方块,如(i,j)已进栈,在试探(i+1,j)的下一个可走方块时,又试探到(i,j),这样可能会引起死循环,为此,在一个方块进栈后,将对应的 mg 数组元素值改为-1(变为不可走的相邻方块),当退栈时(表示没有可走相邻方块),将其恢复为0。

当找到出口时,栈中恰好保存从入口到出口的路径上所经过的全部方块。

对应的算法如下:

```
1. #include<bits/stdc++.h>
2. using namespace std;
3. const int M = 8, N = 8;
4. const int MaxSize = 1000;
5. int mg[M + 2] [N + 2] = {  //为判断方便地图增加 2 行 2 列作外墙
6.     {1, 1, 1, 1, 1, 1, 1, 1, 1, 1},
7.     {1, 0, 1, 1, 0, 0, 0, 1, 0, 1},
8.     {1, 0, 0, 1, 0, 0, 0, 1, 0, 1},
9.     {1, 0, 0, 0, 0, 1, 1, 0, 0, 1},
10.    {1, 0, 1, 1, 1, 0, 1, 0, 0, 1},
11.    {1, 0, 0, 0, 1, 0, 0, 0, 1, 1},
12.    {1, 0, 1, 0, 0, 1, 0, 0, 0, 1},
13.    {1, 0, 1, 1, 1, 0, 1, 1, 0, 1},
14.    {1, 1, 0, 0, 0, 0, 0, 0, 0, 1},
15.    {1, 1, 1, 1, 1, 1, 1, 1, 1, 1}
16. };
17. struct Node {
18.     int i;    //当前位置的行号
19.     int j;    //当前位置的列号
20.     int di;   //di 是下一个可走方位的方位号
21. } St[MaxSize];  //定义栈
22. int top = -1;  //初始化栈顶指针
```

```cpp
23. void maze( int x1, int y1, int x2, int y2 ) {
24.     cout << "       从       " << x1 << "," << y1 << "       到       " << x2 << "," << y2 << endl;
25.     int i, j, di, found, k;
26.     top++;//初始方块进栈
27.     St[top].i = x1;
28.     St[top].j = y1;
29.     St[top].di = -1;
30.     mg[x1][y1] = -1;
31.     while ( top > -1 ) { //栈不空时循环
32.         i = St[top].i;
33.         j = St[top].j;
34.         di = St[top].di;
35.         if ( i == x2 && j == y2 ) { //找到了出口,输出路径
36.             cout << "迷宫路径如下: " << endl;
37.             for ( k = 0; k < top; k++ ) {
38.                 cout << St[k].i << "," << St[k].j << "->";
39.                 if ( ( k + 1 ) % 5 == 0 ) cout << endl;
40.             }
41.             cout << St[top].i << "," << St[top].j << endl;
42.             return; //找到一条路径后结束,可以取消后查看程序功能
43.         }
44.         found = 0;
45.         while ( di < 4 && found == 0 ) { //找下一个可走方块
46.             di++;
47.             switch( di ) {
48.                 case 0:
49.                     i = St[top].i - 1;
50.                     j = St[top].j;
51.                     break;
52.                 case 1:
53.                     i = St[top].i;
54.                     j = St[top].j + 1;
55.                     break;
56.                 case 2:
57.                     i = St[top].i + 1;
58.                     j = St[top].j;
59.                     break;
60.                 case 3:
61.                     i = St[top].i;
62.                     j = St[top].j - 1;
63.                     break;
```

```
64.             }
65.             if ( mg[i][j] == 0 ) found = 1;
66.         }
67.         if ( found == 1 ) {        //找到了下一个可走方块
68.             St[top].di = di;       //修改原栈顶元素的 di 值
69.             top++;    //下一个可走方块进栈
70.             St[top].i = i;
71.             St[top].j = j;
72.             St[top].di = -1;
73.             mg[i][j] = -1;
74.             //避免重复走到该方块
75.         } else {
76.             mg[St[top].i][St[top].j] = 0;
77.             top--;
78.         }
79.     }
80.     cout << "没有可走路径！" << endl;
81. }
82. int  main() {
83.     maze( 1, 1, 8, 8 );
84.     return 0;
85. }
```

对于图 9.1-5 的迷宫，用栈求出的一条迷宫路径结果如下：

从 1,1 到 8,8

迷宫路径如下：

1,1→2,1→2,2→3,2→3,1→4,1→5,1→5,2→5,3→6,3→6,4→6,5→5,5→5,6→5,7→6,7→6,8→7,8→8,8

小节练习

1. 洗盘子（dishes.cpp/.in/out）。

【问题描述】

金明和小凯联手洗 N 个脏盘子，盘子从 1 到 N 编号。金明负责洗，小凯负责擦。开始时，所有盘子按顺序排列在栈中，1 号盘子在顶端，N 号盘子在底端。金明会先洗一些盘子，然后放在洗过的盘子栈里。然后小凯擦干洗过的盘子，放在擦干的盘子栈中，直到所有盘子洗完擦干，问最终盘子放置的顺序是什么？

比如，有 1、2、3、4、5 号盘子，先洗 3 个，然后擦 2 个，再洗 2 个，再擦 3 个，最后盘子的序列是 1、4、5、2、3。

1←top				1
2				4
3	3		5	5
4	4　2	4　2	4　2	2
5←bottom	5　1	5　1　3	1　3	3
全部未洗	洗3个	擦2个	洗2个	擦3个

【输入格式】

第一行,一个整数 N,表示盘子的数量 ($1 \leq N \leq 10,000$);

以下若干行,每一行两个整数,第一整数为 1 表示洗盘子,为 2 表示擦盘子,第二个整数表示数量。

【输出格式】

共 N 行,擦干后盘子从顶端到底端的顺序。

【输入样例】

5
1 3
2 2
1 2
2 3

【输出样例】1

4
5
2
3

2. 堆箱子(boxes.cpp/.in/.out)。

【问题描述】

小明和小凯正在堆叠和移走箱子。n 个箱子的编号为从 1 到 n。初始时堆栈中没有箱子。

小明是一个控制狂,他给小凯下达了 2n 条命令:n 条命令是在堆顶添加一个箱子,n 条命令是从堆顶移走一个箱子。小明希望小凯按照从 1 到 n 的顺序移走箱子。

当然,小凯可能无法执行小明的某些移除命令,因为所需箱子此时并不在堆顶。因此小凯需等到小明移开视线,然后以他想要的任何方式重新排列堆栈中的箱子。

问:小凯最少需要进行多少次重排操作,就可以成功完成小明的所有命令。

数据确保每个箱子在被移走前先添加它们。

【输入样例】

3
add 1
remove
add 2

add 3
remove
remove

【输出样例】
1

【数据规模】
1≤n≤300000。

3. Bus of Characters（Codeforces 982 B，bus.cpp/.in/.out）。

【问题描述】

在一辆公交车中有 n 排座位,每一排有两个座位。第 i 排的两个座位的宽度均为 wi。所有的 wi 互不相同。

初始时,公交车是空的。接下来会依次停靠 2n 个站,每一站将上来一名乘客。

乘客分为两类:

内向者:此类乘客总是会选择两个座位都是空的那一排就坐,如果有多排都是空的,他将会选择 wi 最小的那一排中任意一个空座坐下。

外向者:此类乘客总是会选择已有一人就坐(当然是内向者)的那一排,如果有多排都满足条件,他会选择 wi 最大的那一排的空座坐下。

现在给定每一排的宽度 wi 以及乘客上车的顺序。请确定每一个乘客将会选择哪一排坐下。

【输入格式】

第一行包括一个整数 n（1≤n≤200000）表示公交车中座位的排数;

第二行为一个序列 w1,w2,…,wn（1≤wi≤10^9）,其中 wi 为第 i 排的座位的宽度。保证所有的 wi 互不相同;

第三行是一个长度为 2n 的 01 字符串,表示乘客上车的顺序。如果第 j 个字符为'0',表示第 j 名乘客是内向者,如果第 j 个字符为'1',表示第 j 名乘客是外向者。数据保证内向者和外向者人数相同(即均为 n),对每一名上车的外向者,保证有空座位可以坐。

【输出格式】

输出 2n 个整数,空格分开,表示每名乘客会选哪一排就座。

【输入样例】
2
3 1
0011

【输出样例】
2 1 1 2

【样例解释】

第 1 名乘客(内向者)选择了第 2 排(由于它的宽度最小)。

第 2 名乘客(内向者)选择了第 1 排(由于它是唯一的没有人坐的那排)。

第 3 名乘客(外向者)选择了第 1 排(由于它正好是有一个人落座,并且宽度最大)。

第4名乘客(外向者)选择了第2排(由于它是唯一的有空座的那排)。

4. 表达式求值(Noip 2013 expr.cpp/.in/.out)。

【问题描述】

给定一个只包含加法和乘法的算术表达式,请编程计算表达式的值。

【输入格式】

一行,为需要计算的表达式,表达式中只包含数字、加法运算符"+"和乘法运算符"*",且没有括号,参与运算的数字均为 0 到 $2^{31}-1$ 之间的整数。

输入数据保证这一行只有 0~9、+、* 这 12 种字符。

【输出格式】

一个整数,表示这个表达式的值。

注意:当答案长度多于 4 位时,请只输出最后 4 位,前导 0 不输出。

【输入样例1】

1+1*3+4

【输出样例1】

8

【输入样例2】

1+1234567890*1

【输出样例2】

7891

【数据规模】

对于 30% 的数据,0≤表达式中加法运算符和乘法运算符的总数≤100;

对于 80% 的数据,0≤表达式中加法运算符和乘法运算符的总数≤1000;

对于 100% 的数据,0≤表达式中加法运算符和乘法运算符的总数≤100000。

9.2 队列结构

栈的特点是"后进先出",还有一种重要的结构具有"先生成的结点先扩展"这样的"先进先出"特点,它就是队列。

1. 队列定义

队列(Queue)允许用户从线性表的一端(队尾)入队,从线性表的另一端(队头)出队。因此,队列也被称作先进先出线性表(FIFO-First In First Out)。允许删除的一端称为队头(front),允许插入的一端称为队尾(rear)。

当队列中没有元素时称为空队列。在空队列中依次加入元素 a_1,a_2,… a_n 之后,a_1 是队头元素,a_n 是队尾元素。

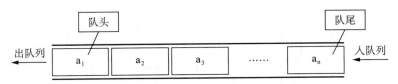

图 9.2-1 队列图

在不断入队、出队的过程中,队列将会呈现出以下几种状态:

队空:队列中没有任何元素;

队满:队列空间已全被占用;

溢出:当队列已满,却还有元素要入队,就会出现"上溢(overflow)";当队列已空,却还要做出队操作,就会出现"下溢(underflow)"。两种情况合在一起称为队列的"溢出"。

2. 队列的基本操作

(1)队列基本操作

一般使用数组模拟实现,头指针 front、尾指针 rear,基本操作有初始化、判空、求队列中实际元素的个数、入队(一般入队操作前,需要判断队列是否已满)、出队(一般出队操作前需要判断队列是否为空)、取队首元素等操作。

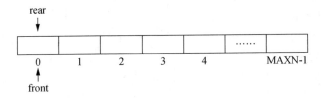

图 9.2-2 队列定义(数组)

```
1.  const int   MAXN = 1010;      //队列的容量上限
2.  int q[MAXN];                   //队列的元素类型
3.  int front, rear;               //头指针、尾指针
4.  int cnt = 0;                   //队列元素总数
5.  front = rear=0;
```

队列初始化,初始状态入队。

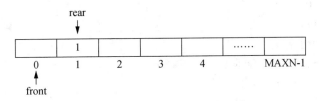

图 9.2-3 入队

rear =rear+ 1;   q[rear] =1;cnt++;

取队首元素,准备扩展。

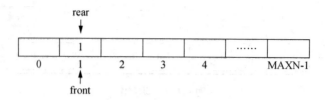

图 9.2-4 出队

front++; temp = q[front]; cnt--;
拓展队首结点,新状态入队。

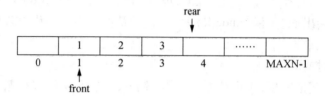

图 9.2-5 队列扩展

rear++; q[rear] = x; cnt++;
队列不空:front < rear
队列空:front == rear
队列基本操作演示代码:

```
1.  #include<bits/stdc++.h>
2.  using namespace std;
3.  const int  MAXN = 1010;      //队列的容量上限
4.  int q[MAXN];                 //队列的元素类型
5.  int front, rear;
6.  int main() {
7.      front = rear = 0;
8.      rear ++;
9.      q[rear] = 1;
10.     rear++;
11.     q[rear] = 2;
12.     rear++;
13.     q[rear] = 3;
14.     while( front < rear ) { //队列非空
15.         front++;   //队首出队
16.         int x = q[front];
17.         cout << x << " ";
18.     }
19.     return 0;
20. }
```

随着入队和出队操作的不断进行,由于 front 和 rear 一直向后移动,队头前面产生了一片不能利用的空闲区,当队尾指针指向数组最后一个位置,rear = maxn 时,再有元素入队就会产生"假溢出",因为可能队列元素总数 cnt 不大,但 rear 却达到 maxn。

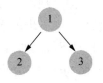

图 9.2-6　队列节点间关系图

避免这种情况有两种方法:

① 每次出队时,都向"空闲区"整体移动一位,但是带来的后果是时间复杂度提高;

② 让数组首尾相连,形成"环"状,就是所谓的"循环队列"。

初始时:front = rear = -1(此时使用 0 号空间,便于求余数运算),如果 maxn 个元素一个个依次入队,则 rear = maxn-1,此时再有元素入队,则被存放在 0 号单元,即 rear = (rear+1)% maxn。我们从图 9.2-7 中来体会循环队列的操作。

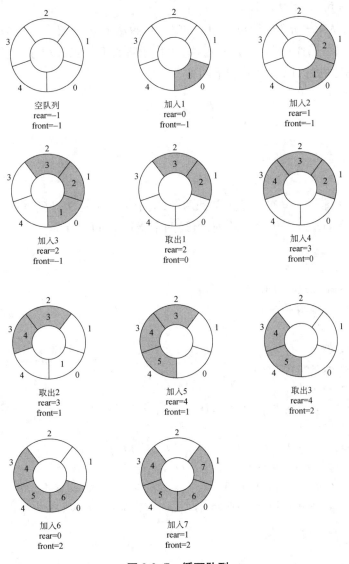

图 9.2-7　循环队列

但是现实意义我们要考虑,如果一直没有元素出队,此时会出现 front=rear,与队空时的状态一样。也就无法确认队列空和队列满的情况,怎么办？队列元素总数 cnt 变量开始起作用,我们可以通过 cnt 的值来判断。不过,常用的方法是,牺牲一个存储空间,即如果(rear+1)% maxn==front,则表示队列满,参考图 9.2-7 最后一幅小图。

因此解决方法是少用一个元素空间,入队前测试"队尾指针在循环意义下加 1 后是否等于头指针",作为判断队满的条件。

循环队列实际长度为(rear-front+maxn)%maxn。

循环队列的重要操作:

① 判断队满:如果(rear+1)%maxn==front,则队满;

② 入队:如果队列未满,则执行 rear=(rear+1)%maxn;q[rear]=x;

③ 出队:如果不为空,则执行 front=(front+1)%maxn。

【例 1】 卡片游戏(ch9.2_1.cpp)。

桌上有叠牌,从第一张牌(即位于顶面的牌)开始从上往下依次编号为 1~n。当至少还剩两张牌时进行以下操作:把第一张牌扔掉,然后把新的第一张牌放在一整叠牌的最后。输入 n,输出每次扔掉的牌,以及最后剩下的牌。

【输入样例】

7

【输出样例】

1 3 5 7 4 2 6

【问题分析】

本题中牌像在排队。每次从排头拿到两个,其中第二个再次排到尾部。

用一个数组 queue 来实现这个队列,可设两个指针 front 和 rear。

【参考程序】

```
1.  #include<bits/stdc++.h>
2.  using namespace std;
3.  const int MAXN = 50;
4.  int q[MAXN];
5.  int main() {
6.      int n, front, rear;
7.      cin >> n;
8.      for( int i = 0; i < n; i++ ) q[i] = i + 1; //初始化队列
9.      front = -1;                   //队首指针初始化
10.     rear = n - 1;                 //队尾指针初始化
11.     while( front < rear ) {       //当队列非空
12.         cout << q[++front] << " "; //输出并抛弃队首元素
13.         q[++rear] = q[++front];    //队首元素转移到队尾
14.     }
15.     return 0;
16. }
```

C++提供了一种更加简单的处理方式——STL 队列。下面是代码：

```
1.  #include<bits/stdc++.h>
2.  using namespace std;
3.  //#include <queue> 包含在万能头文件中
4.  queue<int> q;
5.  int main() {
6.      int n, front, rear;
7.      cin >> n;
8.      for( int i = 0; i < n; i++ )  q.push( i + 1 );  //初始化队列
9.      while( !q.empty() ) {                            //当队列非空
10.         cout << q.front() << " ";   //打印队首元素
11.         q.pop();                    //抛弃队首元素
12.         q.push( q.front() );        //把队首元素加入队尾
13.         q.pop();                    //抛弃队首元素
14.     }
15.     return 0;
16. }
```

上面程序的可读性大大增强了,体现在"queue""front"见名知义的命名,使用了 C++ STL。除此之外,上面的代码还有两个附加的好处。首先,不需要事先知道 n 的大小;其次,可以少用两个变量 front 和 rear。

使用 queue 需要声明头文件包含语句"#include <queue>"。

STL 的 queue 队列的操作有入队 push( )(即插入元素)、出队 pop( )(即删除元素)、读取队首元素 front( )、读取队尾元素 back( )、判断队列是否为空 empty( )和队列当前元素的数目 size( )。

下面给出一个程序来说明 queue 队列的使用方法。

```
1.  #include<bits/stdc++.h>
2.  using namespace std;
3.  int main() {
4.      //定义队列，元素类型是整型
5.      queue<int> q;
6.      //入队，即插入元素
7.      q.push( 2 );
8.      q.push( 0 );
9.      q.push( 1 );
10.     q.push( 9 );
11.     //输出队列元素数量
12.     cout << q.size() << endl;
13.     //队列是否为空，是空，则返回逻辑真，否则返回逻辑假
14.     cout << q.empty() << endl;
```

```
15.     //读取队首元素
16.     cout << q.front() << endl;
17.     //读取队尾元素
18.     cout << q.back() << endl;
19.     //所有元素出列（删除所有元素）
20.     while( q.empty() != true ) {
21.         cout << q.front() << " ";
22.         //队首元素出队（删除队首元素）
23.         q.pop();
24.     }
25.     return 0;
26. }
```

运行结果：

4

0

2

9

2 0 1 9

STL 中队列 queue 的常用函数介绍

表 9.2-1　STL 队列基本操作

q.pop( )	删除 queue 的队首元素
q.front( )	返回队列的队首元素，但不删除该元素
q.back( )	返回队列的队尾元素，但不删除该元素
q.push(tmp)	将元素 tmp 插入到队列的队尾
q.size( )	返回队列中元素的个数
q.empty( )	当队列为空时返回 true，否则返回 false
while(! q.empty( )) q.pop( );	清空队列

【例 2】　求解迷宫问题（ch9.2_2.cpp）

这里采用队列求解迷宫问题，有关迷宫的描述参见 9.1 节例 3。使用一个队列 Qu 记录走过的方块，该队列的结构如下：

```
1. struct Node2 {
2.     int i,j;    //方块的位置
3.     int pre;    //由哪里来
4. } Qu[MaxSize]; //大一些的非循环队列
```

这里使用的 Qu 队列不是循环队列，为什么不采用循环队列呢？因为元素出队后，还要利用它输出路径，所以不将出队元素真正从队列中删除。

搜索从(x1,y1)到(x2,y2)路径的过程是:首先将(x1,y1)入队,在队列 Qu 不为空时循环,出队一次(由于不是循环队列,该出队元素仍在队列中),称该出队的方块为当前方块,front 为该方块在 Qu 中的下标。如果当前方块是出口,则输出路径并结束。否则,按顺时针方向找出当前方块的 4 个方位中可走的相邻方块(对应的 mg 数组值为 0),将这些可走的相邻方块均插入到队列 Qu 中,其 pre 设置为本搜索路径中上一方块在 Qu 中的下标值,也就是当前方块的 front 值,并将相邻方块对应的 mg 数组值置为-1,以避免重复搜索。如此队列为空,表示未找到出口,即不存在路径。

实际上,本算法的思想是从(x1,y1)开始,利用队列的特点,一层一层向外拓展可走的点,直到找到出口为止。

表 9.2-2 队列状态

		0	1	2	3	4	5	6	7	8	9	10	11	12	13	14	15	16	17	18	19	20	21	22	23	24	25	26	27	28	29	30	31	32	33	34	35	36	37	38
行	i	1	2	1	2	3	3	4	3	5	3	5	6	2	5	7	1	2	6	1	2	6	1	6	5	7	4	5	8	5	8	8	4	6	8	8	3	4	6	8
列	j	1	1	2	1	2	1	3	1	4	2	1	4	3	1	4	5	3	5	6	4	6	5	5	5	5	6	5	7	6	4	7	7	3	7	8	8	8	8	8
前驱	pre	-1	0	1	1	1	3	4	5	6	7	8	8	9	10	11	12	13	15	16	17	18	20	22	23	23	24	26	27	27	28	28	29	30	31	31	32	33

在找到路径后,输出路径的过程是:根据当前方块(即出口,在 Qu 中的下标为 front)的 pre 值可回推找到迷宫路径。对于图 9.1-5 所示的迷宫,在从(1,1)找到到达(M,N)的路径后,当前的 front=38,Qu[38].pre 为 33,表示路径的上一方块为 Qu[33],Qu[33].pre 为 29,表示路径的上一方块为 Qu[29],Q[29].pre 为 27,表示路径的上一方块为 Qu[27]⋯如此找到入口为 Qu[0]。在 print 函数中,为了正向输出路径,在前面的回推过程中修改路径上每个方块的 pre 值,使 Qu[0].pre=1,Qu[1].pre=4,⋯,Qu[33]=38,Qu[38]=-1。然后从 Qu[0]开始沿 pre 值查找到 Qu[38],从而正向输出路径(也可以用栈实现,因为符合先进后出的特性)。

在用栈求解迷宫问题时,当找到出口时,栈中恰好存放从入口到出口的一条路径,没有其他方块。而用队列求解迷宫问题时,当找到出口时,队列中存放较多方块,需要通过回推找出其中包含的迷宫路径。

根据上述搜索过程得到如下求解迷宫的算法:

```
1.#include<bits/stdc++.h>
2.using namespace std;
3.const int M = 8, N = 8;
4.const int MaxSize = 1000;
5.int mg[M + 2] [N + 2] = {  //为判断方便地图增加 2 行 2 列作外墙
6.    {1, 1, 1, 1, 1, 1, 1, 1, 1, 1},
7.    {1, 0, 1, 1, 0, 0, 0, 1, 0, 1},
8.    {1, 0, 0, 1, 0, 0, 0, 1, 0, 1},
9.    {1, 0, 0, 0, 0, 1, 1, 0, 0, 1},
10.   {1, 0, 1, 1, 1, 0, 1, 0, 0, 1},
11.   {1, 0, 0, 0, 1, 0, 0, 0, 1, 1},
12.   {1, 0, 1, 0, 0, 0, 0, 0, 1, 1},
13.   {1, 0, 1, 1, 1, 0, 1, 1, 0, 1},
```

```
14.      {1, 1, 0, 0, 0, 0, 0, 0, 0, 1},
15.      {1, 1, 1, 1, 1, 1, 1, 1, 1, 1}
16. };
17. struct Node2 {
18.     int i, j;        //方块的位置
19.     int pre;         //由哪里来
20. } Qu[MaxSize];       //大一些的非循环队列
21. int front = -1, rear = -1;    //分别为队首指针和队尾指针
22. void print ( int front ) {    //从队列中输出迷宫路径
23.     int k = front, j, ns = 0;
24.     do {    //反向找到最短路径, 将该路径上的方块的 pre 成员设置成-1
25.         j = k;
26.         k = Qu[k].pre;
27.         Qu[j].pre = -1;
28.     } while ( k != 0 );
29.     cout << "迷宫路径如下: " << endl;
30.     k = 0;
31.     while ( k < MaxSize ) {
            //正向搜索到 pre 为-1 的方块, 即构成正向的路径
32.         if ( Qu[k].pre == -1 ) {
33.             ns++;    //路径数目增 1
34.             if( k != front ) cout << Qu[k].i << "," << Qu[k].j << "->";
35.             else cout << Qu[k].i << "," << Qu[k].j;
36.             if ( ns % 5 == 0 )    //每输出 5 个方块后换一行
37.                 cout << endl;
38.         }
39.         k++;
40.     }
41.     cout << endl;
42. }
43. void maze2( int x1, int y1, int x2, int y2 ) {
44.     cout << " 从 " << x1 << "," << y1 << " 到 " << x2 << "," << y2 << endl;
45.     int i, j, found = 0, di;
46.     rear++;
47.     Qu[rear].i = x1;
48.     Qu[rear].j = y1;
49.     Qu[rear].pre = -1;    //赋值-1, 以避免重复搜索
50.     while ( front != rear && !found ) {
            //队列不为空且未找到路径时循环
51.         front++;    //出队, 由于不是循环队列, 该出队元素仍在队列中
```

```
52.         i = Qu[front].i;
53.         j = Qu[front].j;
54.         if ( i == x2 && j == y2 ) {      //找到了出口，输出路径
55.             found = 1;
56.             print ( front ) ;     //调用 print 函数输出路径
57.         }
58.
59.         for ( di = 0; di < 4; di++ ) { //4 个可走的方块插入队列中
60.             switch( di ) {
61.                 case 0:
62.                     i = Qu[front].i - 1;
63.                     j = Qu[front].j;
64.                     break;
65.                 case 1:
66.                     i = Qu[front].i;
67.                     j = Qu[front].j + 1;
68.                     break;
69.                 case 2:
70.                     i = Qu[front].i + 1;
71.                     j = Qu[front].j;
72.                     break;
73.                 case 3:
74.                     i = Qu[front].i;
75.                     j = Qu[front].j - 1;
76.                     break;
77.             }
78.             if ( mg[i][j] == 0 ) {
79.                 rear++; //将该相邻方块插入到队列中
80.                 Qu[rear].i = i;
81.                 Qu[rear].j = j;
82.                 Qu [rear] .pre = front;
                    //指向路径中上一个方块的下标
83.                 mg[i][j] = -1;   //将其赋值-1,以避免重复搜索
84.             }
85.         }
86.     }
87.     if ( !found )
88.         cout << "不存在路径！" << endl;
89. }
90. int main() {
91.     maze2( 1, 1, 8, 8 );
92.     return 0;
93. }
```

对于图 9.1-5 的迷宫,maze2(1,1,M,N)的求解迷宫路径如下:

从 1,1 到 8,8

迷宫路径如下:

1,1→2,1→3,1→4,1→5,1→5,2→5,3→6,3→6,4→6,5→7,5→8,5→8,6→8,7→8,8

图 9.1-5 用队列求出的一条迷宫路径

上述采用队列求解的迷宫路径一定是一条最短路径(14 步),因为搜索路径时是一层一层向前推进的,第一次找到出口时搜索的层数最少,但最短路径可能有多条。

小节练习

1. 超级素数(prime.cpp/.in/.out)。

【问题描述】

一个素数如果从个位开始,依次去掉一位数字、两位数字、三位数字……直到只剩一个数字,中间所有剩下的数都是素数,则该素数为一个超级素数。例如:2333 是一个素数,因为 2333,233,23,2 都是素数,所以 2333 是一个四位的超级素数。请写一个程序,给定一个整数,求大小不超过 X 的所有超级素数。

【输入格式】

一行,给出一个整数 $X(1 \leqslant X \leqslant 1000000000)$。

【输出格式】

第一行,一个整数 K,表示 X 以内超级素数的个数;

接下来 K 行,每行一个整数,输出所有 X 以内的超级素数,这些数按从小到大的顺序排列。

【输入样例】

100

【输出样例】

13

2

3

5

7

23

29

31

37

53

59

71

73

79

2. 魔法师与扑克牌游戏(magic.cpp/.in/.out)

【问题描述】

魔法师在玩一种扑克牌游戏,n 张扑克分别记上 1,2,……,n,他打开第一张是 1,把它放在一边,然后把最上面 2 张一张一张地依次移到最后,打开上面一张刚好是 2,再放在一边;然后把上面 3 张一张一张移到最后,打开上面一张刚好是 3,再放到一边……如此继续下去,直到打开最后一张是 n,放在一边,这时他发现,放在一边的扑克刚好是 1,2,……,n 这样排列的。这些扑克原来是怎么排列的?请程序完成这个任务(n ≤ 10000)。

【输入样例 1】

5

【输出样例 1】

1 4 5 2 3

【输入样例 2】

9

【输出样例 2】

1 8 6 2 9 4 5 3 7

【数据规模】

对于 70% 的数据,n ≤ 100;

对于 100% 的数据,n ≤ 10000。

3. 海港(port.cpp/.in/.out)。

【问题描述】

小 K 是一个海港的海关工作人员,每天都有许多船只到达海港,船上通常有很多来自不同国家的乘客。

小 K 对这些到达海港的船只非常感兴趣,他按照时间记录下了到达海港的每一艘船只情况;对于第 i 艘到达的船,他记录了这艘船到达的时间 ti(单位:秒),船上的乘客数量 ki,以及每名乘客的国籍 x(i,1), x(i,2),…,x(i,k)。

小 K 统计了 n 艘船的信息,希望你帮忙计算出以每一艘船到达时间为止的 24 小时(24 小时 = 86400 秒)内所有乘船到达的乘客来自多少个不同的国家。

形式化地讲,你需要计算 n 条信息。对于输出的第 i 条信息,你需要统计满足 $t_i - 86400 < t_p \le t_i$ 的船只 p,在所有的 x(p,j) 中,总共有多少个不同的数。

【输入格式】

第一行输入一个正整数 n,表示小 K 统计了 n 艘船的信息;

接下来 n 行,每行描述一艘船的信息:前两个整数 ti 和 ki 分别表示这艘船到达海港的时间和船上的乘客数量,接下来 ki 个整数 x(i,j) 表示船上乘客的国籍。

保证输入的 ti 是递增的,单位是秒,表示从小 K 第一次上班开始计时,这艘船在第 ti 秒到达海港。保证 $1 \le n \le 10^5, k_i \ge 1, \sum k_i \le 3 \times 10^5, 1 \le x_{i,j} \le 10^5, 1 \le t_{i-1} < t_i \le 10^9$。

其中 $\sum k_i$ 表示所有的 k_i 的和,$\sum k_i = k_1 + k_2 + \cdots + k_n$。

【输出格式】

输出 n 行,第 i 行输出一个整数,表示第 i 艘船到达后的统计信息。

【输入样例】

```
3
1 4 4 1 2 2
2 2 2 3
10 1 3
```
【输出样例】
```
3
4
4
```
【样例说明】

第一艘船在第 1 秒到达海港,最近 24 小时到达的船是第一艘船,共有 4 个乘客,分别是来自国家 4,1,2,2,共来自 3 个不同的国家;

第二艘船在第 2 秒到达海港,最近 24 小时到达的船是第一艘船和第二艘船,共有 4 + 2 = 6 个乘客,分别是来自国家 4,1,2,2,2,3,共来自 4 个不同的国家;

第三艘船在第 10 秒到达海港,最近 24 小时到达的船是第一艘船、第二艘船和第三艘船,共有 4 + 2 + 1 = 7 个乘客,分别是来自国家 4,1,2,2,2,3,3,共来自 4 个不同的国家。

深度优先搜索

当我们面对一个程序设计问题时,如果能找到数学方法(如递推法、构造法)或者类似贪心、动态规划求最优值的方法时,那么对于这道题而言,已经基本解决。如果没有找到行之有效的方法,搜索(暴搜)便成了唯一的选择。

常见的"暴搜"手段有:穷举、深度优先搜索、广度优先搜索等。

1. 深度优先搜索的算法思想

深度优先搜索的算法,简称深搜,我们用一个例子来看它的算法思想。

孔氏家族的族谱是中国历史上延续时间最长、包罗内容最丰富、谱系最完整的族谱。孔氏宗族视修谱为合族大事,通过修谱可以把居住分散、血缘关系相对疏远的孔氏族人组成一体,从而达到"详世系、联疏亲、厚伦谊、严冒紊、序昭穆、备遗忘"的目的,修谱还可以有效地防止和清查"外孔"的渗入。

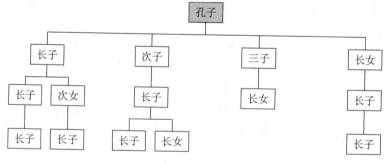

问题来了,给你一姓孔之人,如何鉴别其是否为孔子后世子孙?

深度优先搜索(DFS)的算法思想具体而言:为了求得问题的解,先选择某一种可能情况

(例如：孔子的长子)向下探索(长子的长子)，在探索过程中，一旦发现原来的选择行不通(没有儿子)，就退回上一步重新选择(有没有其他儿子)，继续向下探索，如此反复运行，直到得到解或证明无解。"不撞南墙不回头"是这种做法的一个形象描述。在前面用栈解决迷宫问题中也可以看到类似的操作方法。DFS问题解决的关键：

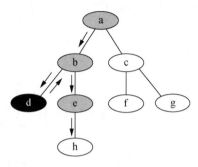

图 9.3-1　DFS 过程

➢ 状态表示：状态一般是指客观现实信息的描述，通常用 T 表示。一般用 T_0 表示初始状态，T_n 表示目标状态。

➢ 状态转移：根据题意规则控制从当前状态转移到下一个状态。

➢ 状态判重：大多数情况下，出现重复状态会造成死循环和空间的浪费。

➢ 递归回溯：当把问题分成若干步骤并递归求解时，如果当前步骤没有合法选择，则函数将返回上一步递归调用。

如图 9.3-1：

深度优先搜索的算法框架

```
1.   void dfs (int dep) {
2.       if (到达目标状态)  输出解或者做计数、评价处理；
3.       else for ( int i = 1;  i <= 状态的拓展可能数; ++i ) {
4.           if (第i种状态拓展可行) {
5.               保存现场；
6.               dfs( dep + 1 );
7.               根据情况，选择是否需要恢复现场
8.           }
9.       }
10. }
```

为保证"后生成的结点先扩展"，深搜需用到符合"后进先出"特点的"栈"这种重要的数据结构。一般书写成递归形式，利用系统栈。

【例1】　N 皇后问题(NOI 题库 1149，ch9.3_1.cpp)。

【问题描述】

在 N*N(N≤10) 的棋盘上放 N 个皇后，使得她们不能相互攻击。两个皇后能相互攻击当且仅当她们在同一行，或者同一列，或者同一条对角线上。找出一共有多少种放置方法。

【输入格式】

第一行输入 N。

【输出格式】

输出方案总数。

【输入样例】

8

【输出格式】
92

【问题分析】
以 4∗4 棋盘放置 4 皇后为例,根据题意,可以看出,状态用 4∗4 棋盘表示,根据搜索顺序可以画出如图 9.3-2 所示(部分)。

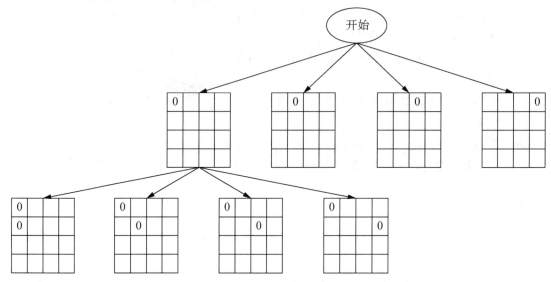

图 9.3-2　搜索状态之一

求解 8 皇后问题的原则是:放置皇后后,有冲突位置做好标记,状态转移时,没有冲突往前走,无路可走往回退。为了加快有无冲突的判断速度,可以给每行每列和两个方向的每条对角线是否有皇后占据建立标志数组。因为每行每列的限制,考虑解的状态时不用 8∗8 的二维表格,而换成一维数组表示每行放置皇后的列号,同时每列的值也不同,这样可以将二维表格的状态换成一维数组的状态表示,节省空间。另外注意放置一个新皇后做标志,回溯时挪动一个旧皇后清除标志。

```
1.  int vis1[20], vis2[20], vis3[20]; //当前列、主对角线、副对角线
2.
3.  void dfs( int dep ) { //尝试放第 dep 行（个）皇后
4.      if( dep > n ) {
5.          cnt++;
6.      } else for( int i = 1; i <= n; i++ ) { //枚举 1~n 列
7.          if( !vis1[i] && !vis2[dep - i + n] && !vis3[dep + i] ) {
8.              C[dep] = i;
9.              vis1[i] = vis2[dep - i + n] = vis3[dep + i] = 1;
10.             dfs( dep + 1 );
11.             vis1[i] = vis2[dep - i + n] = vis3[dep + i] = 0;
12.         }
13.     }
14. }
```

【例2】 马走日（NOI 题库 8465,ch9.3_2.cpp）。
【问题描述】
在 n×m 棋盘上有一中国象棋中的马,规定:马走日字,只能往右走。
请你找出一条可行路径,使得马可以从棋盘的左下角(1,1)走到右上角(n,m)。
【输入格式】
第一行包含四个整数,分别为棋盘的大小以及初始位置坐标 n,m,x,y。($1 \leq x \leq n, 1 \leq y \leq m, m \leq 10, n \leq 10$)。
【输出格式】
包含一行,为一个整数,表示马能遍历棋盘的途径总数,0 为无法遍历。
【样例输入】
4 5 1 1
【样例输出】
32
【问题分析】首先看状态转移:1-8 位置是马走日的下一步位置,选择一个位置跳跃后,状态发生转移。

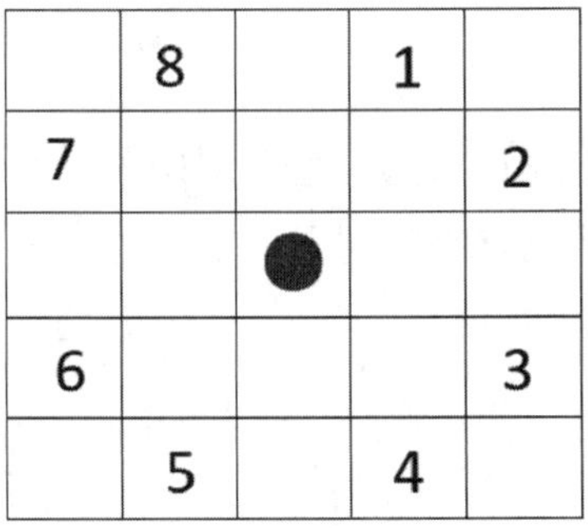

图 9.3-3　马的跳跃示意图

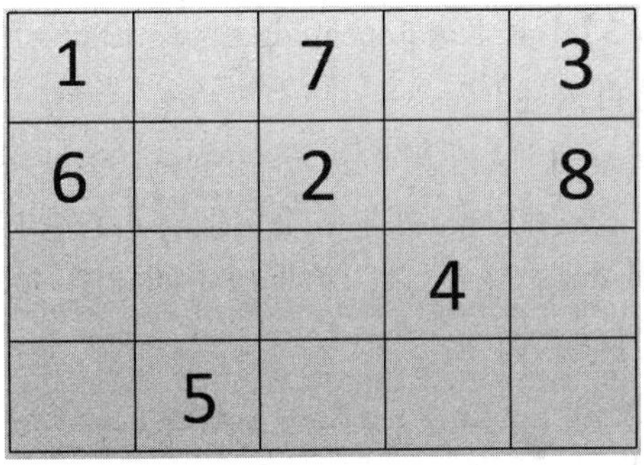

图 9.3-4　马跳跃 8 步后示意图

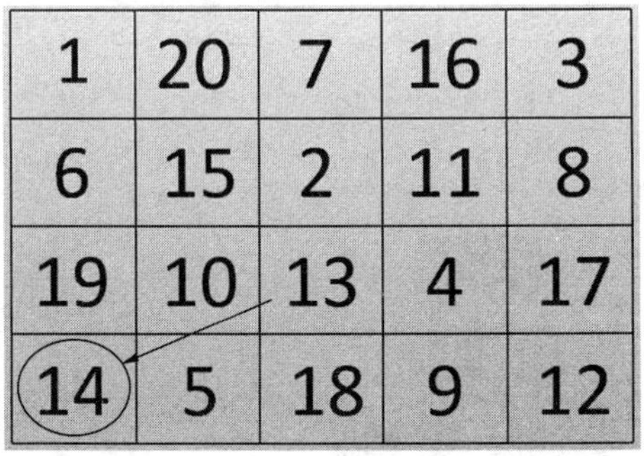

图 9.3-5　一组解图示

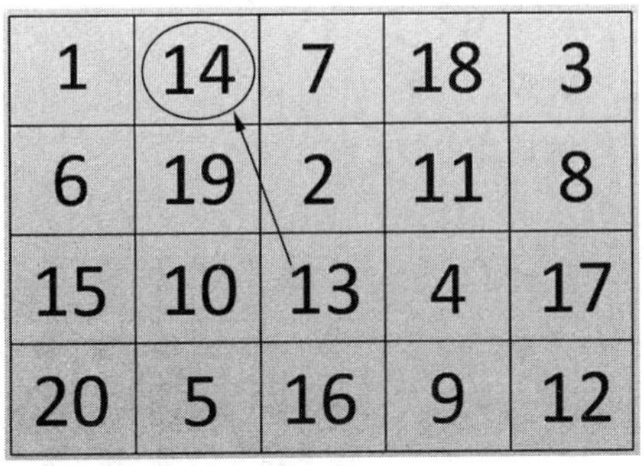

图 9.3-6　另一组解图示

根据几步的跳跃可以得到一组解,另一组可行解见图 9.3-6。

【核心代码】

```
1.  void dfs( int x, int y, int dep ) { //从(x,y)出发走第dep步
2.      if( dep > n * m ) { //走完前n*m个格子
3.          cnt++;
4.      } else for( int i = 0; i < 8; i++ ) {
5.          int nx = x + dir[i][0];
6.          int ny = y + dir[i][1];
7.
8.          if( nx >= 1 && nx <= n && ny >= 1 && ny <= m && !vis[nx][ny] ) {
9.              a[nx][ny] = dep;
10.             vis[nx][ny] = true;
11.             dfs( nx, ny, dep + 1 );
12.             vis[nx][ny] = false;
13.         }
14.     }
15. }
```

【例3】 数水塘（openjudge 题库 1388,ch9.3_3.cpp）。

【题目描述】

给定一个 N 行 M 列（1 ≤ N ≤ 100；1 ≤ M ≤ 100）的区域。每个区域用'W'表示有水,用'.'表示陆地。如果一个区域有水且它相邻的区域也有水则同属一个水塘。一个区域最多有八个相邻的区域。根据给定的地图,统计有多少个水塘？

【样例输入】

5 5
W W . . .
. W W W W
. W . . .
. . . W .
. W W . W

【样例输出】

2

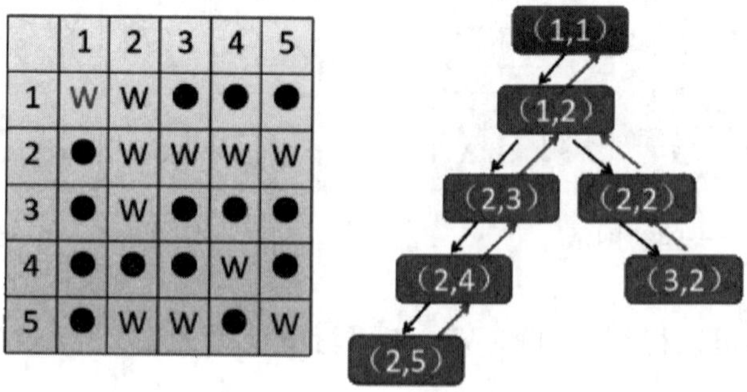

图 9.3-7 水塘

【参考程序】

```cpp
1. #include<bits/stdc++.h>
2. using namespace std;
3. char mymap[105][105];
4. int n, m, vis[105][105];
5. int dir[8][2] =
6. {1, 0, 0, 1, -1, 0, 0, -1, 1, -1, -1, 1, -1, -1, 1, 1};
7. void dfs( int x, int y ) {
8.     int i, dx, dy;
9.     vis[x][y] = 1;
10.    for( i = 0; i <= 7; i++ ) {
11.        dx = x + dir[i][0];
12.        dy = y + dir[i][1];
13.        if( mymap[dx][dy] == 'W' && vis[dx][dy] == 0 )
14.            dfs( dx, dy );
15.    }
16. }
17. int main( void ) {
18.     int i, j, ans;
19.     memset( mymap, '.', sizeof( mymap ) );
20.     cin >> n >> m;
21.     ans = 0;
22.     for( i = 1; i <= n; i++ )
23.         cin >> mymap[i] + 1;
24.     for( i = 1; i <= n; i++ ) {
25.         for( j = 1; j <= m; j++ ) {
26.             if( mymap[i][j] == 'W' && vis[i][j] == 0 )
27.                 dfs( i, j ), ans++;
28.         }
29.     }
30.     cout << ans << endl;
31.     return 0;
32. }
```

这种方法也被称为种子填充算法(floodfill)，种子填充算法是计算机图形学领域的一个很重要的算法，区域填充即给出一个区域的边界(也可以没有边界，只是给出指定颜色)，要求将边界范围内的所有像素单元都修改成指定的颜色(也可能是图案填充)。其算法的核心其实就是一个递归算法，都是从指定的种子点开始，向各个方向上搜索，逐个像素进行处理，直到遇到边界。

我们再来看一道例题。

【例4】 被围绕的区域(leetcode, ch9.3_4.cpp)。

给定一个二维的矩阵，包含 'X' 和 'O'(字母 O)。

找到所有被 'X' 围绕的区域,并将这些区域里所有的 'O' 用 'X' 填充。

示例:

X X X X

X O O X

X X O X

X O X X

运行你的程序后,矩阵变为:

X X X X

X X X X

X X X X

X O X X

解释:

被围绕的区间不会存在于边界上,换句话说,任何边界上的 'O' 都不会被填充为 'X'。任何不在边界上,或不与边界上的 'O' 相连的 'O' 最终都会被填充为 'X'。如果两个元素在水平或垂直方向相邻,则称它们是"相连"的。

分析:不要想着怎么把连通区域找到,反而是想怎么把连通边界找到。首先对边界上每一个 'O' 做深度优先搜索,将与其相连的所有 'O' 改为 'V'。然后遍历矩阵,将矩阵中所有 'O' 改为 'X',将矩阵中所有 'V' 变为 'O'。

于是问题就转换成了如何将边界上与最开始的 'O' 改为 'V' 这个问题。

【参考程序】

```
1. #include<bits/stdc++.h>
2. using namespace std;
3. vector<string> vst;
4. void dfs( vector<string> & board, int i, int j ) {
5.     if( i < 0 || j < 0 || i > board.size() - 1 || j > board[0].size() - 1 )
6.         return ;
7.     if( board[i][j] != 'O' )
8.         return;
9.     board[i][j] = 'V';
10.    dfs( board, i + 1, j );
11.    dfs( board, i, j + 1 );
12.    dfs( board, i - 1, j );
13.    dfs( board, i, j - 1 );
14. }
15. void solve( vector<string> & board ) {
16.    if( board.empty() || board.size() == 1 || board[0].size() == 1 )return;
17.    for( int i = 0; i < board.size(); i++ ) {
```

```
18.        if( board[i][0] == 'O' )
19.            dfs( board, i, 0 );
20.        if( board[i][board[0].size() - 1] == 'O' )
21.            dfs( board, i, board[0].size() - 1 );
22.    }
23.    for( int i = 0; i < board[0].size(); i++ ) {
24.        if( board[0][i] == 'O' )
25.            dfs( board, 0, i );
26.        if( board[board.size() - 1][i] == 'O' )
27.            dfs( board, board.size() - 1, i );
28.    }
29.    for( int i = 0; i < board.size(); i++ ) {
30.        for( int j = 0; j < board[0].size(); j++ ) {
31.            if( board[i][j] == 'V' )
32.                board[i][j] = 'O';
33.            else if( board[i][j] == 'O' )
34.                board[i][j] = 'X';
35.        }
36.    }
37.}
38.int main() {
39.    vst.push_back( "XXXX" );
40.    vst.push_back( "XOOX" );
41.    vst.push_back( "XXOX" );
42.    vst.push_back( "XOXX" );
43.    solve( vst );
44.    for( int i = 0; i < vst.size(); i++ ) {
45.        for( int j = 0; j < vst[0].size(); j++ )
46.            cout << vst[i][j];
47.        cout << endl;
48.    }
49.    return 0;
50.}
```

也可以用前面队列的方式来处理（就是后面要介绍的宽度优先搜索 BFS）。

```
1.#include<bits/stdc++.h>
2.using namespace std;
3.vector<string> vst;
4.struct pos {
5.    int x, y;
6.};
7.void visit( queue<pos> &mypos, int x, int y,
```

```cpp
8.          vector<string >& board ) {
9.      pos p = {x, y};
10.     mypos.push( p );
11.     board[x][y] = '*';
12. }
13. void solve( vector<string >& board ) {
14.     int row = board.size();
15.     if( row == 0 )
16.         return;
17.     int col = board[0].size();
18.     if( row <= 2 || col <= 2 )
19.         return;
20.     cout << "输入: " << endl;
21.     for( int i = 0; i < row; i++ ) {
22.         for( int j = 0; j < col; j++ ) {
23.             cout << board[i][j];
24.         }
25.         cout << endl;
26.     }
27.     queue<pos> mypos;
28.     for( int i = 0; i < col; i++ ) {
29.         if( board[0][i] == 'O' ) {
30.             visit( mypos, 0, i, board );
31.         }
32.         if( board[row - 1][i] == 'O' ) {
33.             visit( mypos, row - 1, i, board );
34.         }
35.     }
36.     for( int i = 1; i < row - 1; i++ ) {
37.         if( board[i][0] == 'O' ) {
38.             visit( mypos, i, 0, board );
39.         }
40.         if( board[i][col - 1] == 'O' ) {
41.             visit( mypos, i, col - 1, board );
42.         }
43.     }
44.     while( !mypos.empty() ) {
45.         pos t = mypos.front();
46.         mypos.pop();
47.         if( t.x - 1 >= 0 && board[t.x - 1][t.y] == 'O' )
48.             visit( mypos, t.x - 1, t.y, board );
49.         if( t.x + 1 < row && board[t.x + 1][t.y] == 'O' )
```

```
50.            visit( mypos, t.x + 1, t.y, board );
51.        if( t.y - 1 >= 0 && board[t.x][t.y - 1] == 'O' )
52.            visit( mypos, t.x, t.y - 1, board );
53.        if( t.y + 1 < col && board[t.x][t.y + 1] == 'O' )
54.            visit( mypos, t.x, t.y + 1, board );
55.    }
56.    for( int i = 0; i < row; i++ ) {
57.        for( int j = 0; j < col; j++ ) {
58.            if( board[i][j] == 'O' )
59.                board[i][j] = 'X';
60.
61.            else if( board[i][j] == '*' )
62.                board[i][j] = 'O';
63.        }
64.    }
65.    cout << "矩阵变为：" << endl;
66.    for( int i = 0; i < row; i++ ) {
67.        for( int j = 0; j < col; j++ ) {
68.            cout << board[i][j];
69.        }
70.        cout << endl;
71.    }
72.}
73.int main() {
74.    vst.push_back( "XXXX" );
75.    vst.push_back( "XOOX" );
76.    vst.push_back( "XXOX" );
77.    vst.push_back( "XOXX" );
78.    solve( vst );
79.    return 0;
80.}
```

【例5】 棋盘（NOIP2017 普及组，chess.cpp/.in/.out）。

【问题描述】

有一个 m×m 的棋盘，棋盘上每一个格子可能是红色、黄色或无色。现在你要从棋盘的左上角走到棋盘的右下角。

任何时刻，你所站在的位置必须是有颜色的（不能是无色的），你只能向上、下、左、右四个方向前进。当你从一个格子走向另一个格子时，如果两个格子的颜色相同，那你不需要花费金币；如果不同，则需要花费1个金币。

另外，你可以花费2个金币施展魔法让下一个无色格子暂时变为你指定的颜色。但这个魔法不能连续使用，而且这个魔法的持续时间很短，也就是说，如果你使用魔法走到这个暂时有颜色的格子上,你就不能继续使用魔法;只有当你离开这个位置,走到一个本来就有颜色的格子上的时候,你才能继续使用这个魔法,而当你离开了这个位置(施展魔法使得变为有颜色的格子)时,这个格子恢复为无色。现在你要从棋盘的最左上角,走到棋盘的最右下角,求花费的最少金币是多少?

【输入格式】

第一行包含两个正整数 m,n,以一个空格分开,分别代表棋盘的大小,棋盘上有颜色的格子的数量;

接下来的 n 行,每行三个正整数 x,y,c,分别表示坐标为(x,y)的格子有颜色 c。其中 c=1 代表黄色,c=0 代表红色。相邻两个数之间用一个空格隔开。棋盘左上角的坐标为(1,1),右下角的坐标为(m,m)。棋盘上其余的格子都是无色。保证棋盘的左上角也就是(1,1)一定是有颜色的。

【输出格式】

一行,一个整数,表示花费的金币的最小值,如果无法到达,输出-1。

【输入样例】

5 7
1 1 0
1 2 0
2 2 1
3 3 1
3 4 0
4 4 1
5 5 0

【输出样例】

8

【样例说明】

从 (1,1)开始,走到 (1,2) 不花费金币;

从 (1,2)向下走到(2,2) 花费 1 枚金币;

从 (2,2) 施展魔法,将(2,3) 变为黄色,花费 2 枚金币;

从 (2,2) 走到 (2,3) 不花费金币;

从 (2,3) 走到 (3,3) 不花费金币;

从 (3,3) 走到 (3,4) 花费 1 枚金币;

从 (3,4) 走到 (4,4) 花费 1 枚金币;

从 (4,4) 施展魔法,将 (4,5) 变为黄色,花费 2 枚金币;

从 (4,4) 走到 (4,5) 不花费金币;

从 (4,5) 走到 (5,5) 花费 1 枚金币;

共花费 8 枚金币。

【数据规模与约定】

对于 30% 的数据:$1 \leqslant m \leqslant 5, 1 \leqslant n \leqslant 10$;

对于 60% 的数据：$1 \leqslant m \leqslant 20, 1 \leqslant n \leqslant 200$；
对于 100% 的数据：$1 \leqslant m \leqslant 100, 1 \leqslant n \leqslant 1000$。

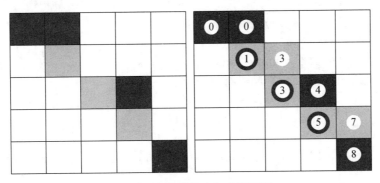

图 9.3-8　初始状态与求解过程

【问题分析】

从下面两个角度考虑：状态怎么表示？又如何转移状态？

状态表示时考虑几个参数，当前格子的坐标位置(x,y)、当前花费的金币、当前是否能够使用魔法。

状态转移呢？四个方向上、下、左、右分情况讨论下一步格子是否有颜色，以决定转移方式。

情况 1：下一步试探的格子有颜色

（1）与当前格子同色，则 dfs(nx, ny, tot, true)；

（2）与当前格子异色，则 dfs(nx, ny, tot+1, true)；

情况 2：下一步试探的格子无色

如果可以使用魔法，则

　　让下一个无色格子暂时变为你指定的颜色（贪心）

　　dfs(nx, ny, tot+2, false)；　　//魔法暂时失效

　　返回寻找其他路径时，恢复为无色

如果不可以使用魔法，则 return。

【参考程序】

```
1.#include <bits/stdc++.h>
2.using namespace std;
3.const int INF = 0x3f3f3f3f;
4.const int MAXN = 100 + 10;
5.int m, n;
6.int color[MAXN][MAXN];
7.int ans = INF;
8.bool vis[MAXN][MAXN];
9.int f[MAXN][MAXN];
10.const int dir[4][2] = {{ -1, 0}, {0, 1}, {1, 0}, {0, -1}};
```

```
11. void dfs( int x, int y, int tot, bool flag ) {
12.     if( tot >= f[x][y] ) return;
13.     f[x][y] = tot;
14.     if( tot >= ans ) return;
15.     if( x == m && y == m ) {
16.         if( tot < ans ) ans = tot;
17.     } else for( int i = 0; i < 4; ++i ) {
18.         int nx = x + dir[i][0];
19.         int ny = y + dir[i][1];
20.
21.         if( nx < 1 || nx > m || ny < 1 || ny > m ) continue;

22.
23.         if( !vis[nx][ny] ) {
24.             vis[nx][ny] = true;
25.
26.             if( color[nx][ny] != -1 ) { //下一个格子有颜色
27.                 if( color[nx][ny] == color[x][y] ) dfs( nx, ny, tot, true ); //同色
28.                 else dfs( nx, ny, tot + 1, true );     //异色
29.             } else {
30.                 if( flag ) {    //下一个格子无色，且可以用魔法
31.                     color[nx][ny] = color[x][y];
                              //将无色修改为与"上一步"同色
32.                     dfs( nx, ny, tot + 2, false );
33.                     color[nx][ny] = -1; //恢复为无色
34.                 }
35.             }
36.             vis[nx][ny] = false;
37.         }
38.     }
39. }
40. int main() {
41.     cin >> m >> n;
42.     memset( color, -1, sizeof( color ) );
43.     //c=1 代表黄色, c=0 代表红色 c=-1 代表无色
44.     memset( f, INF, sizeof( f ) );
45.     for( int i = 1; i <= n; ++i ) {
46.         int x, y, c;
47.         cin >> x >> y >> c;
48.         color[x][y] = c;
49.     }
```

```
50.    vis[1][1] = true;
51.    dfs( 1, 1, 0, true );
52.    if( ans != INF ) cout << ans << endl;
53.    else cout << -1 << endl;
54.    return 0;
55.}
```

小节练习

1. 走迷宫(maze.cpp/.in/.out)。

【问题描述】

已知一个N×N的迷宫,允许往上、下、左、右四个方向行走,现请你找出一条从左上角到右下角的路径。

【输入格式】

有若干行:第一行有一个自然数N(N≤20),表示迷宫的大小;其后有N行数据,每行有N个0或1(数字之间没有空格,0表示可以通过,1表示不能通过),用以描述迷宫地图。入口在左上角(1,1)处,出口在右下角(N,N)处。所有迷宫保证存在从入口到出口的可行路径。

【输出格式】

仅一行,为从入口到出口的路径(为确保答案的唯一性,在x表示行,y表示列的前提下,请严格按照左、右、上、下的顺序试探路径)。

【输入样例】

4

0001

0100

0010

0110

【输出样例】

(1,1)→(1,2)→(1,3)→(2,3)→(2,4)→(3,4)→(4,4)。

2. 谷仓的安保解法(passwd.cpp/.in/.out)。

【问题描述】

Farmer John给谷仓安装了一个新的安全系统,并且要给牛群中的每一个奶牛安排一个有效的密码。一个有效的密码由L(3 ≤ L ≤ 15)个小写字母(来自传统的拉丁字母集'a'…'z')组成,至少有一个元音('a' 'e' 'i' 'o' 或者 'u'),至少两个辅音(除去元音以外的音节),并且有按字母表顺序出现的字母(例如,'abc'是有效的,而'bac'不是)。

给定一个期望长度L和C个小写字母,写一个程序,打印出所有的长度为L、能由这些字母组成的有效密码。密码必须按字母表顺序打印出来,一行一个。

【输入格式】

第一行,两个由空格分开的整数,L 和 C;

第二行,C 个空格分开的小写字母,密码是由这个字母集中的字母来构建的。

【输出格式】

每一个输出行包括一个长度为 L 个字符的密码(没有空格)。输出行必须按照字母顺序排列。

【输入样例】

4 6

a t c i s w

【输出样例】

acis

acit

aciw

acst

acsw

actw

aist

aisw

aitw

astw

cist

cisw

citw

istw

3. 数塔(tower.cpp/.in/.out)。

【问题描述】

7

3 8

8 1 0

2 7 4 4

4 5 2 6 5

上图给出了一个数字三角形。从三角形的顶部到底部有很多条不同的路径。对于每条路径,把路径上面的数加起来可以得到一个和,你的任务就是找到最大的和。

注意:路径上的每一步只能从一个数走到下一层上和它最近的左边的那个数或者右边的那个数。

【输入格式】

输入的是第一行是一个整数 N (1 < N ≤ 20),给出三角形的行数。

下面的 N 行给出数字三角形。数字三角形上的数的范围都在 0 和 100 之间。

【输出格式】

输出最大的和。

【输入样例】

5

7

3 8

8 1 0

2 7 4 4

4 5 2 6 5

【输出样例】

30

4. 选数（num.cpp/.in/.out）。

【问题描述】

已知 n 个整数 x1,x2,…,xn，以及一个整数 k（k<n）。从 n 个整数中任选 k 个整数相加，可分别得到一系列的和。例如当 n=4，k=3，4 个整数分别为 3,7,12,19 时，可得全部的组合与它们的和为：

3+7+12＝22　　3+7+19＝29　　7+12+19＝38　　3+12+19＝34。

现在，要求你计算出和为素数共有多少种。

例如上例，只有一种的和为素数：3+7+19＝29）。

【输入格式】

两行：

第一行 n, k（1≤n≤20，k<n）；

第二行 x1,x2,…,xn（1≤xi≤5000000）。

【输出格式】

一行，一个整数，即满足条件的种数。

【输入样例】

4 3

3 7 12 19

【输出样例】

1

5. 素数分解（ssfj.cpp/.in/.out）。

【问题描述】

素数又称质数，是指除 1 和其自身之外，没有其他约数的正整数。例如 2、3、5、13 都是质数，而 4、9、12、18 则不是。虽然素数不能分解成除 1 和其自身之外整数的乘积，但却可以分解成更多素数的和。你需要编程求出一个正整数最多能分解成多少个互不相同的素数的和。

例如，21 = 2 + 19 是 21 的合法分解方法。21 = 2 + 3 + 5 + 11 则是分解为最多素数的方法。

【输入格式】

n（10 ≤ n ≤ 200）。

【输出格式】

n 最多能分解成多少个不同的素数的和。

【输入样例1】

21

【输出样例1】

4

【输入样例2】

128

【输出样例2】

9

6. 小 X 与神牛（hamming.cpp/.in/.out）。

【问题描述】

小 X 在野外遇到了一种神奇的牛，并将其命名为神牛。

神牛都长着 B 只角，B 只角从左到右在头顶上排成一排。每只角上都标着数字，不是0就是1。小 X 将每头神牛的 B 只角上的数字从左到右依次取出，组成一个只含 0 或 1 的 B 位二进制数。小 X 将这个二进制数转化为十进制，用这个十进制数来代表一头神牛，这个十进制就是这头神牛的编号。

神牛们之间的关系是很微妙的，如果两头神牛的第 i 只角上的数字不同，则称这两头神牛的第 i 只角是不一样的。如果两头神牛不同的角的数目大于等于 D，则称这两头神牛是友好的。比如当 B = 8, D = 2 时，

01010100

00110100

　　xx

这两头神牛的第 2 和第 3 只角不同（x 指向的位置），不同的角的数目为 2，所以这两头神牛是友好的。

现在小 X 向你求助：请找出 N 头神牛，使得任意两头神牛都是友好的，并将这 N 头神牛的编号按从小到大排序后依次输出。如果有多种符合条件的解，那么排在越前面的牛的编号越小越好。

【输入格式】

仅有一行，包含3个用空格隔开的正整数，分别表示 N，B，D。

【输出格式】

仅有一行，包含 N 个非负整数，相邻两个数之间用一个空格隔开，表示 N 头神牛的编号。如果有多解，你的程序要输出这样的解：越前面的牛的编号越小越好。

【输入样例1】

3 5 3

【输出样例1】

0 7 25

【输入样例2】

16 7 3

【输出样例2】

0 7 25 30 42 45 51 52 75 76 82 85 97 102 120 127。

【样例解释】

每头神牛都长着7只角,若两头神牛不同的角的数目大于等于3,则这两头神牛是友好的。现在要找出16头相互都友好的神牛。

答案是 0000000, 0000111, 0011001, 0011110, 0101010, 0101101, 0110011, 0110100, 1001011, 1001100, 1010010, 1010101, 1100001, 1100110, 1111000, 1111111,转化为十进制就是 0 7 25 30 42 45 51 52 75 76 82 85 97 102 120 127。

【数据规模】

对于30%的数据,$1 \leq D \leq B \leq 8, 1 \leq N \leq 3$;

对于另外10%的数据,$D=1$;

对于另外30%的数据,$D=2$;

对于100%的数据,$1 \leq D \leq B \leq 8, 1 \leq N \leq 16$,

数据保证有解。

7. Icy Perimeter(usaco 2019 jan silve T2,perimeter.cpp/.in/.out)。

【问题描述】

Farmer John 要开始他的冰激凌生意了!他制造了一台可以生产冰激凌球的机器,然而不幸的是形状不太规则,所以他现在希望优化一下这台机器,使其产出的冰激凌球的形状更加合理。

机器生产出的冰激凌的形状可以用一个 N×N(1≤N≤1000)矩形图案表示,例如:

```
##....
....#.
.#..#.
.#####
...###
....##
```

每个'.'字符表示空的区域,每个'#'字符表示一块 1×1 的正方形格子大小的冰激凌。

不幸的是,机器当前工作得并不是很正常,可能会生产出多个互不相连的冰激凌球(上图中有两个)。一个冰激凌球是连通的,如果其中每个冰激凌的正方形格子都可以从这个冰激凌球中其他所有的冰激凌格子出发重复地前往东、南、西、北四个方向上相邻的冰激凌格子所到达。

Farmer John 想要求出他的面积最大的冰激凌球的面积和周长。冰激凌球的面积就是这个冰激凌球中'#'的数量。如果有多个冰激凌球并列面积最大,他想要知道其中周长最小的冰激凌球的周长。在上图中,小的冰激凌球的面积为 2,周长为 6,大的冰激凌球的面积为 13,周长为 22。

注意一个冰激凌球可能在中间有"洞"(由冰激凌包围着的空的区域)。如果这样,洞的边界同样计入冰激凌球的周长。冰激凌球也可能出现在被其他冰激凌球包围的区域内,在这种情况下它们计为不同的冰激凌球。例如,以下这种情况包括一个面积为 1 的冰激凌球,被包围在一个面积为 16 的冰激凌球内:

```
#####
#...#
#.#.#
#...#
#####
```

同时求得冰激凌球的面积和周长十分重要,因为 Farmer John 最终想要最小化周长与面积的比值,他称这是他的冰激凌的"冰周率"。当这个比率较小的时候,冰激凌化得比较慢,因为此时冰激凌单位质量的表面积较小。

【输入格式】

输入的第一行包含 N,以下 N 行描述了机器的生产结果。其中至少出现一个'#'字符。

【输出格式】

输出一行,包含两个空格分隔的整数,第一个数为最大的冰激凌球的面积,第二个数为它的周长。如果多个冰激凌球并列面积最大,输出其中周长最小的那一个的信息。

【输入样例】

```
6
##....
....#.
.#..#.
.#####
...###
....##
```

【输出样例】

13 22

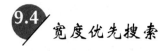

9.4 宽度优先搜索

宽度优先搜索算法 BFS(Breadth First Search)又称为广度优先搜索,简称宽搜,是最简便的搜索算法之一,这个算法是很多重要的图论算法的模型,它跟深度优先搜索一样属于盲目搜寻法,目的是系统地展开并检查问题解空间中的所有节点,以找寻目标节点(目标状态)。

换句话说,它并不考虑结果的可能位置,不关心搜索的快慢好坏,就是彻底地搜索问题解空间,直到找到目标节点为止(或者无解)。从算法的观点看,所有因为展开节点而得到的子节点都会被加入到一个先进先出的队列中,所以是队列的重要应用。

观察图 9.4-1 搜索树,比较 BFS 与 DFS 的区别。白色表示未访问的节点,黑色表示已经访问的节点,灰色表示 DFS 中为正在访问的节点及 BFS 中为已入队等待访问的节点。

它是从初始结点开始,应用规则和控制策略生成第一层结点,同时检查目标结点是否在这些生成的结点中。若没有,再用规则将所有第一层结点逐一拓展,得到第二层结点,并逐一检查第二层结点是否包含目标结点。若没有,再用规则拓展第三层结点。如此依次拓展,检查下去,直到发现目标结点为止。如果拓展完所有结点,都没有发现目标结点,则问题无解。

对于同一层结点来说,它们对于问题的解的价值是相同的,所以第一个找到的目标结点一定是应用规则最少的,因此,宽搜适合求最少步骤或最短解序列这类最优解问题,当然因其下层节点总跟上层节点紧密有关,用来求联通问题也是可以的。

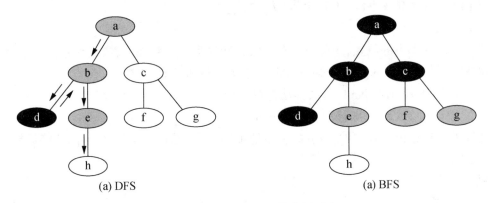

图 9.4-1　BFS 与 DFS 搜索树对比

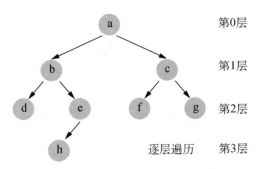

图 9.4-2　BFS 搜索树层次

BFS 问题解决的关键:
➢ 状态表示:状态一般是指现场信息的描述,通常用 T 表示。一般用 T_0 表示初始状态,T_n 表示目标状态。

➢ 状态转移:根据产生式规则和约束条件控制从当前状态转移到下一个状态。
➢ 状态判重:大多数情况下,出现重复状态会造成死循环或空间的浪费。

BFS 算法模板(数组模拟):

```
1.  front = 0;
2.  rear = 1;
3.  初始状态入队;
4.  while(front < rear) {   //当队列不为空
5.      取队首元素进行拓展;
6.      for(对所有可能的拓展状态) {
7.          if(新状态合法)  入队;
8.          if(当前状态是目标状态)
9.              处理(输出解或比较解的优劣);
10.     }
11. }
```

【例1】 抓住那头牛(POJ 3 278,ch9.4_1.cpp)。

【问题描述】

农夫知道一头牛的位置,想要抓住它。农夫和牛都位于数轴上,农夫起始位于点 $N(0 \leqslant N \leqslant 100000)$,牛位于点 $K(0 \leqslant K \leqslant 100000)$。农夫有两种移动方式:

从 X 移动到 X-1 或 X+1,每次移动花费一分钟;

从 X 移动到 2*X,每次移动花费一分钟。

假设牛没有意识到农夫的行动,站在原地不动。农夫最少要花多少时间才能抓住牛?

【输入格式】

两个整数,N 和 K。

【输出格式】

一个整数,农夫抓到牛所要花费的最小分钟数。

【输入样例】

3 5

【输出样例】

2

【问题分析】

状态表示为坐标的位置 X,位置初始状态 N,目标状态 K。

状态转移 $\begin{cases} 规则1: X \to X - 1 \\ 规则2: X \to X + 1 \\ 规则3: X \to 2 * X \end{cases}$

约束条件:$0 \leqslant X \leqslant 100000$。

图 9.4-3 表示,从坐标 3 位置根据规则可以到坐标 2、4、6,从 2 号位置可以到 1、3、4 位置,但是因为 3、4 已经有记录了,所以坐标 2 下只连接了坐标 1 位置。

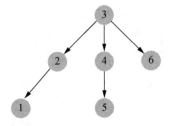

图 9.4-3 树形坐标变化图

图 9.4-4 队列变化

【参考程序】

```
1.  #include <bits/stdc++.h>
2.  using namespace std;
3.  const int MAXN = 100000 + 10;
4.  int n, k;
5.  bool vis[MAXN];
6.  struct Node {
7.      int x, steps;
8.      Node( int _x, int _steps ): x( _x ), steps( _steps ) {};
9.      //初始化函数
10. };
11. queue<Node> q;
12. void bfs() {
13.     q.push( Node( n, 0 ) );
14.     vis[n] = true;
15.
16.     while( !q.empty() ) {
17.         Node cur = q.front();
18.         q.pop();
19.         int x = cur.x;
20.         if( x == k ) {
21.             cout << cur.steps << endl;
22.             break;
23.         } else for( int i = 1; i <= 3; ++i ) {
24.             int nx;
25.             if( i == 1 ) nx = x - 1;
26.             if( i == 2 ) nx = x + 1;
27.             if( i == 3 ) nx = x * 2;
28.             if( nx >= 0 && nx <= 100000 && !vis[nx] ) {
29.                 vis[nx] = true;
30.                 q.push( Node( nx, cur.steps + 1 ) );
31.             }
```

```
32.          }
33.      }
34. }
35. int main() {
36.      memset( vis, false, sizeof( vis ) );
37.      cin >> n >> k;
38.      if( n == k ) {
39.          cout << 0 << endl;
40.          return 0;
41.      }
42.      bfs();
43.      return 0;
44. }
```

【问题讨论】为什么 BFS 找到的第一个目标结点一定是最优解?

在搜索的过程中,BFS 对于结点总是沿着深度逐层拓展的,拓展第 n+1 层结点,必须先将第 n 层结点全部拓展完毕。而对于同一层结点而言,它们对于问题解的价值是相同的。

所以 BFS 一定能保证:第一个找到的目标结点,一定是应用拓展规则最少的。因此,宽度优先搜索较适合求最优解的问题。

【例 2】 小明找答案(answer.cpp/.in/.out)。

【问题描述】

有一次上数学课,老师布置了课堂作业。小明在写作业时睡着了。他梦见自己站在一个迷宫里,一个圣人给了他迷宫的地图,说:"你现在位于迷宫的左上角,迷宫的右下角有数学作业的答案。你只能上下左右走,但你放心迷宫是一定能走得通的。"小明很想拿到答案,但他太笨了,所以找来了会编程的你,叫你帮他找到答案。他需要知道走出迷宫的最少步数。

【输入格式】

第一行是两个整数 m 和 n,分别表示迷宫的行数和列数;

接下来的 m 行,每行 n 个字符,代表整个迷宫。

空地用"."表示,有障碍物的格子用"#"表示(不包含引号)。

迷宫的左上角和右下角都是"."。

【输出格式】

输出包含一个整数,表示小明找到答案的最少步数。

【输入样例】

5 5

. . # # #

. . . .

. # .

. # .

. # . .

【输出样例】
9

【数据说明】
对于 100% 的数据,1 ≤ n,m ≤ 50。

【问题分析】
状态表示:行列坐标。
　　初始状态:(1,1);
　　目标状态:(r,c)。
依据题意,根据移动规则可以得到队列变化如图 9.4-6。

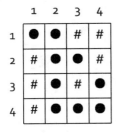

图 9.4-5　样例图示

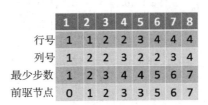

图 9.4-6　BFS 过程

【参考程序】

```
1.  #include <bits/stdc++.h>
2.  using namespace std;
3.  const int MAXN = 100 + 10;
4.  int r, c;
5.  char ch[MAXN][MAXN];
6.  int q[MAXN * MAXN][3], front, rear;
7.  bool vis[MAXN][MAXN];
8.
9.  const int dir[4][2] = {{0, 1}, {1, 0}, {0, -1}, {-1, 0}};
10.
11. int main() {
12.     cin >> r >> c;
13.     for( int i = 1; i <= r; i++ )
14.         for( int j = 1; j <= c; j++ )
15.             cin >> ch[i][j];
16.
17.     if( r == 1 && c == 1 ) {
18.         cout << 0 << endl;
19.         return 0;
20.     }
21.
```

```
22.     front = rear = 1;
23.     q[1][0] = 1;
24.     q[1][1] = 1;
25.     q[1][2] = 1;
26.     vis[1][1] = true;
27.
28.     while( front <= rear ) {
29.         int x = q[front][0];
30.         int y = q[front][1];
31.
32.         for( int k = 0; k < 4; k++ ) {
33.             int nx = x + dir[k][0];
34.             int ny = y + dir[k][1];
35.
36.             if( nx >= 1 && nx <= r && ny >= 1 && ny <= c
37.                 && ch[nx][ny] == '.' && !vis[nx][ny] ) {
38.                 rear++;
39.                 q[rear][0] = nx;
40.                 q[rear][1] = ny;
41.                 q[rear][2] = q[front][2] + 1;
42.                 vis[nx][ny] = true;
43.             }
44.
45.             if( nx == r && ny == c ) {
46.                 cout << q[rear][2] << endl;
47.                 return 0;
48.             }
49.         }
50.
51.         front++;
52.     }
53.     return 0;
54. }
```

【例3】 奶酪（NOIP2017，cheese.cpp/.in/.out）。

【问题描述】

现有一块大奶酪，它的高度为 h，它的长度和宽度我们可以认为是无限大的，奶酪中间有许多半径相同的球形空洞。我们可以在这块奶酪中建立空间坐标系，在坐标系中，奶酪的下表面为 z = 0，奶酪的上表面为 z = h。

现在，奶酪的下表面有一只小老鼠 Jerry，它知道奶酪中所有空洞的球心所在的坐标。如果两个空洞相切或是相交，则 Jerry 可以从其中一个空洞跑到另一个空洞，特别地，如果一个空洞与下表面相切或是相交，Jerry 则可以从奶酪下表面跑进空洞；如果一个空洞与上表面相切或是相交，Jerry 则可以从空洞跑到奶酪上表面。

位于奶酪下表面的 Jerry 想知道，在不破坏奶酪的情况下，能否利用已有的空洞跑到奶酪的上表面去？

空间内两点 $P_1(x_1, y_1, z_1)$、$P_2(x_2, y_2, z_2)$ 的距离公式如下：

$$dist(p_1\,p_2) = \sqrt{(x_1 - x_2)^2 + (y_1 - y_2)^2 + (z_1 - z_2)^2}$$

【输入格式】

包含多组数据：

第一行，包含一个正整数 T，代表所含的数据组数。接下来是 T 组数据，每组数据的格式如下：第一行包含三个正整数 n、h 和 r，分别代表奶酪中空洞的数量、奶酪的高度和空洞的半径。接下来的 n 行，每行包含三个整数 x、y、z，表示空洞球心坐标。

【输出格式】

输出包含 T 行，分别对应 T 组数据的答案，如果在第 i 组数据中，Jerry 能从下表面跑到上表面，则输出 Yes；如果不能，则输出 No（均不包含引号）。

【输入样例】

3
2 4 1
0 0 1
0 0 3
2 5 1
0 0 1
0 0 4
2 5 2
0 0 2
2 0 4

【输出样例】

Yes

No

Yes

【数据规模与约定】

对于 20% 的数据，n = 1；1 ≤ h，r ≤ 10000；坐标的绝对值不超过 10,000；

对于 40% 的数据，1 ≤ n ≤ 8；1 ≤ h，r ≤ 10000；坐标的绝对值不超过 10,000；

对于 80% 的数据，1 ≤ n ≤ 1,000；1 ≤ h，r ≤ 10000；坐标的绝对值不超过 10,000；

对于 100% 的数据，1 ≤ n ≤ 1,000；1 ≤ h，r ≤ 1000000000；T ≤ 20；坐标的绝对值不超过 1000000000。

【问题分析】问题本质是判断联通性问题，状态表示采用当前到达的空洞编号，转移时根据球心距离来处理。

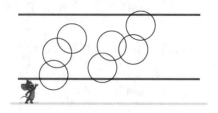
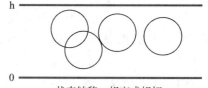

状态转移：相交或相切

图 9.4-7 奶酪   图 9.4-8 状态转移图

【参考程序】

1. `#include<bits/stdc++.h>`
2. `using namespace std;`
3. `const int N = 1e4;`
4. `struct node {`
5. `    double x;`
6. `    double y;`
7. `    double z;`
8. `} a[N];`
9. `int vis[N], n, h, r, t;`
10. `queue<node> q;`
11. `double dist( node a, node b ) { //两点之间的距离`
12. `    double dx = a.x - b.x;`
13. `    double dy = a.y - b.y;`
14. `    double dz = a.z - b.z;`
15. `    double ans = sqrt( dx * dx + dy * dy + dz * dz );`
16. `    return ans;`
17. `}`
18.
19. `bool bfs() {`
20. `    while( !q.empty() ) {`
21. `        if ( q.front().z + r >= h ) //满足条件,联通`
22. `            return true;`
23. `        node now = q.front();`
24. `        q.pop();`
25. `        for( int i = 1; i <= n; i++ ) {`
26. `            if ( r * 2 >= dist( now, a[i] ) && !vis[i] ) {`
27. `                //如果两点的距离<=2*r,而且这个点没有访问过.`
28. `                q.push( a[i] ); //入队`
29. `                vis[i] = 1; //已经访问过了`
30. `                if ( q.front().z + r >= h ) //满足条件`
31. `                    return true;`
32. `            }`

```
33.            }
34.        }
35.        return false;//不联通
36. }
37. int main() {
38.     cin >> t;
39.     while( t-- ) {
40.         cin >> n >> h >> r;
41.         for( int i = 1; i <= n; i++ )
42.             cin >> a[i].x >> a[i].y >> a[i].z;
43.         memset( vis, false, sizeof( vis ) );
44.         for( int i = 1; i <= n; i++ )
45.             if ( a[i].z - r <= 0 ) { //初始时和下边界接触入队
46.                 q.push( a[i] );
47.                 vis[i] = 1;
48.             }
49.         if ( bfs() ) //判断是否找得到合法路径
50.             cout << "Yes" << endl;
51.         else
52.             cout << "No" << endl;;
53.     }
54.     return 0;
55. }
```

当然这是一个路径联通的问题,深度优先搜索同样可以完成任务。

【例4】 飞越原野(AOJ.866,ch9.4_4.cpp)。

【问题描述】

勇敢的法里奥出色地完成了任务之后,正在迅速地向自己的基地撤退。但由于后面有着一大群追兵,所以法里奥要尽快地返回基地,否则就会被敌人逮住。

终于,法里奥来到了最后一站:泰拉希尔原野,穿过这里就可以回到基地了。然而,敌人依然紧追不舍。不过,泰拉希尔的地理条件对法里奥十分有利,众多的湖泊随处分布。敌人需要绕道而行,但法里奥还是决定找一条能尽快回到基地的路。

假设泰拉希尔原野是一个 m*n 的矩阵,它有两种地形,P 表示平地,L 表示湖泊,法里奥只能停留在平地上。他目前的位置在左上角(1,1)处,而目的地为右下角的(m,n)。法里奥可以向前后左右 4 个方向移动或飞行,每移动 1 格需要 1 单位时间。而飞行的时间主要花费在变形上,飞行本身时间消耗很短,所以无论一次飞行多远的距离,都只需要 1 单位时间。飞行的途中不能变向,并且一次飞行最终必须要降落到平地上。当然,由于受到能量的限制,法里奥不能无限制飞行,他总共最多可以飞行的距离为 D。在知道了以上的信息之后,请你帮助法里奥计算一下,他最快到达基地所需要的时间。

【输入格式】

第一行是3个整数：m（1≤m≤100），n（1≤n≤100），D（1≤D≤100）。表示原野是 m*n 的矩阵，法里奥最多只能飞行距离为 D。

接下来的 m 行每行有 n 个字符，相互之间没有空格。P 表示当前位置是平地，L 则表示湖泊。假定(1,1)和(m,n)一定是平地。

【输出格式】

一个整数，表示法里奥到达基地需要的最短时间。如果无法到达基地，则输出 impossible。

【输入样例】

4 4 2
PLLP
PPLP
PPPP
PLLP

【输出样例】

5

【问题分析】

不考虑"飞行"，即只有一种运动方式，就是最基本的宽搜。

解题关键：如何处理"飞行"运动？

状态表示：当前的坐标，所用的时间，剩余的可飞行距离。

状态判重：开一个三维的 visit 数组记录走过的路径，因为需要额外的维度来记录剩余的飞行能力。因为，同样是到达一个点，不同的飞行剩余距离，所得答案有可能不同。

状态转移：利用 BFS 进行搜索。不同的是，一般的 BFS 只需要枚举 4 个方向走一步的情况，而这本题则需要多枚举飞行的情况。实际上枚举每一种可能，走路，飞行 1 格、2 格、3 格……一直到最大剩余飞行距离。

【参考程序】

```
1.#include <bits/stdc++.h>
2.using namespace std;
3.const int Maxsize = 105;
4.int M, N, D;
5.char ch[Maxsize][Maxsize];
6.struct node {
7.    int x, y;
8.    int cost;
9.    int left;
10.    node( int xx, int yy, int t_cost, int t_left ):
11.        x( xx ), y( yy ), cost( t_cost ), left( t_left ) {};
12.};
```

```cpp
13. queue<node> q;
14. bool vis[Maxsize][Maxsize][Maxsize];
15. bool flag;
16. const int dir[4][2] = {{0, 1}, {1, 0}, {0, -1}, { -1, 0}};
17. void bfs() {
18.     q.push( node( 1, 1, 0, D ) );
19.     vis[1][1][D] = true;
20.     while( !q.empty() ) {
21.         node cur = q.front();
22.         q.pop();
23.         if( cur.x == M && cur.y == N ) {
24.             cout << cur.cost << endl;
25.             flag = true;
26.             break;
27.         }
28.         //枚举走
29.         for( int i = 0; i < 4; ++i ) {
30.             int nx = cur.x + dir[i][0];
31.             int ny = cur.y + dir[i][1];
32.             if( ch[nx][ny] == 'P' && !vis[nx][ny][cur.left] ) {
33.                 q.push( node( nx, ny, cur.cost + 1, cur.left ) );
34.                 vis[nx][ny][cur.left] = true;
35.             }
36.         }
37.         //枚举飞行
38.         for( int i = 0; i < 4; ++i ) {
39.             for( int j = 2; j <= cur.left; ++j ) {
40.                 int nx = cur.x + j * dir[i][0];
41.                 int ny = cur.y + j * dir[i][1];
42.                 if( ch[nx][ny] == 'P' && !vis[nx][ny][cur.left] ) {
43.                     q.push( node( nx, ny, cur.cost + 1, cur.left - j ) );
44.                     vis[nx][ny][cur.left] = true;
45.                 }
46.             }
47.         }
48.     }
49. }
50. int main() {
```

```
51.    cin >> M >> N >> D;
52.    for( int i = 1; i <= M; ++i )
53.        for( int j = 1; j <= N; ++j )
54.            cin >> ch[i][j];
55.    bfs();
56.    if( !flag ) cout << "impossible" << endl;
57.    return 0;
58. }
```

一般来讲,宽度优先搜索需要储存所产生的所有节点。因此,占用的空间比较多,必须考虑溢出和节约内存的问题。必须判重,宽搜会产生大量重复节点,因此一定要把重复节点删除。宽搜无回溯的操作,在搜索速度上比较快。

若问题的解要一条路径,则需对每个节点都要保存其父节点,以便输出那条路径。

小节练习

1. 瓷砖(tile.cpp/.in/.out)。

【问题描述】

在一个 w*h 的矩形广场上,每一块 1*1 的地面都铺设了红色或黑色的瓷砖。小 Y 同学站在某一块黑色的瓷砖上,他可以从此处出发,移动到上下左右四个相邻的、且是黑色的瓷砖上。

现在,他想知道,通过重复上述移动所能经过的黑色瓷砖数。

【输入格式】

第一行为 h、w,2≤w、h≤50,之间有一个空格隔开;

以下为一个 w 行 h 列的二维字符矩阵,每个字符为"."、"#"、"@",分别表示该位置为黑色的瓷砖、红色的瓷砖、小 Y 的初始位置。

【输出格式】

输出一行一个整数,表示小 Y 从初始位置出发可以到达的瓷砖数。

【输入样例】

11 9
.#........
.#.#######.
.#.#.....#.
.#.#.###.#.
.#.#..@#.#.
.#.#####.#.
.#.......#.
.#########.
....

【输出样例】
59

2. 最大黑区域(area.cpp/.in/.out)。
【问题描述】
二值图像是由黑白两种像素组成的矩形点阵,图像识别的一个操作是求出图像中最大黑区域的面积。请设计一个程序完成二值图像的这个操作。黑区域由黑像素组成,一个黑区域中的每个像素至少与该区域中的另一个像素相邻,规定一个像素仅与其上、下、左、右的像素相邻。两个不同的黑区域没有相邻的像素。一个黑区域的面积是其所包含的像素的个数。
【输入格式】
第一行含两个整数 n 和 m ($1 \leq n, m \leq 100$),分别表示二值图像的行数与列数,后面紧跟着 n 行,每行含 m 个整数 0 或 1,其中第 i 行表示图像的第 i 行的 m 个像素,0 表示白像素,1 表示黑像素。每一行的两个数之间有一个空格分隔。
【输出格式】
相应的图像中最大黑区域的面积。
【输入样例】
5 6
0 1 1 0 0 1
1 1 0 1 0 1
0 1 0 0 1 0
0 0 0 1 1 1
1 0 1 1 1 0
【输出样例】
7

3. 奇怪的电梯(lift.cpp/.in/.out)。
【问题描述】
有一天我做了一个梦,梦见了一种很奇怪的电梯。大楼的每一层楼都可以停电梯,而且第 i 层楼($1 \leq i \leq N$)上有一个数字 K_i($0 \leq K_i \leq N$)。电梯只有四个按钮:开、关、上、下。上下的层数等于当前楼层上的那个数字。当然,如果不能满足要求,相应的按钮就会失灵。例如:3 3 1 2 5 代表了 K_i($K_1=3, K_2=3, \cdots\cdots$),从一楼开始。在一楼,按"上"可以到 4 楼,按"下"是不起作用的,因为没有 -2 楼。那么,从 A 楼到 B 楼至少要按几次按钮呢?
【输入格式】
输入文件共有两行:
第一行为三个用空格隔开的正整数,表示 N, A, B($1 \leq N \leq 200, 1 \leq A, B \leq N$);
第二行为 N 个用空格隔开的正整数,表示 K_i。
【输出格式】
输出文件仅一行,即最少按键次数,若无法到达,则输出 -1。
【输入样例】
5 1 5

3 3 1 2 5
【输出样例】
3

4. 关系网络(relationship.cpp/.in/.out)。
【问题描述】
有 n 个人,他们的编号为 1~n,其中有一些人相互认识,现在 j 想要认识 k,可以通过他所认识的人来认识更多的人(如果 a 认识 b、b 认识 c,那么 a 可以通过 b 来认识 c),求出 x 最少需要通过多少人才能认识 y。
【输入格式】
第一行三个整数 n、x、y,接下来一个 n×n 的邻接矩阵(n≤100,1≤x,y≤n,x<>y),a[i,j]=1 表示 i 认识 j,0 表示不认识。保证 i=j 时,a[i][j]=0,并且 a[i][j]=a[j][i]。
【输出格式】
x 认识 y 最少需要通过的人数。
【输入样例】
5 1 5
0 1 0 0 0
1 0 1 1 0
0 1 0 1 0
0 1 1 0 1
0 0 0 1 0
【输出样例】
2

5. 仙岛求药(medic.cpp/.in/.out)。
【问题描述】
小明闯进了仙灵岛寻求仙药,克服了千险万难来到岛的中心,发现仙药摆在了迷阵的深处。迷阵由 M×N 个方格组成,有的方格内有可以秒杀小明的怪物,而有的方格则是安全的。现在小明想尽快找到仙药,显然他应避开有怪物的方格,并经过最少的方格,而且那里会有神秘人物等着他。现在要求你来帮助他实现这个目标。
下图显示了一个迷阵的样例及小明找到仙药的路线。

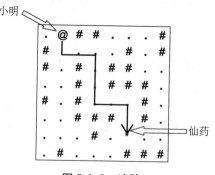

图 9.4-9 迷阵

【输入格式】

输入有多组测试数据,每组测试数据以两个非零整数 M 和 N 开始,两者均不大于 20。M 表示迷阵行数,N 表示迷阵列数。接下来有 M 行,每行包含 N 个字符,不同字符分别代表不同含义:

1) '@':小明所在的位置;
2) '.':可以安全通行的方格;
3) '#':有怪物的方格;
4) '*':仙药所在位置。

当在一行中读入的是两个 0 时,表示输入结束。

【输出格式】

对于每组测试数据,分别输出一行,该行包含小明找到仙药需要穿过的最少的方格数目(计数包括初始位置的方块)。如果他不可能找到仙药,则输出 -1。

【输入样例】

```
8 8
.@##...#
#....#.#
#.#.##..
..#.##.#.
#.#...#.
..###.#.
....#.*.
.#...#.##
6 5
.*.#.
.#...
..##.
.....
.#...
....@
9 6
.#..#.
.#..*.#
.###.#.
..#...
...#..
..#...
..#...
..#...
#.@..##
```

```
.#..#.
0 0
```
【输出样例】
```
10
8
-1
```

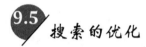 搜索的优化

我们再来回顾一下搜索算法的特点,搜索是对一个问题不断地寻找可行方案,然后找到最优的可行方案,它被称为"通用解题法",但是大部分情况下搜索所需的时间复杂度很高。搜索一般分为:深度优先搜索(DFS)和广度优先搜索(BFS)。状态指对问题在某一时刻的进展情况的数学描述,状态转移是问题从一种状态转移到另一种状态的操作,搜索过程就是通过状态转移不断地寻找目标状态或最优状态。

一般的深度优先搜索问题都要用到回溯算法,每次不能遍历下去时,回溯到前一个点,继续遍历,所以搜索尤其是深度优先搜索需要优化,尽可能减少生成的节点数或者订制回溯边界条件,剪掉不可能得到最优解的子树。有时运用记忆化的方法,使得一些遍历过的子树不要重复遍历,减少所遍历的状态总数。

通过一些实例我们对搜索算法的优化进行一些探究。

【例1】 抓住那头牛(POJ 3278,cow.cpp/.in/.out)。

【问题描述】

农夫知道一头牛的位置,想要抓住它。农夫和牛都位于数轴上,农夫起始位于点 N(0≤N≤100000),牛位于点 K(0≤K≤100000)。农夫有两种移动方式:

➢ 从 X 移动到 X-1 或 X+1,每次移动花费一分钟;

➢ 从 X 移动到 2*X,每次移动花费一分钟。

假设牛没有意识到农夫的行动,站在原地不动。农夫最少要花多少时间才能抓住牛?

【输入格式】

两个整数,N 和 K。

【输出格式】

一个整数,农夫抓到牛所要花费的最小分钟数。

【输入样例】

5 17

【输出样例】

4

【问题分析】

状态表示为坐标的位置 X,位置初始状态 N,目标状态 K。

状态转移—$\begin{cases} 规则1: X \to X-1 \\ 规则2: X \to X+1 \\ 规则3: X \to 2*X \end{cases}$

约束条件: $0 \leq X \leq 100000$。

【问题分析】
先考虑裸的 DFS,根据题意,暴力检查目标位置。

【参考程序 cow_1.cpp】

```cpp
1.#include <bits/stdc++.h>
2.using namespace std;
3.const int INF = 0x3f3f3f3f;
4.int N, K;
5.int ans = 100010;
6.bool vis[100010];
7.void dfs( int x, int dep ) {
8.    if( x == K ) { //到达目标状态比较答案的优劣
9.        if( dep < ans ) ans = dep;
10.       return;
11.   } else for( int i = 1; i <= 3; ++i ) {
12.       int nx;
13.       if( i == 1 ) nx = x - 1;
14.       if( i == 2 ) nx = x + 1;
15.       if( i == 3 ) nx = x * 2;
16.
17.       if( nx >= 0 && nx <= 100000 && !vis[nx] ) {
18.           vis[nx] = true;
19.           dfs( nx, dep + 1 );
20.           vis[nx] = false;
21.       }
22.   }
23.}
24.int main() {
25.   cin >> N >> K;
26.   vis[N] = true;
27.   dfs( N, 0 );
28.   cout << ans << endl;
29.   return 0;
30.}
```

显然会超时,考虑可行性剪枝:如果当前条件不合法就不再继续搜索,直接 return。这是非常好理解的剪枝,也是使用最多的剪枝。根据坐标变化 $-1, +1, 2*x$,具有对称性,所以搜索范围在 $0 \sim 2*K$ 之间,否则不会最优,所以 $0 \sim 2*K$ 是解可行区间,修改成第 20 行代码。

【参考程序 cow_2.cpp】

```cpp
1. #include <bits/stdc++.h>
2. using namespace std;
3. const int INF = 0x3f3f3f3f;
4. int N, K;
5. int ans = 100010;
6. bool vis[100010];
7. int cnt;
8. void dfs( int x, int dep ) {
9.     cnt++;
10.    if( x == K ) {
11.        if( dep < ans ) ans = dep;
12.        return;
13.    } else
14.        for( int i = 1; i <= 3; ++i ) {
15.            int nx;
16.            if( i == 1 ) nx = x - 1;
17.            if( i == 2 ) nx = x + 1;
18.            if( i == 3 ) nx = x * 2;
19.
20.            if( nx >= 0 && nx <= min( 2 * K, 100000 ) && !vis[nx] ) {
21.                vis[nx] = true;
22.                dfs( nx, dep + 1 );
23.                vis[nx] = false;
24.            }
25.        }
26. }
27.
28. int main() {
29.     cin >> N >> K;
30.     if( N == K ) {
31.         cout << 0 << endl;
32.         return 0;
33.     }
34.     if( N > K ) {
35.         cout << N - K << endl;
36.         return 0;
37.     }
38.     vis[N] = true;
```

```
39.    dfs( N, 0 );
40.    cout << ans << endl;
41.    return 0;
42.}
```

效率已经有所提升，我们再考虑最优性剪枝：找到一个可行方案作为当前最优解，下次在搜索其他方案的过程中发现新的花费已超过当前最优解，则 return，否则找到下一个可行方案更新当前最优解。

图 9.5-1 中，搜索到 17 前经历……6→7→……→16→17 等过程，步数 ans=14。则 ans=14 就是当前最优解。

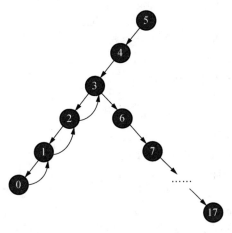

图 9.5-1　搜索 17 号坐标状态之一

【参考程序 cow_3.cpp】

```
1.#include <bits/stdc++.h>
2.using namespace std;
3.int N, K;
4.int ans = 100010;
5.bool vis[100010];
6.int cnt;
7.void dfs( int x, int dep ) {
8.    //cnt++; 记录搜索次数，可以考察性能
9.    if( dep >= ans ) return;
10.   if( x == K ) {
11.       if( dep < ans ) ans = dep;
12.       return;
13.   } else
14.       for( int i = 1; i <= 3; ++i ) {
15.           int nx;
16.           if( i == 1 ) nx = x - 1;
```

```
17.        if( i == 2 ) nx = x + 1;
18.        if( i == 3 ) nx = x * 2;
19.        if( nx >= 0 && nx <= min( 2 * K, 100000 ) && !vis[nx
    ] ) {
20.            vis[nx] = true;
21.            dfs( nx, dep + 1 );
22.            vis[nx] = false;
23.        }
24.    }
25.}
26.
27.int main() {
28.    cin >> N >> K;
29.    if( N == K ) {
30.        cout << 0 << endl;
31.        return 0;
32.    }
33.    if( N > K ) {
34.        cout << N - K << endl;
35.        return 0;
36.    }
37.    vis[N] = true;
38.    dfs( N, 0 );
39.    //cout << "cnt = " << cnt << endl;
40.    cout << ans << endl;
41.    return 0;
42.}
```

既然从初始状态开始搜起来,就把每次可达的坐标位置经历时间均记录下来,下次再来时检查它的时间记录,如果比原来的结果差就不走这里。这就是处处最优性(记忆化)剪枝:到达每个状态,则记录下从初始状态到达该状态的当前最优解。下次再搜索其他方案走到该状态时,则先判断当前花费是否比原先记录下的"当前最优解"优,不如它,则 return,否则更新记录。

【参考程序 cow_4.cpp】

```
1.#include <bits/stdc++.h>
2.using namespace std;
3.const int INF = 0x3f3f3f3f;
4.int N, K;
5.int ans = 100010;
6.int f[100010]; //f[i]保存从起点走到 i 的当前最优值(最少步数)
7.bool vis[100010];
```

```cpp
8. int cnt;
9. void dfs( int x, int dep ) {
10.     cnt++;
11.     //记忆化
12.     if( dep >= f[x] ) return;
13.     f[x] = dep;
14.     if( dep >= ans ) return; //最优性剪枝
15.     if( x == K ) {
16.         if( dep < ans ) ans = dep;
17.     } else for( int i = 1; i <= 3; ++i ) {
18.         int nx;
19.         if( i == 1 ) nx = x - 1;
20.         if( i == 2 ) nx = x + 1;
21.         if( i == 3 ) nx = x * 2;
22.
23.         if( nx >= 0 && nx <= min( 2 * K, 100000 ) && !vis[nx] ) {
24.             vis[nx] = true;
25.             dfs( nx, dep + 1 );
26.             vis[nx] = false;
27.         }
28.     }
29. }
30.
31. int main() {
32.     cin >> N >> K;
33.     if( N == K ) {
34.         cout << 0 << endl;
35.         return 0;
36.     }
37.     if( N > K ) {
38.         cout << N - K << endl;
39.         return 0;
40.     }
41.     memset( f, INF, sizeof( f ) );
42.     vis[N] = true;
43.     dfs( N, 0 );
44.     cout << ans << endl;
45.     return 0;
46. }
```

从图9.5-1可以看出,有时搜索深度很大,但是答案在那条路径上吗？不知道,也许冤枉路会走不少。怎么办？自己给自己设置个上限(深度边界),每次搜到边界就重新来过,重新开始时把上限再宽限一点。依此进行,直到搜出结果(如果问题本身无解,这种搜索方法无效)。这个优化称为迭代加深搜索。

这种方式是基于本问题的两个特征:一是它是个求最优解问题,最优的答案深度最小;二是它搜索时可能会达到极大的深度,而这样的答案是没用且费时的。

什么是迭代加深呢？正如上面说的,某些问题搜索时可能会存在搜索很深却得不到最优解的情况,那么我们就给搜索设置一个约束,当搜索深度达到约束值却还没找到可行解时结束搜索。如果我们在一个深度约束下没有搜索到答案,那么答案一定在更深的位置,那么就把约束深度调整到更深,然后再次搜索,直到搜索到答案为止。如果问题具有单调性,往往可以结合二分答案进行快速确定深度边界,效果更加明显。

在实际运用中,如果没有合适的方法来剪枝,迭代加深搜索也会很容易超时。好在迭代加深搜索有一个比较特殊的剪枝方法,就是对当前的情况通过一个乐观估计函数进行预估,如果发现即使在最好的情况下搜索到当前的最深深度限制也没办法得到答案,那么就及时退出来实现剪枝。

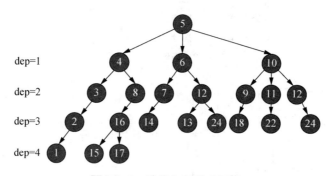

图9.5-2 迭代加深搜索图示

【参考程序 cow_5.cpp】

```
1.#include<bits/stdc++.h>
2.using namespace std;
3.int N, K;
4.int ans = 100010;
5.bool vis[100010];
6.int maxd;
7.int cnt = 0;
8.bool dfs( int x, int dep ) {
9.    cnt++; //搜索次数,考察程序性能
10.   if( dep > maxd ) return false;
11.   if( x == K ) {
12.       cout << maxd << endl;
13.       return true;
```

```
14.     } else
15.         for( int i = 1; i <= 3; ++i ) {
16.             int nx;
17.             if( i == 1 ) nx = x * 2;
18.             if( i == 2 ) nx = x + 1;
19.             if( i == 3 ) nx = x - 1;
20.
21.             if( nx >= 0 && nx <= min( 2 * max( N, K ), 100000 )
        && !vis[nx] ) {
22.                 vis[nx] = true;
23.                 if( dfs( nx, dep + 1 ) ) return true;
24.                 vis[nx] = false;
25.             }
26.         }
27.
28.     return false;
29. }
30. int main() {
31.     cin >> N >> K;
32.     int ok = 0;
33.     for( maxd = 1; ; ++maxd ) { //搜索深度,根结点为0
34.         if( dfs( N, 0 ) ) {
35.             ok = 1;
36.             break;
37.         }
38.     }
39.     cout << "cnt = " << cnt << endl;
40.     return 0;
41. }
```

实际运行发现最大数据量在 5000 次左右得到答案,效果还是比较理想的。

下面再根据本题,讨论一下宽度优先搜索的优化:双向搜索。双向搜索的条件比较苛刻,要求问题出发点 S 和目标点 T 是已知的,变化规则可逆(本题条件中的 -1 和 +1),可快速判断双向相遇。

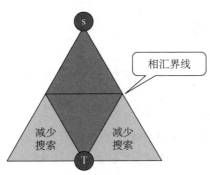

图 9.5-3 双向搜索加速原理

双向搜索算法如何快速判断双向搜索的节点相遇是最为重要的,因为如果简单地查找,每个逆向的节点都要在所有正向节点中查找,则又退化为全体空间的查找了,所以请大家注意第 33、52 句代码,体会双向搜索的意义。

【参考程序 cow_6.cpp】

```cpp
1.  #include<bits/stdc++.h>
2.  using namespace std;
3.  const int MAXN = 100000000 + 10;
4.  int N, K;
5.  queue<int> q1, q2;
6.  bool vis1[MAXN], vis2[MAXN];
7.  int f1[MAXN], f2[MAXN]; //f1[i]保存从起点 N 到 i 花费的最少步数
8.  //f2[i]保存从终点 K 到 i 花费的最少步数
9.  void bfs() {
10.     if( N == K ) {
11.         cout << 0 << endl;
12.         return;
13.     }
14.     q1.push( N );
15.     vis1[N] = true;
16.     f1[N] = 0;
17.     q2.push( K );
18.     vis2[K] = true;
19.     f2[K] = 1;
20.     while( !q1.empty() && !q2.empty() ) {
21.         //正向做一层
22.         int x = q1.front();
23.         q1.pop();
24.         for( int i = 1; i <= 3; ++i ) {
25.             int nx;
26.             if( i == 1 ) nx = x - 1;
27.             if( i == 2 ) nx = x + 1;
28.             if( i == 3 ) nx = x * 2;
29.
30.             if( nx >= 0 && nx <= 100000000 && !vis1[nx] ) {
31.                 vis1[nx] = true;
32.                 f1[nx] = f1[x] + 1;
33.                 if( vis2[nx] ) { //相遇
34.                     cout << f1[nx] + f2[nx] - 1 << endl;
35.                     return;
```

```
36.            }
37.            q1.push( nx );
38.        }
39.    }
40.    //反向做一层
41.    x = q2.front();
42.    q2.pop();
43.    for( int i = 1; i <= 3; ++i ) {
44.        int nx;
45.        if( i == 1 ) nx = x - 1;
46.        if( i == 2 ) nx = x + 1;
47.        if( i == 3 && x % 2 == 0 ) nx = x / 2;
48.        if( nx >= 0 && nx <= 100000000 && !vis2[nx] ) {
49.            vis2[nx] = true;
50.            f2[nx] = f2[x] + 1;
51.            q2.push( nx );
52.            if( vis1[nx] ) { //相遇
53.                cout << f1[nx] + f2[nx] - 1 << endl;
54.                return;
55.            }
56.        }
57.    }
58. }
59. }
60.
61. int main() {
62.    cin >> N >> K;
63.    bfs();
64.    return 0;
65. }
```

总的来说,搜索算法的优化是有迹可循的,思考问题时可以从以下几个方面入手:

（1）缩小问题的状态空间。

（2）问题分治。

（3）根据问题的约束条件,在搜索中剪枝。

（4）利用搜索过程中的中间解。为了提高搜索效率,我们可以适当地将搜索过程中的一些中间解存储下来,以后遇到相同的结点,将不用再一次进行搜索,而直接使用存储下来的数据。

（5）进行解变换。当找到一个解之后,我们可以不用急着在状态空间中改变搜索方向,去寻找另外一个解。而可以尝试通过改变已有的解的结构,看看是否可以通过已经找到的解,变换到我们需要求的最优解。

(6) 寻找问题的隐性条件。有些问题存在着一些隐藏的条件,如果可以发现这些条件,将可以大大约束结点的扩展数量,尽快找到问题的解。

小节练习

1. 吃奶酪(洛谷 P1 433 cheese.cpp/.in/.out)。

【问题描述】

房间里放着 n ($1 \leq n \leq 10$) 块奶酪。一只小老鼠要把它们都吃掉,问至少要跑多少距离? 老鼠一开始在 (0,0) 点处。

【输入格式】

第一行一个正整数 n;

接下来每行 2 个数,表示第 i 块奶酪的坐标。

两点 (x_1, y_1) 和 (x_2, y_2) 之间的距离公式为:

$$\text{sqrt}((x_1-x_2)*(x_1-x_2)+(y_1-y_2)*(y_1-y_2))。$$

【输出格式】

一个数,表示要跑的最少距离,保留 2 位小数。

【输入样例】

```
4
1   1
1   -1
-1  1
-1  -1
```

【输出样例】

7.41

2. 神奇的四次方数(洛谷 P1 679 quartic.cpp/.in/.out)。

【问题描述】

小 x 在你的帮助下,终于帮同学找到了最合适的大学,接下来就要通知同学了。在班级里负责联络网的是 dm 同学,于是 v 神便找到了 dm 同学,可 dm 同学正在忙于研究一道有趣的数学题,为了请 dm 出山,v 神只好请你帮忙解决这道题了。

将一个整数 m 分解为 n 个四次方数的和的形式,要求 n 最小。

例如:m = 706,706 = $5^4 + 3^4$,则 n = 2。

【输入格式】

一行,一个整数 m。

【输出格式】

一行,一个整数 n。

【输入样例】

706

【输出样例】

2

【数据范围】

对于 30% 的数据,m≤5000;

对于 100% 的数据,m≤100000。

3. 拯救少林神棍(Coursera 课程,stick.cpp/.in/.out)。

【问题描述】

据说,少林寺的镇寺之宝,是救秦王李世民的十三棍僧留下的若干根一样长的棍子。在民国某年,少林寺被军阀炮轰,这些棍子被炸成 N 节长度各异的小木棒。战火过后,少林寺方丈想要用这些木棒拼回原来的棍子。可他记不得原来到底有几根棍子了,只知道古人比较矮,且为了携带方便,棍子一定比较短。他想知道这些棍子最短可能有多短。

【输入格式】

第一行是一个不超过 64 的整数,表示轰炸之后共有多少节木棍;

第二行是截断以后,所得到的各节木棍的长度。

【输出格式】

输出原始木棒的最短可能长度。

【输入样例】

9

5 2 1 5 2 1 5 2 1

【输出样例】

6

4. 靶形数独(Noip2009sudoku.cpp/.in/.out)。

【问题描述】

小城和小华都是热爱数学的好学生,最近,他们不约而同地迷上了数独游戏,好胜的他们想用数独来一比高低。但普通的数独对他们来说都过于简单了,于是他们向 Z 博士请教,Z 博士拿出了他最近发明的"靶形数独",作为这两个孩子比试的题目。

靶形数独的方格同普通数独一样,在 9×9 的大九宫格中有 9 个 3×3 的小九宫格(用粗黑色线隔开的)。在这个大九宫格中,有一些数字是已知的,根据这些数字,利用逻辑推理,在其他的空格上填入 1 到 9 的数字。每个数字在每个小九宫格内不能重复出现,每个数字

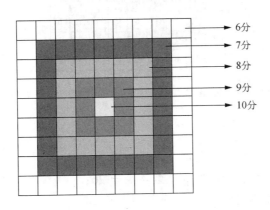

在每行、每列也不能重复出现。但靶形数独有一点和普通数独不同,即每一个方格都有一个分值,而且如同一个靶子一样,离中心越近则分值越高。

比赛的要求是:每个人必须完成一个给定的数独(每个给定数独可能有不同的填法),而且要争取更高的总分数。而这个总分数即每个方格上的分值和完成这个数独时填在相应格上的数字的乘积的总和。

【输入格式】

一共 9 行。每行 9 个整数(每个数都在 0~9 的范围内),表示一个尚未填满的数独方格,未填的空格用"0"表示。每两个数字之间用一个空格隔开。

【输出格式】

输出可以得到的靶形数独的最高分数。如果无解,则输出整数−1。

【输入样例】

7 0 0 9 0 0 0 0 1
1 0 0 0 0 5 9 0 0
0 0 0 2 0 0 0 8 0
0 0 5 0 2 0 0 0 3
0 0 0 0 0 0 6 4 8
4 1 3 0 0 0 0 0 0
0 0 7 0 0 2 0 9 0
2 0 1 0 6 0 8 0 4
0 8 0 5 0 4 0 1 2

【输出样例】

2829

【样例说明】

7	5	4	9	3	8	2	6	1
1	2	8	6	4	5	9	3	7
6	3	9	2	1	7	4	8	5
8	6	5	4	2	9	1	7	3
9	7	2	3	5	1	6	4	8
4	1	3	7	6	5	2	9
5	4	7	1	8	2	3	9	6
2	9	1	7	6	3	8	5	4
3	8	6	5	9	4	7	1	2

如图,在以下的这个已经填完数字的靶形数独游戏中,总分数为 2829。游戏规定,将以总分数的高低决出胜负。

【数据规模】

对于 40% 的数据,数独中非 0 数的个数不少于 30;
对于 80% 的数据,数独中非 0 数的个数不少于 26;
对于 100% 的数据,数独中非 0 数的个数不少于 24。

第 10 章　从贪心到动态规划

生活中,我们经常要面对选择。如果可能,我们会选择某一居住环境好的小区安家落户,我们会选择一个我们心目中的名校就读,开车时我们会选择一条最短的路线等,这都涉及到最优选择。通过前面的学习,我们可以穷举所有可能实现最优选择。除了穷举法,我们还可以用贪心和动态规划来实现最优选择。

10.1 贪心算法

1. 什么是贪心算法

我们去菜场买菜,假如我们向摊主支付了一张 50 元的纸币要买 5 元的菜,对方需要找给我们 45 元。一般情况下,摊主会找给我们 2 张 20 元和 1 张 5 元的纸币,因为这样用到纸币最少。摊主都是从面额大的纸币开始找,然后再从面额小的开始找,这种方法就是贪心算法。

所谓贪心算法是指解决问题时总是作出在当前看来是最好的选择。贪心算法能保证当前情况下最优解,但不能保证最终结果一定是最优解。

贪心算法没有固定的算法框架,算法设计的关键是贪心策略的选择,贪心策略一经确定就不能更改。

2. 几个基本概念

阶段:对整个问题的自然划分,很多时候可以根据时间或空间来划分。

状态:用来描述问题的变量集合。

决策:处理问题时每次作出的选择。

状态转移:根据决策策略由当前状态决策到下一状态。

3. 贪心算法的解题步骤

(1) 建立数学模型来描述问题。

(2) 把每一阶段要求解的问题分成若干个子问题。

(3) 对每一子问题求解,得到子问题的局部最优解。

(4) 根据子问题的最优解得到整个问题的解。

【例 1】　跳格子(jump.cpp/.in/.cpp,1S,128MB)。

【问题描述】

在地面上确定一个起点,然后在起点右侧画 n 个格子,这些格子都在同一条直线上。玩家第一次从起点开始向右跳,跳到起点右侧的一个格子内。第二次再从当前位置继续向右跳,依此类推。玩家每次都必须跳到当前位置右侧的一个格子内。玩家可以向右跳 1 格或 2 格,请问最少跳几次恰好跳到第 n 格。

【输入格式】

一行一个整数 n。

【输出格式】

一行仅有一整数,表示最少跳几次恰好跳到第 n 格。

【输入样例】

5

【输出样例】

3

【数据规模】

对 100% 的数据满足: $0 < n \leq 30$。

【问题分析】

根据题意,我们可以所处位置(空间)划分阶段。由于每次只能向右跳 1 格或 2 格,跳到第 n 格的问题可以分为求跳到第 n-1 格或 n-2 格的子问题。要尽量跳的次数最少,那我们应该尽量都跳 2 格,如果 n 是偶数,问题转化为求跳到第 n-2 格的子问题加 1,由于 n-2 肯定是偶数,所以每次都跳 2 格就是最优解;如 n 是奇数,问题转化为求跳到第 n-1 格的子问题加 1,此时 n-1 为偶数,则跳到第 n-1 格的子问题是每次跳 2 格。

由以上分析,我们最终可得到答案为 $[(n + 1) / 2]$。

【参考程序】

```cpp
1.  #include<bits/stdc++.h>
2.  using namespace std;
3.  int n;
4.  int main() {
5.      freopen("jump.in","r",stdin);
6.      freopen("jump.out","w",stdout);
7.      cin >> n;
8.      cout << (n + 1) / 2 << endl;
9.      return 0;
10. }
```

【例 2】 最大值(maxv.cpp/.in/.out,1S,128MB)。

【问题描述】

黑板上有 n 个 1,选择两个数 a 和 b,然后擦去 a 和 b,再将 a×b+1 的值写到黑板上,然后不停地做以上操作直到黑板上只有一个数,薛老师希望最后得到的数要尽可能大。

【输入格式】

一行一个整数 n。

【输出格式】

一行仅有一整数,表示黑板上剩下一个数时,这个数能达到的最大值。

【输入样例】
3
【输出样例】
3
【数据规模】
对 100% 的数据,满足: $2 < n \leqslant 50$。
【问题分析】
根据题意,n 个数的问题我们可以分解为三个子问题:x 个数得到的最大值 a,y 个数得到的最大值 b,z 个数得到的最大值 c($x + y + z = n, a \leqslant b \leqslant c$)。a、b、c 三个数根据操作顺序共有以下三种:

$(a * b + 1) * c + 1 = a * b * c + c + 1$ (1)
$(a * c + 1) * b + 1 = a * b * c + b + 1$ (2)
$(b * c + 1) * a + 1 = a * b * c + a + 1$ (3)

由上述式子可知,(1)式的值是最大的,也就是说每次选择 a、b 时,应该选择最小的两个数。

【参考程序】

```cpp
1.  #include<bits/stdc++.h>
2.  using namespace std;
3.  int n,t;
4.  vector<int> v; //由于要对数组多次插入、删除操作,用 vector 比较方便
5.  int main() {
6.      freopen("maxv.in","r",stdin);
7.      freopen("maxv.out","w",stdout);
8.      cin >> n;
9.      for(int i = 1; i <= n; i++)
10.         v.push_back(1);
11.     t = n - 1;
12.     for(int i = 0; i < t; i++) {
13.         sort(v.begin(),v.end());//排序
14.         int a = *v.begin();
15.         v.erase(v.begin());
16.         int b = *v.begin();
17.         v.erase(v.begin());
18.         v.push_back(a * b + 1); //选择最小的两个数操作
19.     }
20.     cout << *v.begin() << endl;
21.     return 0;
22. }
```

注意:用贪心算法解题时,往往涉及到正确性的证明,常用的方法有归纳法、反证法。

【例3】 纪念品分组(NOIP2007普及组,group.cpp/.in/.out,1S,128MB)

【问题描述】

元旦快到了,校学生会让乐乐负责新年晚会的纪念品发放工作。为使得参加晚会的同学所获得的纪念品价值相对均衡,他要把购来的纪念品根据价格进行分组,但每组最多只能包括两件纪念品,并且每组纪念品的价格之和不能超过一个给定的整数。为了保证在尽量短的时间内发完所有纪念品,乐乐希望分组的数目最少。

你的任务是写一个程序,找出所有分组方案中分组数最少的一种,输出最少的分组数目。

【输入格式】

输入文件 group.in 包含 n + 2 行:

第 1 行包括一个整数 w,为每组纪念品价格之和的上限;

第 2 行为一个整数 n,表示购来的纪念品的总件数 G;

第 n + 2 行每行包含一个正整数 P_i,表示所对应纪念品的价格。

【输出格式】

输出文件 group.out 仅一行,包含一个整数,即最少的分组数目。

【输入样例】

100

9

90

20

20

30

50

60

70

80

90

【输出样例】

6

【数据规模】

50%的数据满足:$1 \leq n \leq 15$;

100%的数据满足:$1 \leq n \leq 3 \times 10^4, 80 \leq w \leq 200, 5 \leq P_i \leq w$。

【问题分析】

对于 n 个礼品,我们可以根据礼品的价格先按由小到大的顺序排序。

第 i 个物品的价格 P_i 为当前最低价格,第 j 个物品的价格 P_j 为当前最高价格($P_i \leq P_j$, i < j)。对于区间[i,j]之间的物品我们进行求解可以这样考虑:

(1) $P_i + P_j \leq w$,则分为一组,再考虑区间[i + 1, j - 1]的子问题;

(2) $P_i + P_j > w$,则将 p_j 分为单独一组,再考虑区间$[i, j - 1]$的子问题。因为 P_i 已经是目前未分组的礼品中价格最低的,那么 P_j 就不可能再和其他礼品在同一组,所以 P_j 应该单独放为一组,而 P_i 还有可能与其他某一礼品分在同一组。

【参考程序】

```cpp
1.  #include<bits/stdc++.h>
2.  using namespace std;
3.  int p[30001],w,n,ans;
4.  int main() {
5.      freopen("group.in","r",stdin);
6.      freopen("group.out","w",stdout);
7.      cin >> w >> n;
8.      for(int i = 1; i <= n; i++)
9.          cin >> p[i];
10.     sort(p + 1 ,p + 1 + n);
11.     int i = 1;
12.     int j = n;
13.     while(i <= j) {
14.         if (p[i] + p[j] <= w) i++;
15.         j--;
16.         ans++;
17.     }
18.     cout << ans << endl;
19.     return 0;
20. }
```

很多时候,贪心算法往往得不到最优解,只能求到近似解,如 01 背包问题。

【例 4】 背包问题(bag.cpp/.in/.out,1S,128MB)。

【问题描述】

有一个背包,背包能装重量不超过 w 的物品,现有 n 个物品,每个物品有一个重量 w_i 和价值 v_i,现从 n 个物品中选择若干个装入背包中,要求选中物品重量不超过 w 且价值之和尽可能地大。注意物品不可以分割后装入背包。

【输入格式】

一行,包含两个用空格隔开的整数 n 和 w,分别表示物品的个数和背包能装的重量。

【输出格式】

共 n 行,第 i 行包含两个用空格隔开的整数 w_i 和 v_i,分别表示第 i 个物品的重量和价值。

【输入样例】

4 100
16 16
50 68

85 70
45 21

【输出样例】

89

【问题分析】

解决这道问题,对于每个物品我们可以有两个选择,选或不选,我们用 1 表示选,0 表示不选,所以这类问题一般称为 01 背包问题。

我们尝试用贪心算法解决这类问题,从以下方面选择贪心策略:

(1)每次挑选价值最大的物品装入背包,那么只能选第 3 个物品(重量为 85),得到的最大价值为 70,这不是最优方案。我们很容易得到一个反例,选择第 1 个物品(重量为 16,价值为 16)和第 2 个物品(重量为 50,价值为 68)得到的价值之和为 84。

(2)每次挑选所占重量最小的物品装入背包,那么我们只能选第 1 个物品和第 4 个物品,得到的重量之和为 61,价值之和为 37,这个方案还不如第(1)种贪心策略,就更不是最优方案了。

(3)每次选取单位重量价值最大的物品,那么我们只能选择第 1 个物品和第 2 个物品,得到的价值之和为 84,这显然不是最优方案。我们可以找到一个反例,选择第 2 个物品和第 4 个物品得到的价值之和是 89。

事实上 01 背包问题用贪心算法是不能保证得到最优解的,解决这类问题需要用到动态规划算法来解决。

能采用贪心算法求最优解的问题,一般具有最优子结构性质与贪心选择性质。在求当前最优解的时候,贪心算法不需要使用前面阶段中得到的值,如果需要使用前面阶段中得到的值,那就涉及到我们后面所学的动态规划算法了。

小节练习

1. 铺设道路(noip2018 提高组,road.cpp/.in/.out,1S,128MB)。

【问题描述】

春春是一名道路工程师,负责铺设一条长度为 n 的道路。

铺设道路的主要工作是填平下陷的地表。整段道路可以看作是 n 块首尾相连的区域,一开始,第 i 块区域下陷的深度为 d_i。

春春每天可以选择一段连续区间 [L,R],填充这段区间中的每块区域,让其下陷深度减少 1。在选择区间时,需要保证,区间内的每块区域在填充前下陷深度均不为 0。

春春希望你能帮他设计一种方案,可以在最短的时间内将整段道路的下陷深度都变为 0。

【输入格式】

输入文件包含两行:

第一行包含一个整数 n,表示道路的长度;

第二行包含 n 个整数,相邻两数间用一个空格隔开,第 i 个整数为 d_i。

【输出格式】

输出文件仅包含一个整数,即最少需要多少天才能完成任务。

【输入样例】

6

4 3 2 5 3 5

【输出样例】

9

【样例解释】

一种可行的最佳方案是,依次选择:[1,6]、[1,6]、[1,2]、[1,1]、[4,6]、[4,4]、[4,4]、[6,6]、[6,6]。

【数据范围】

对于30%的数据,1 ≤ n ≤ 10;

对于70%的数据,1 ≤ n ≤ 1000;

对于100%的数据,1 ≤ n ≤ 100000, 0 ≤ d_i ≤ 10000。

2. 均分纸牌(NOIP2002提高组,card.cpp/.in/.out,1S,128MB)。

【问题描述】

有N堆纸牌,编号分别为1,2,…,N。每堆上有若干张,但纸牌总数必为N的倍数。可以在任一堆上取若干张纸牌,然后移动。

移牌规则为:在编号为1的堆上取的纸牌,只能移到编号为2的堆上;在编号为N的堆上取的纸牌,只能移到编号为N－1的堆上;其他堆上取的纸牌,可以移到相邻左边或右边的堆上。

现在要求找出一种移动方法,用最少的移动次数使每堆上纸牌数都一样多。

例如:N = 4,4堆纸牌数分别为:

① 9   ② 8   ③ 17   ④ 6

移动 3 次可达到目的:

从③取 4 张牌放到④(9 8 13 10) →从③取 3 张牌放到②(9 11 10 10) →从②取 1 张牌放到①(10 10 10 10)。

【输入格式】

输入文件中共有两行:

第一行中为一个整数N,表示有N堆纸牌数;

第二行中为N堆纸牌中每堆纸牌初始数 $A_1, A_2, \cdots, A_n$。

【输出格式】

输出文件中仅一行为一个整数,即所有堆均达到相等时的最少移动次数。

【输入样例】

4

9 8 17 6

【输出样例】

3

【数据范围】

$1 \leq N \leq 100$；

$1 \leq A_i \leq 100$。

3. 排座椅(NOIP2008 普及组，seat.cpp/.in/.out, 1S, 128MB)。

【问题描述】

上课的时候总有一些同学和前后左右的人交头接耳，这是令小学班主任十分头疼的一件事情。不过，班主任小雪发现了一些有趣的现象，当同学们的座次确定下来之后，只有有限的 D 对同学上课时会交头接耳。同学们在教室中坐成了 M 行 N 列，坐在第 i 行第 j 列的同学的位置是(i,j)，为了方便同学们进出，在教室中设置了 K 条横向的通道，L 条纵向的通道。于是，聪明的小雪想到了一个办法，或许可以减少上课时学生交头接耳的问题：她打算重新摆放桌椅，改变同学们桌椅间通道的位置，通过一条通道隔开两个会交头接耳的同学。

请你帮忙给小雪编写一个程序，给出最好的通道划分方案。在该方案下，上课时交头接耳的学生对数最少。

【输入格式】

输入文件的第一行，有 5 个用空格隔开的整数，分别是 M,N,K,L,D($2 \leq N,M \leq 1000, 0 \leq K < M, 0 \leq L < N, D \leq 2000$)；

接下来 D 行，每行有 4 个用空格隔开的整数，第 i 行的 4 个整数 X_i, Y_i, P_i, Q_i，表示坐在位置(X_i, Y_i)与(P_i, Q_i)的两个同学会交头接耳(输入保证他们前后相邻或者左右相邻)。

输入数据保证最优方案的唯一性。

【输出格式】

输出文件共两行：

第一行包含 K 个整数，$a_1 a_2 \cdots\cdots a_K$，表示第 a_1 行和 a_1+1 行之间、第 a_2 行和第 a_2+1 行之间、…、第 a_K 行和第 a_{K+1} 行之间要开辟通道，其中 $a_i < a_{i+1}$，每两个整数之间用空格隔开；

第二行包含 L 个整数，$b_1 b_2 \cdots\cdots b_k$，表示第 b_1 列和 b_1+1 列之间、第 b_2 列和第 b_2+1 列之间、…、第 b_L 列和第 b_L+1 列之间要开辟通道，其中 $b_i < b_{i+1}$，每两个整数之间用空格隔开(行尾没有空格)。

【输入样例】

4 5 1 2 3

4 2 4 3

2 3 3 3

2 5 2 4

【输出样例】

2

2 4

【样例解释】

上图中用符号 *、※、+ 标出了 3 对会交头接耳的学生的位置，图中 3 条粗线的位置表示通道，图示的通道划分方案是唯一的最佳方案。

10.2 动态规划入门

1. 什么是动态规划

动态规划（Dynamic Programming）是运筹学的一个分支,是求解决策过程（Decision Process）最优化的数学方法。20世纪50年代初美国数学家R.E.Bellman等人在研究多阶段决策过程（Multistep Decision Process）的优化问题时,提出了著名的最优化原理（Principle of Optimality）,把多阶段过程转化为一系列单阶段问题,利用各阶段之间的关系,逐个求解,创立了解决这类过程优化问题的新方法——动态规划。1957年R.E.Bellman出版了名著 *Dynamic Programming*,这是该领域的第一本著作。

动态规划算法的基本思想是将待求解的问题的过程分解为若干阶段,按阶段求解子问题,后一子问题的求解依赖于前一问题的求解。在求解任一问题时,列出其各种可能的子问题,根据其子问题的解求得当前问题的最优解,各子问题的解一般用数组保存。

与前面学过的贪心算法相似,动态规划也要通过对子问题的求解来得到最终问题的解。动态规划的子问题的最优解一定能得到最终问题的最优解,但贪心不一定能到得最终问题的最优解。

2. 几个基本概念

阶段:对整个问题的自然划分,很多时候可以根据时间或空间来划分。

状态:用来描述某一阶段某一问题的变量集合。

决策:处理问题时每次作出的选择。

状态转移:根据决策策略由当前状态决策到下一状态。

3. 动态规划问题的特点

（1）最优子结构性质

问题的最优解包含子问题的最优解。反过来说就是,我们可以通过子问题的最优解,推出问题的最优解。

（2）无后效性

在推导某一阶段状态的时候,我们只在意它前面阶段的状态值,不关心它前面这个状态是怎么推导出来的。也就是说某阶段状态一旦确定后,就不受之后阶段的决策影响。

（3）重复子问题

在对问题进行求解时,其对应的子问题并不总是新问题,有些子问题可能在求其他问题时已经被计算过,这就产生了重复子问题。

4. 动态规划算法的解题步骤

（1）建立数学模型来描述问题。

（2）把求解的问题分成若干阶段。

（3）对每一阶段的问题,确定状态,用状态变量表示上一阶段不同的子问题。

（4）确定决策并写出状态转移方程。

（5）确定边界条件。

以上步骤可以归纳为:自顶向下地分析,自底向上地计算(一般用递推实现)。

【例1】 跳格子(jump.cpp/.in/.out,1S,128MB)。

【问题描述】

在地面上确定一个起点,然后在起点右侧画 n 个格子,每个格子内都有一个不同的整数 num_i,这些格子都在同一条直线上。玩家第一次从起点开始向右跳,跳到起点右侧的一个格子内,跳到哪个格子玩家就取走所在格子中的数。第二次再从当前位置继续向右跳,依此类推。玩家每次都必须跳到当前位置右侧的一个格子内。玩家可以向右跳 x 格或 y 格,请问恰好跳到第 n 格时,玩家能取得的数的和最大是多少?

【输入格式】

输入共两行:

第一行,包含三个用空格隔开的整数 n、x、y;

第二行,包含 n 个用空格隔开的整数,表示第 i 个格子内的数。

【输出格式】

一行仅有一个整数,表示恰好跳到第 n 格时能取得的最大值,如果不能恰好跳到第 n 格则输出 -1。

【输入样例】

6 2 3

2 10 15 100 5 20

【输出样例】

130

【数据规模】

对 100% 的数据,满足:$0 < n \leq 100, 0 < x, y \leq n, 0 < num_i \leq 100$。

【问题分析】

根据题意,我们以所处位置(空间)划分阶段。由于每次只能向右跳 x 格或 y 格,对于最后阶段的子问题(跳到第 n 格的问题):可以分为求跳到第 n-x 格或 n-y 格的子问题。我们可以用前面学过的搜索解决。搜索状态用两个变量表示:一个表示所在位置,一个表示当前和。

【参考程序】

```
1.  #include<bits/stdc++.h>
2.  using namespace std;
3.  int n,x,y,num[205],ans = -1;
4.  int dfs(int i,int s){
5.      if (i < 0)
6.          return -1;
7.      if (i == 0){
8.          ans = max(ans,s);
9.          return ans;
10.     }
```

```
11.     int r1 = -1,r2 = -1;
12.     if (i >= x)
13.         r1 = dfs(i - x,s + num[i - x]);
14.     if (i >= y)
15.         r2 = dfs(i - y,s + num[i - y]);
16.     return max(r1,r2);
17. }
18. int main(){
19.     freopen("jump.in","r",stdin);
20.     freopen("jump.out","w",stdout);
21.     cin >> n >> x >> y;
22.     for(int i = 1;i <= n;i++)
23.         cin >> num[i];
24.     cout << dfs(n,num[n]) << endl;
25.     return 0;
26. }
```

如果测试数据较大,我们会发现超时。我们还从第 n 个位置开始考虑,x = 2,y = 3 时,用 opt[n] 表示 n 个问题的解,需要先求 opt[n - 2]和 opt[n -3]。opt[n - 2]需要先求 opt[n - 4]和 opt[n - 5],opt[n - 3]需要先求 opt[n - 5]和 opt[n - 6],求解过程如下图所示。这时我们就发现了重复子问题 opt[n - 5],越往下搜索,重复子问题越多,符合最优子结构性质。

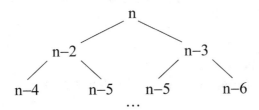

这种情况我们就要考虑用动态规划求解。以所跳步数划分阶段,在第 i 格的状态为恰好跳到第 i 格时能取得的数的最大和,用变量 opt[i]表示。第 i 阶段的子问题 opt[i]只与上一阶段的子问题 opt[i - x]和 opt[i-y]有关,则可以得 opt[i] = max(opt[i - x],opt[i-y]) + num[i]。在两个子问题中决策,边界条件 opt[0] = 0。

【参考程序】

```
1. #include<bits/stdc++.h>
2. using namespace std;
3. int n,x,y,num[105],opt[105];
4. int main() {
5.     freopen("jump.in","r",stdin);
6.     freopen("jump.out","w",stdout);
7.     cin >> n >> x >> y;
```

```
8.      for(int i = 1; i <= n; i++) {
9.          cin >> num[i];
10.         opt[i] = -1;
11.     }
12.     for(int i = 1; i <= n; i++) {
13.         if (i >= x && opt[i - x] != -1)
14.             opt[i] = opt[i - x] + num[i];
15.         if (i >= y && opt[i - y] != -1)
16.             opt[i] = max(opt[i],opt[i - y] + num[i]);
17.     }
18.     cout << opt[n] << endl;
19.     return 0;
20. }
```

【例2】 拦截导弹（NOIP1999 普及组，missile.cpp/.in/.out，1S，128MB）。

【问题描述】

某国为了防御敌国的导弹袭击，发展出一种导弹拦截系统。但是这种导弹拦截系统有一个缺陷：虽然它的第一发炮弹能够到达任意的高度，但是以后每一发炮弹都小于前一发的高度。某天，雷达捕捉到敌国的导弹来袭。由于该系统还在试用阶段，只有一套系统，因此有可能不能拦截所有的导弹。

输入导弹的枚数和导弹依次飞来的高度（雷达给出的高度数据是不大于 30000 的正整数，每个数据之间至少有一个空格），计算这套系统最多能拦截多少导弹。

【输入格式】

输入共 2 行：

第一行，包含一个整数 n；

第二行，包含 n 个用空格隔开的整数，表示 n 发导弹的高度。

【输出格式】

一行仅有一个整数，表示这套系统最多能拦截多少导弹。

【输入样例】

8

389 207 155 300 299 170 158 65

【输出样例】

6

【数据规模】

对 100% 的数据，满足：$2 < n \leq 1000$。

【问题分析】

本题是求一个序列中的最长下降子序列（LIS），子序列可以不连续，属于动态规划的经典试题。根据题意，我们用 h[i] 表示第 i 发导弹的高度，以系统拦截的导弹顺序划分阶段，opt[i] 表示从第 i 个导弹开始到第 n 个导弹结束最多能拦截多少导弹。对于 opt[i] 来说，opt [i+1]、opt[i+2]...opt[n]都是子问题。可以得到状态转移方程:opt[i] = max(opt[j]) + 1($i < j \leq n, h[i] > h[j]$),边界条件 opt[n] = 1。这种思维方法是逆序推导。究竟从哪个导弹开始拦截结果最优,还需要逐个比较才能得到答案。

【参考程序】

```
1.  #include<bits/stdc++.h>
2.  using namespace std;
3.  int n,h[10001],opt[10001],ans;
4.  int main(){
5.      freopen("missile.in","r",stdin);
6.      freopen("missile.out","w",stdout);
7.      cin >> n;
8.      for(int i = 1;i <= n;i++)
9.          cin >> h[i];
10.     ans = opt[n] = 1;
11.     for(int i = n - 1;i >= 1;i--){
12.         int maxh = 0;
13.         for(int j = i + 1;j <= n;j++)
14.             if (h[i] > h[j] && opt[j] > maxh) maxh = opt[j];
15.         opt[i] = maxh + 1;
16.         ans = max(ans,opt[i]);
17.     }
18.     cout << ans << endl;
19.     return 0;
20. }
```

当然,这题我们还可以正序推导。我们还可以换个角度思考问题,我们用 h[i] 表示第 i 发导弹的高度,opt[i] 表示从第 1 个导弹开始到第 i 个导弹结束最多能拦截多少导弹。对于 opt[i]来说,opt[1]、opt[2]...opt[i-1]都是子问题。可以得到状态转移方程:opt[i] = max(opt[j]) + 1($1 \leq j < n, h[i] < h[j]$)。

【参考程序】

```
1.  #include<bits/stdc++.h>
2.  using namespace std;
3.  int n,h[10001],opt[10001],ans;
4.  int main() {
5.      freopen("missile.in","r",stdin);
6.      freopen("missile.out","w",stdout);
7.      cin >> n;
8.      for(int i = 1; i <= n; i++)
9.          cin >> h[i];
10.     ans = opt[1] = 1;
```

```
11.     for(int i = 2; i <= n; i++) {
12.         int maxh = 0;
13.         for(int j = 1; j < i; j++)
14.             if (h[i] < h[j] && opt[j] > maxh) maxh = opt[j];
15.         opt[i] = maxh + 1;
16.         ans = max(ans,opt[i]);
17.     }
18.     cout << ans << endl;
19.     return 0;
20. }
```

【例3】 方格取数(grid.cpp/.in/.out,1S,128MB)。

【问题描述】

在一个 N * N 的方阵中,我们以左上角的格子(1,1)为起点,每次可以走一个方格,只可以走到右边和下边这两个方格里,当然也不能走到方阵之外。每个格子里都有一个数字,当我们走到相应格子时,就记下格子里的数。现在要求从左上角(1,1)走到右下角(n,n)里所取数字之和最小。

【输入格式】

包含 n + 1 行:

第一行输入一个正整数 $n(n \leq 1000)$;

接下来的 n 行,每行包含 n 个用空格隔开的整数(保证是不超过 1000 的正整数)。

【输出格式】

仅一行,包含一个整数,表示所取数字之和。

【输入样例】

3
1 3 3
2 2 2
3 1 2

【输出样例】

8

【数据规模】

对于 100% 的数据满足: $1 \leq n \leq 1000$。

【问题分析】

从下表中,我们用虚线也就是所走步数表示阶段。从(1,1)走到(i,j)的子问题是:从(1,1)走到(i-1,j)和(1,1)走到(i,j-1)。前两个例题要处理的数据都在一行,用一维数组可以表示状态。题目中有二维坐标要表示自然就要考虑用二维数组来表示状态。

表 10.2-1　方格取数分析表

	1	2	...	i - 1	i	...	n
1	(1,1)						
2							
...							
j - 1					(i-1,j)		
j				(i,j-1)	(i,j)		
...							
n							(n,n)

我们设 num[i][j] 为第 i 行第 j 列上的数，opt[i][j] 为从 (1,1) 走到 (i,j) 取到的最小数字之和。则有状态方程：

opt[i][j] = min(opt[i - 1][j], opt[i][j - 1]) + num[i][j] ($1 < i \leq n, 1 < j \leq n$)

边界条件：opt[1][1] = num[1][1]

　　　　　　opt[i][1] = opt[i - 1][1] + num[i][1] ($1 < i \leq n$)

　　　　　　opt[1][j] = opt[1][j - 1] + num[1][j] ($1 < i \leq n$)

时间复杂度为 $O(n^2)$，空间复杂度为 $O(n^2)$。

【参考程序】

```
1.  #include<bits/stdc++.h>
2.  using namespace std;
3.  #define Maxn 1005
4.  int n,num[Maxn][Maxn],opt[Maxn][Maxn];
5.  int main() {
6.      freopen("grid.in","r",stdin);
7.      freopen("grid.out","w",stdout);
8.      cin >> n;
9.      for(int i = 1; i <= n; i++)
10.         for(int j = 1; j <= n; j++)
11.             cin >> num[i][j];
12.     opt[1][1] = num[1][1];
13.     for(int i = 2; i <= n; i++)
14.         opt[i][1] = opt[i - 1][1] + num[i][1];
15.     for(int j = 2; j <= n; j++)
16.         opt[1][j] = opt[1][j - 1] + num[1][j];
17.     for(int i = 2; i <= n; i++)
18.         for(int j = 2; j <= n; j++)
19.             opt[i][j] = min(opt[i - 1][j],opt[i][j - 1]) + num[i][j];
20.     cout << opt[n][n] << endl;
21.     return 0;
22. }
```

我们在编程实践中会发现,很多时候还可能要用到多维数组来准确地表示状态。

小节练习

1. 堆盘子(usaco,plates.cpp/.in/.out,1S,128MB)。

【问题描述】

杂技演员们正在练习堆盘子。当然,一只盘子一定只能放在比它大的盘子上面。因此,一些盘子可能要被放弃。给出一个整数序列(表示从舞台边上依次投掷的 N 个盘子的尺寸),计算盘子能堆起来的最大高度。

如果盘子投掷的顺序如下所示:7 10 7 8 9 7 8 6 4,那么可以选择 10,9,8,6,4,就可以得到最大高度 5。

【输入格式】

输入文件包含 n + 1 行;

第 1 行:一个整数 N,表示盘子个数;

第 2~N+1 行:每行一个整数,第 i+1 行的整数表示第 i 个从舞台左侧朝舞台中间投掷的盘子尺寸。

【输出格式】

仅包含一个整数,表示能堆到的最大高度。

【输入样例】

9
7
10
7
8
9
7
8
6
4

【输出样例】

5

【数据范围】

对于 100% 的数据,$1 \leq n \leq 5000$,盘子的尺寸不超过 int 范围。

2. 合唱队形(NOIP2004 提高组,chorus.cpp/.in/.out,1S,128MB)。

【问题描述】

N 位同学站成一排,音乐老师要请其中的(N − K)位同学出列,使得剩下的 K 位同学排成合唱队形。

合唱队形是指这样的一种队形:设 K 位同学从左到右依次编号为 1,2,…,K,他们的

身高分别为 $T_1, T_2, \cdots, T_K$，则他们的身高满足 $T_1 < T_2 < \cdots < T_i, T_i > T_{i+1} > \cdots > T_K (1 \leqslant i \leqslant K)$。

你的任务是，已知 N 位同学的身高，计算最少需要几位同学出列，可以使得剩下的同学排成合唱队形。

【输入格式】

输入文件有两行：

第一行是一个整数 N，表示同学的总数；

第二行有 n 个整数，用空格分隔，第 i 个整数 $T_i (130 \leqslant T_i \leqslant 230)$ 是第 i 位同学的身高（厘米）。

【输出格式】

输出文件包括一行，这一行只包含一个整数，就是最少需要几位同学出列。

【输入样例】

8

186 186 150 200 160 130 197 220

【输出样例】

4

【数据范围】

对于 50% 的数据，保证有 $2 \leqslant n \leqslant 20$；

对于 100% 的数据，保证有 $2 \leqslant n \leqslant 100$。

3. 过河卒（NOIP2002 普及组，soldier.cpp/.in/.out，1S，128MB）。

【问题描述】

棋盘上 A 点有一个过河卒，需要走到目标 B 点。卒行走的规则：可以向下或者向右。同时在棋盘上 C 点有一个对方的马，该马所在的点和所有跳跃一步可达的点称为对方马的控制点。因此称之为"马拦过河卒"。

棋盘用坐标表示，A 点 (0, 0)、B 点 (n, m)，同样马的位置坐标是需要给出的。

现在要求计算出卒从 A 点能够到达 B 点的路径的条数，假设马的位置是固定不动的，并不是卒走一步马走一步。

【输入格式】

一行，四个正整数，分别表示 B 点坐标和马的坐标。

【输出格式】

一个整数，表示所有的路径条数。

【输入样例】

6 6 3 3

【输出样例】

6

【数据范围】

对于 100% 的数据，$1 \leqslant n, m \leqslant 20, 0 \leqslant$ 马的坐标 $\leqslant 20$。

10.3 几种常见的动态规划问题

在本章第 2 节,我们学过经典的最长不下降序列问题,本节我们还会学习另外几种常见的动态规划问题:01 背包、重复背包、区间动态规划。

1. 01 背包

在本章第 1 节,我们已经讲过用贪心算法求 01 背包的较优解,本节我们就尝试用动态规划解决 01 背包问题。

【例 1】 采药(NOIP2005 普及组,medic.cpp/.in/.out,1S,128MB)。

【问题描述】

辰辰是个天资聪颖的孩子,他的梦想是成为世界上最伟大的医师。为此,他想拜附近最有威望的医师为师。医师为了判断他的资质,给他出了一个难题。医师把他带到一个到处都是草药的山洞里对他说:"孩子,这个山洞里有一些不同的草药,采每一株都需要一些时间,每一株也有它自身的价值。我会给你一段时间,在这段时间里,你可以采到一些草药。如果你是一个聪明的孩子,你应该让采到的草药的总价值最大。"

如果你是辰辰,你能完成这个任务吗?

【输入格式】

输入的第一行有两个整数 $T(1 \leqslant T \leqslant 1000)$ 和 $M(1 \leqslant M \leqslant 100)$,用一个空格隔开,T 代表总共能够用来采药的时间,M 代表山洞里的草药的数目;接下来的 M 行每行包括两个在 1 到 100 之间(包括 1 和 100)的整数,分别表示采摘某株草药的时间和这株草药的价值。

【输出格式】

输出包括一行,这一行只包含一个整数,表示在规定的时间内,可以采到的草药的最大总价值。

【输入样例】

7 4
2 6
2 3
3 4
1 6

【输出样例】

16

【数据规模】

对于 30% 的数据,$1 \leqslant M \leqslant 10$;

对于全部的数据,$1 \leqslant M \leqslant 100$。

【问题分析】

根据本章第 1 节所学内容可以知道本题是典型的 01 背包问题。前面学的例题,我们可以只根据时间或空间就能比较方便地划分阶段,写出状态方程。但本题中没有表示时间、空间的词语。我们以草药的顺序划分阶段(就是表 10.3-1 中的行),设采摘第 i 株草药的时间为 w_i,第 i 株草药的价值为 v_i,每个阶段的子问题 opt[i][j] 表示前 i 株草药时间为 j 的情况下能取得的最大价值,它对应的子问题就是 opt[i - 1][j](不采摘第 i 株草药)和 opt[i - 1][j - w_i] + v_i(j ≥ w_i)(采摘第 i 株草药),边界条件:时间为 0 或没有草药时取得的最大价值为 0,可以得到 opt[i][j] = max(opt[i - 1][j],opt[i - 1][j - w[i]] + v[i])。数组 opt 可以用表 10.3-1 来表示,第 i 行第 j 列表示到前 i 株草药时间为 j 的情况下能取得的最大价值。

表 10.3-1 采药问题分析表

时间 \ 草药	0	1	2	3	4	5	6	7
0	0	0	0	0	0	0	0	0
1	0	0	6	6	6	6	6	6
2	0	0	6	6	9	9	9	9
3	0	0	6	6	9	10	10	13
4	0	6	6	12	12	15	16	16

编写程序时,我们可以先求出子问题 opt[i - 1][j] 和 opt[i - 1][j - w[i]] + v[i],再求 opt[i][j]。

时间复杂度为 O(t × m),空间复杂度为 O(t × m)。

【参考程序】

```
1.  #include<bits/stdc++.h>
2.  using namespace std;
3.  int t,m,w[105],v[105],opt[105][1005];
4.  int main(){
5.      freopen("medic.in","r",stdin);
6.      freopen("medic.out","w",stdout);
7.      cin >> t >> m;
8.      for(int i = 1;i <= m;i++)
9.          cin >> w[i] >> v[i];
10.     for(int i = 1;i <= m;i++)
11.         for(int j = 1;j <= t;j++){
12.             opt[i][j] = opt[i - 1][j];
13.             if (j >= w[i])
14.                 opt[i][j] = max(opt[i][j],opt[i - 1][j - w[i]] + v[i]);
15.         }
16.     cout << opt[m][t] << endl;
17.     return 0;
18. }
```

观察表10.3-1,我们发现从单元格(1,1)开始到右下角的所有单元格的值都只与它的上一行有关,也就是说表10.3-1实际上只要两行就够了。

【参考程序】

```
1.  #include<bits/stdc++.h>
2.  using namespace std;
3.  int t,m,w[105],v[105],opt[2][1005];
4.  int main() {
5.      freopen("medic.in","r",stdin);
6.      freopen("medic.out","w",stdout);
7.      cin >> t >> m;
8.      for(int i = 1; i <= m; i++)
9.          cin >> w[i] >> v[i];
10.     for(int i = 1; i <= m; i++)
11.         for(int j = 1; j <= t; j++) {
12.             opt[i % 2][j] = opt[1 - i % 2][j];//滚动数组
13.             if (j >= w[i])
14.                 opt[i % 2][j] = max(opt[i % 2][j],opt[1 - i % 2][j - w[i]] + v[i]);
15.         }
16.     cout << opt[m % 2][t] << endl;
17.     return 0;
18. }
```

进一步分析状态转移方程,我们还可以用一维数组实现。用 opt[j] 表示前 i 株草药时间为 j 的情况下能取得的最大价值,它对应的子问题就是 opt[j](不采摘第 i 株草药)和 op[j - w_i] + v_i (j ≥ w_i)(采摘第 i 株草药),边界条件:opt[0] 为 0,可以得到 opt[j] = max(opt[j], opt[j - w[i]] + v[i])。求解 opt[j] 时需要用到 opt[j - w[i]],为了防止 opt[j - w[i]] 的值被覆盖,要倒序求解。这么做,时间复杂度没变,但空间复杂度明显下降了。

【参考程序】

```
1.  #include<bits/stdc++.h>
2.  using namespace std;
3.  int t,m,w[105],v[105],opt[1005];
4.  int main() {
5.      freopen("medic.in","r",stdin);
6.      freopen("medic.out","w",stdout);
7.      cin >> t >> m;
8.      for(int i = 1; i <= m; i++)
9.          cin >> w[i] >> v[i];
10.     for(int i = 1; i <= m; i++)
11.         for(int j = t; j >= w[i]; j--) //倒序求解
```

```
12.          opt[j] = max(opt[j],opt[j - w[i]] + v[i]);
13.      cout << opt[t] << endl;
14.      return 0;
15. }
```

2. 重复背包

和 01 背包不同,有 N 种物品可以选择,每种物品个数不限,这种背包问题我们称为重复背包。

【例 2】 兑换硬币(usaco,change.cpp/.in/.out,1S,128MB)。

【题目描述】

现有 N 种不同价值的硬币(币值单位都是分),请问 C 分钱最少需要几枚硬币。

例如有 5 种硬币,价值分别为 50 分、25 分、10 分、5 分和 1 分,93 分最好的方法是用 1 枚 50 分,1 枚 25 分,1 枚 10 分,1 枚 5 分,和 3 枚 1 分硬币,共 7 枚硬币。

【输入格式】

输入共 N + 1 行:

第 1 行,两个用空格隔开的整数 C 和 N;

第 2~N + 1 行,每行包含一个整数表示这种硬币的面值,单位为分。

【输出格式】

输出共一行,只包含一个整数,表示最少需要几个硬币表示 C 分。

【输入样例】

93 5

25

50

10

1

5

【输出样例】

7

【数据规模】

对于 100% 的数据,肯定有解;

对于 100% 的数据,$1 \leq N \leq 10, 1 \leq C \leq 1000$。

【问题分析】

和 01 背包问题类似,我们以硬币的顺序划分阶段,用 coin[i] 表示第 i 种硬币的币值,每个阶段的子问题 opt[i][j] 表示前 i 种硬币组成 j 元最少要几枚硬币。由于每种硬币用过后还能再用,所以状态转移方程就变为:opt[i][j] = min(opt[i - 1][j], opt[i][j - coin[i]] + 1)(j ≥ c[i])。

【参考程序】

```cpp
1.  #include<bits/stdc++.h>
2.  using namespace std;
3.  int n,c,coin[15],opt[15][1005];
4.  int main() {
5.      freopen("change.in","r",stdin);
6.      freopen("change.out","w",stdout);
7.      cin >> c >> n;
8.      for(int i = 1; i <= n; i++)
9.          cin >> coin[i];
10.     for(int i = 1; i <= n; i++)
11.         for(int j = 1; j <= c; j++)
12.             opt[i][j] = c;
13.     for(int j = 1; j <= c; j++)
14.         for(int i = 1; i <= n; i++) {
15.             if (opt[i - 1][j])
16.                 opt[i][j] = opt[i - 1][j];
17.             if (j >= coin[i])
18.                 opt[i][j] = min(opt[i][j],opt[i][j - coin[i]] + 1);
19.         }
20.     cout << opt[n][c] << endl;
21.     return 0;
22. }
```

相应地，这题也可以用一维数组来实现。用 opt[j] 表示前 i 种硬币组成 j 元最少要几枚硬币。每种硬币取过后还能再取，所以状态转移方程就变为：opt[j] = min(opt[j], [j - coin[i]] + 1)(j ≥ c[i])。

【参考程序】

```cpp
1.  #include<bits/stdc++.h>
2.  using namespace std;
3.  int n,c,coin[15],opt[1005];
4.  int main() {
5.      freopen("change.in","r",stdin);
6.      freopen("change.out","w",stdout);
7.      cin >> c >> n;
8.      for(int i = 1; i <= n; i++)
9.          cin >> coin[i];
10.     for(int j = 1; j <= c; j++)
11.         opt[j] = c;
12.     for(int j = 1; j <= c; j++)
```

```
13.        for(int i = 1; i <= n; i++)
14.            if (j >= coin[i])
15.                opt[j] = min(opt[j],opt[j - coin[i]] + 1);
16.    cout << opt[c] << endl;
17.    return 0;
18. }
```

注意:背包问题中物品的顺序是不影响最终结果的,请大家思考为什么?

3. 区间动态规划

区间动态规划是指在一段区间上进行动态规划。我们以区间长度划分阶段,用 opt[1][n] 表示区间[1,n]的问题,对应的子问题就是 opt[1][i] 和 opt[i + 1][n]($1 \leq i \leq n$),通过枚举 i 合并子区间的最优值到总区间的最优值。

【例3】 最长回文字串(pstring.cpp,1S,128MB)。

【问题描述】

给定设有一个字符串 S,长度≤100。在 STR 中任取若干个字符组成回文子串(可以不连续)。例如:S 为"abcdwkcxdbk",取"dwd"可得到长度为 3 的子回文串,取"bdcdb"可得到长度为 5 的子回文串。

【输入格式】

输入共1行,包含一个字符串 S。

【输出格式】

一行仅有一整数,表示最长回文子串的长度。

【输入样例】

aabbbaaddd

【输出样例】

7

【数据规模】

对 100% 的数据,满足:$0 < n \leq 100$。

【问题分析】

用 s 表示字符串,用 opt[i][j] 表示区间[i,j]内最长回文子串的长度,可以推出下面的状态转移方程:

opt[i][j] = opt[i + 1][j - 1] + 2 (s[i] = s[j])
         = max(opt[i + 1][j],opt[i][j - 1])(s[i] ≠ s[j])

长度为1和2的区间中最长回文子串的长度可以预先求出,再根据上面的方程依次求出长度为 3、…、n 的区间中最长回文子串的长度。

【问题分析】

```
1. #include<bits/stdc++.h>
2. using namespace std;
3. string s;
```

```
4.   int n,opt[105][105];
5.   int main(){
6.       freopen("pstring.in","r",stdin);
7.       freopen("pstring.out","w",stdout);
8.       cin >> s;
9.       n = s.size();
10.      s = " " + s;
11.      for(int i = 1;i <= n;i++)
12.          opt[i][i] = 1;
13.      for(int i = 1;i < n;i++)
14.          if (s[i] == s[i + 1])
15.              opt[i][i + 1] = 2;
16.          else
17.              opt[i][i + 1] = 1;
18.      for(int j = 3;j <= n;j++)
19.          for(int i = 1;i <= n - j + 1;i++)
20.              if (s[i] == s[i + j - 1])
21.                  opt[i][i + j - 1] = opt[i + 1][i + j - 2] + 2;
22.              else
23.                  opt[i][i + j - 1] = max(opt[i + 1][i + j - 1],opt[i][i + j - 2]);
24.      cout << opt[1][n] << endl;
25.      return 0;
26.  }
```

前面的动态规划问题我们都是从底向上计算的,我们也可以从顶向下计算(用递归来实现)。通过对子问题的求解来求得整个问题的解,这种方法往往会用递归来实现。递归的优点是容易编程实现,缺点是时间复杂度较高。记忆化搜索既利用了递归容易实现的优点,又避免了时间复杂度过高的问题。

记忆化搜索的基本思想:对于所有子问题的解用一个数组来保存,如果已经求过就直接返回,没有求过值才去递归调用求值,这样就避免了重复子问题的计算。

【参考程序】

```
1.   #include<bits/stdc++.h>
2.   using namespace std;
3.   string s;
4.   int n,opt[105][105];
5.   int dfs(int lft,int rgt) {
6.       if (lft > rgt)
7.           return 0;
8.       if (opt[lft][rgt])
```

```
9.          return opt[lft][rgt];
10.     if (lft == rgt) {
11.         opt[lft][rgt] = 1;
12.         return opt[lft][rgt];
13.     }
14.     if (s[lft] == s[rgt])
15.         opt[lft][rgt] = dfs(lft + 1,rgt - 1) + 2;
16.     else {
17.         int r1 = dfs(lft,rgt - 1);
18.         int r2 = dfs(lft + 1,rgt);
19.         opt[lft][rgt] = max(r1,r2);
20.     }
21.     return opt[lft][rgt];
22. }
23. int main() {
24.     freopen("pstring.in","r",stdin);
25.     freopen("pstring.out","w",stdout);
26.     cin >> s;
27.     n = s.size();
28.     s = " " + s;
29.     cout << dfs(1,n) << endl;
30.     return 0;
31. }
```

小节练习

1.装箱问题(NOIP普及组,bag.cpp/.in/.out,1S,128MB)

【问题描述】

有一个箱子容量为v,同时有n个物品,每个物品有一个体积(int范围内的正整数)且都不相同。

要求n个物品中,任取若干个装入箱内,使箱子的剩余空间为0(装满)。

【输入格式】

输入文件包含n + 2行:

第1行1个整数V,表示箱子容量;

第2行1个整数n,表示有n个物品;

第3行到第n + 2行每行1个整数,表示这n个物品的体积。

【输出格式】

输出文件仅包含一个整数,表示能让箱子装满的方案数。

【输入样例】

5
4
3
2
1
4

【输出样例】

2

【数据范围】

对于100%的数据,0 < n ≤ 30,0 ≤ v ≤ 20000。

2. 分数膨胀(usaco,inflate.cpp/.in/.out,1S,128MB)

【问题描述】

我们把竞赛的试题分为若干类,每类都有足够多的题目,这些题目分值相同,耗时也相同。你的任务是编写一个程序决定每类题目应选择几道,使得考生在给定的时间内能得到尽可能多的分数。

【输入格式】

第1行,包括两个用空格隔开的整数 M 和 N,分别表示竞赛的时间和题目种类的数目;

第2~N+1行,包括两个用空格隔开的整数,分别表示每类题目的分值(1 ≤ 分值 ≤ 10000)和耗时(1 ≤ 耗时 ≤ 10000)。

【输出格式】

1行,包括一个整数,表示最大可能得到的分数。

【输入样例】

300　4
100　60
250　120
120　100
35　20

【输出样例】

605

【数据范围】

对于100%的数据,1 ≤ M ≤ 10000,1 ≤ N ≤ 10000。

3. 财富(usaco,treasure.cpp/.in/.out,1S,128MB)。

【问题描述】

现有 N(1 <= N <= 5000)个金币放置在一排,每个金币的价值为 C_i(1 <= C_i <= 5000)。有甲乙两个人轮流取金币,每次只能从最左端或者最右端取走一枚金币。金币全部取完时游戏结束。

甲和乙都想让自己尽可能得到更多的财富。甲先开始游戏,请编程算出他能获得的最大价值。假设两人都以最优的方法进行游戏。

考虑一局游戏,四个金币排成一排,价值如下所示:

30 25 10 35

考虑如下的游戏过程:

玩家	所取位置	所取金币价值	甲的金币值	乙的金币值	排列状态
甲	右	35	35	0	30 25 10
乙	左	30	35	30	25 10
甲	左	25	60	30	10
乙	右	10	60	40	/

甲采用上面的方式是最优的,所取得的最大金币价值之和为60。

【输入格式】

共 N + 1 行:

第 1 行,一个整数 N,表示有 N 个金币;

第 2~N+1 行,每行包含一个整数,第 i + 1 的整数表示 C_i。

【输出格式】

1 行,包含一个整数,即甲取得的金币的最大价值之和。

【输入样例】

4
30
25
10
35

【输出样例】

60

动态规划实战应用

在 NOIP 的历年考试中,动态规划是一个非常重要的考点,几乎每年都会出现。本节选了部分 NOIP 往年的动态规划试题讲解,帮助大家在实战中理解动态规划。

【例1】 开心的金明(NOIP 普及组 2006,happy.cpp/.in/.out,1S,128MB)。

【问题描述】

金明今天很开心,家里购置的新房就要领钥匙了,新房里有一间他自己专用的很宽敞的房间。更让他高兴的是,妈妈昨天对他说:"你的房间需要购买哪些物品,怎么布置,你说了算,只要不超过 N 元就行"。今天一早金明就开始做预算,但是他想买的东西太多了,肯定会超过妈妈限定的 N 元。于是,他把每件物品规定了一个重要度,分为 5 等:用整数 1~5 表示,第 5 等最重要。他还从网上查到了每件物品的价格(都是整数元)。他希望在不超过 N

元(可以等于 N 元)的前提下,使每件物品的价格与重要度的乘积的总和最大。

设第 j 件物品的价格为 v[j],重要度为 w[j],共选中了 k 件物品,编号依次为 j_1, j_2,……,j_k,则所求的总和为:

v[j_1]*w[j_1]+v[j_2]*w[j_2]+ …+v[j_k]*w[j_k]。(其中 * 为乘号)

【输入格式】

第 1 行,为两个用空格隔开的正整数 N 和 m,分别表示总钱数和希望购买物品的个数;

从第 2 行到第 m+1 行,第 j 行给出了编号为 j-1 的物品的基本数据,每行有 2 个非负整数 v 和 p 分别表示该物品的价格和重要度。

【输出格式】

只有一个正整数,为不超过总钱数的物品的价格与重要度乘积的总和的最大值。

【输入样例】

1000　5
800　2
400　5
300　5
400　3
200　2

【输出样例】

3900

【数据规模】

对于全部的数据,1 ≤ N < 30000,1 ≤ m < 25,0 ≤ v ≤ 10000,1 ≤ p ≤ 5。

【问题分析】

本题的实质还是 01 背包问题,背包容量为总钱数,每个物品对应两个值:价格和价格与重要度的乘积,要求不超过总钱数的前提下,物品的价格与重要度乘积的总和的最大值。

设 v[i]为第 i 个物品的价格,p[i]为第 i 个物品的价格与重要度的乘积,用 opt[i][j]表示在前 i 个物品钱为 j 时物品的价格与重要度乘积的总和的最大值。则状态转移方程为:

opt[i][j] = max(opt[i][j],opt[i - 1][j - v[i]] + p[i]);

【参考程序】

```
1.  #include<bits/stdc++.h>
2.  using namespace std;
3.  int n,m;
4.  int opt[30][30005],v[30],p[30];
5.  int main() {
6.      freopen("happy.in","r",stdin);
7.      freopen("happy.out","w",stdout);
8.      cin >> n >> m;
9.      for(int i = 1; i <= m; i++) {
```

```
10.         cin >> v[i] >> p[i];
11.         p[i] = v[i] * p[i];
12.     }
13.     for(int i = 1; i <= m; i++)
14.         for(int j = 1; j <= n; j++) {
15.             opt[i][j] = opt[i - 1][j];
16.             if (j >= v[i])
17.                 opt[i][j] = max(opt[i][j],opt[i - 1][j - v[i]] + p[i]);
18.         }
19.     cout << opt[m][n] << endl;
20.     return 0;
21. }
```

【例2】 守望者的逃离（NOIP2007普及组，escape.cpp/.in/.out，1S，128MB）。

【问题描述】

恶魔猎手尤迪安野心勃勃,他背叛了暗夜精灵,率深藏在海底的那加企图叛变:守望者在与尤迪安的交锋中遭遇了围杀,被困在一个荒芜的大岛上。为了杀死守望者,尤迪安开始对这个荒岛施咒,这座岛很快就会沉下去,到那时,刀上的所有人都会遇难。守望者的跑步速度为17m/s,以这样的速度是无法逃离荒岛的。庆幸的是守望者拥有闪烁法术,可在1s内移动60m,不过每次使用闪烁法术都会消耗魔法值10点。守望者的魔法值恢复的速度为4点/s,只有处在原地休息状态时才能恢复。

现在已知守望者的魔法初值M,他所在的初始位置与岛的出口之间的距离S,岛沉没的时间T。你的任务是写一个程序帮助守望者计算如何在最短的时间内逃离荒岛,若不能逃出,则输出守望者在剩下的时间内能走的最远距离。注意:守望者跑步、闪烁或休息活动均以秒(s)为单位。且每次活动的持续时间为整数秒。距离的单位为米(m)。

【输入格式】

输入仅一行,包括空格隔开的三个非负整数M,S,T。

【输出格式】

第1行为字符串"Yes"或"No"（区分大小写）,即守望者是否能逃离荒岛；

第2行包含一个整数,第一行为"Yes"（区分大小写）时表示守望者逃离荒岛的最短时间；第一行为"No"（区分大小写）时表示守望者能走的最远距离。

【输入样例1】

39 200 4

【输出样例1】

No

197

【输入样例2】

36 255 10

【输出样例2】
Yes
6

【数据规模】

对于30%的数据满足,$1 \leq T \leq 10, 1 \leq S \leq 100$;

对于50%的数据满足,$1 \leq T \leq 1000, 1 \leq S \leq 10000$;

对于100%的数据满足,$1 \leq T \leq 300000, 0 \leq M \leq 1000 \quad 1 \leq S \leq 10^8$。

【问题分析】

试题中出现了时间,我们可以考虑以时间为阶段。用opt[i]表示时间为i的时候守望者能走的最远距离,对于每个时间,守望者有3个选择:跑步、闪烁、停,当然每次决策时我们尽量要用闪烁法术。下面参考程序用了贪心和动态规划相结合来解决本题。

【参考程序】

```
1.  #include<bits/stdc++.h>
2.  using namespace std;
3.  int m,s,t,i,opt[300001];
4.  bool suc = false;
5.  int main() {
6.      freopen("escape.in","r",stdin);
7.      freopen("escape.out","w",stdout);
8.      cin >> m >> s >> t;
9.      for(i = 1; i <= t; i++)
10.         if (m >= 10) opt[i] = opt[i - 1] + 60,m -= 10;
11.         else opt[i] = opt[i - 1],m += 4;//全部使用闪烁法术
12.     for(i = 1; i <= t; i++) {
13.         opt[i] = max(opt[i],opt[i - 1] + 17);//看上一秒跑步是否更优
14.         if (opt[i] > s) {
15.             cout << "Yes" << endl;
16.             cout << i << endl;
17.             suc = true;
18.             break;
19.         }
20.     }
21.     if (!suc) {
22.         cout << "No" << endl;
23.         cout << opt[t] << endl;
24.     }
25.     return 0;
26. }
```

【例3】 传纸条(NOIP2008 提高组,message.cpp/.in/.out,1S,128MB)。

【问题描述】

小渊和小轩是好朋友也是同班同学,他们在一起总有谈不完的话题。一次素质拓展活动中,班上同学安排坐成一个 m 行 n 列的矩阵,而小渊和小轩被安排在矩阵对角线的两端,因此,他们就无法直接交谈了。幸运的是,他们可以通过传纸条来进行交流。纸条要经由许多同学传到对方手里,小渊坐在矩阵的左上角,坐标(1,1),小轩坐在矩阵的右下角,坐标(m,n)。从小渊传到小轩的纸条只可以向下或者向右传递,从小轩传给小渊的纸条只可以向上或者向左传递。

在活动进行中,小渊希望给小轩传递一张纸条,同时希望小轩给他回复。班里每个同学都可以帮他们传递,但只会帮他们一次,也就是说如果此人在小渊递给小轩纸条的时候帮忙,那么在小轩递给小渊的时候就不会再帮忙。反之亦然。

还有一件事情需要注意,全班每个同学愿意帮忙的好感度有高有低(注意:小渊和小轩的好心程度没有定义,输入时用 0 表示),可以用一个 0~100 的自然数来表示,数越大表示越好心。小渊和小轩希望尽可能找好心程度高的同学来帮忙传纸条,即找到来回两条传递路径,使得这两条路径上同学的好心程度之和最大。现在,请你帮助小渊和小轩找到这样的两条路径。

【输入格式】

输入第一行有 2 个用空格隔开的整数 m 和 n,表示班里有 m 行 n 列;

接下来的 m 行是一个 m * n 的矩阵,矩阵中第 i 行 j 列的整数表示坐在第 i 行 j 列的学生的好心程度。每行的 n 个整数之间用空格隔开。

【输出格式】

输出共一行,包含一个整数,表示来回两条路上参与传递纸条的学生的好心程度之和的最大值。

【输入样例】

3 3
0 3 9
2 8 5
5 7 0

【输出样例】

34

【数据规模】

对于 30% 的数据满足,$1 \leq m,n \leq 10$;

对于 100% 的数据满足,$1 \leq m,n \leq 50$。

【问题分析】

本题的大意是小渊从矩阵的左上角(1,1)只能向下或向右走到右下角(m,n),小轩从矩阵的右下角只能向上或向左走到左上角,求他们经过的位置上的最大数字之和。如果按题意,我们要找到合适的状态表述不太容易。我们可以换个思路,认为小渊和小轩同时从矩阵的左上角(1,1)只能向下或向右走到右下角(m,n)。假设小渊目前在(x,y)、小轩在(p,q),那么要表示两个人的状态,就容易想到用一个四维数组表示。我们以两人所走步数划分阶段,设 num[x][y] 为(x,y)位置上的数,opt[x][y][p][q] 表示小渊从左上角走到(x,y),

小轩同时从左上角走到 (p,q) 取得的最大数字之和,可以得到如下的状态转移方程:

$opt[x][y][p][q] = \max(opt[x-1][y][p-1][q], opt[x][y-1][p][q-1],$
$opt[x-1][y][p][q-1], opt[x][y-1][p-1][q])$
$+ num[x][y] + num[p][q]$
$(x \neq y \text{ 或 } p \neq q, 1 \leq x, p \leq m, 1 \leq y, q \leq n)$

$opt[x][y][p][q] = \max(opt[x-1][y][p-1][q], opt[x][y-1][p][q-1],$
$opt[x-1][y][p][q-1], opt[x][y-1][p-1][q])$
$+ num[x][y]$
$(x = y \text{ 且 } p = q, 1 \leq x, p \leq m, 1 \leq y, q \leq n)$

这么做,时间复杂度为 $O((m \times n)^2)$,但空间复杂度为 $O((m \times n)^2)$。

【参考程序】

```cpp
1.  #include<bits/stdc++.h>
2.  using namespace std;
3.  int m,n,num[55][55],opt[55][55][55][55];
4.  int main(){
5.      freopen("message.in","r",stdin);
6.      freopen("message.out","w",stdout);
7.      cin >> m >> n;
8.      for(int i = 1;i <= m;i++)
9.          for(int j = 1;j <= n;j++)
10.             cin >> num[i][j];
11.     for(int x = 1;x <= m;x++)
12.         for(int y = 1;y <= n;y++)
13.             for(int p = 1;p <= m;p++)
14.                 for(int q = 1;q <= n;q++){
15.                     opt[x][y][p][q] = opt[x - 1][y][p - 1][q];
16.                     opt[x][y][p][q] = max(opt[x][y][p][q],opt[x - 1][y][p][q - 1]);
17.                     opt[x][y][p][q] = max(opt[x][y][p][q],opt[x][y - 1][p - 1][q]);
18.                     opt[x][y][p][q] = max(opt[x][y][p][q],opt[x][y - 1][p][q - 1]);
19.                     opt[x][y][p][q] += num[x][y];
20.                     if (x != p || y != q)
21.                         opt[x][y][p][q] += num[p][q];
22.                 }
23.     cout << opt[m][n][m][n] << endl;
24.     return 0;
25. }
```

小渊和小轩从(1,1)同时出发只能向下或向右走,那么小渊和小轩的步数不管在什么位置都是一样的,也就是两个人行坐标与纵坐标之和相同。我们以步数划分阶段,假设小渊目前在(x,y)、小轩在(p,q),那么两个人的状态就可以用一个三维数组 opt[k][x][p]表示小渊从左上角走到(x,k − x),小轩同时从左上角走到(p,k − 1)取得的最大数字之和。时间复杂度优化为 $O((m + n) \times m^2)$,空间复杂度变为 $O((m + n) \times m^2)$。

【参考程序】

```
1.  #include<bits/stdc++.h>
2.  using namespace std;
3.  int m,n,opt[105][55][55],num[55][55],addnum;
4.  int main() {
5.      freopen("message.in","r",stdin);
6.      freopen("message.out","w",stdout);
7.      cin >> m >> n;
8.      for(int i = 1; i <= m; i++)
9.          for(int j = 1; j <= n; j++)
10.             cin >> num[i][j];
11.     opt[2][1][1] = num[1][1];
12.     for(int k = 3; k <= m + n; k++)
13.         for(int x = 1; x <= min(k - 1,m); x++)
14.             for(int p = 1; p <= min(k - 1,m); p++) {
15.                 if (x != p)
16.                     addnum = num[x][k - x] + num[p][k - p];
17.                 else
18.                     addnum = num[p][k - p];
19.                 opt[k][x][p] = max(opt[k - 1][x - 1][p],opt[k - 1][x - 1][p - 1]);
20.                 opt[k][x][p] = max(opt[k][x][p],opt[k - 1][x][p]);
21.                 opt[k][x][p] = max(opt[k][x][p],opt[k - 1][x][p - 1]) + addnum;
22.             }
23.     cout << opt[m + n][m][m] << endl;
24.     return 0;
25. }
```

贪心法和动态规划能够求解的问题都应是最优子结构问题,这两种方法都是通过将问题由大化小进行处理的,都属于计算思维中的递推和化归思想;主要区别在于前者递推过程中存在最优解的严格的包含关系,即小问题的最优解(称为局部最优解)一定严格包含在大问题的最优解(称为全局最优解)内,因此求解时不必考虑上一步的最优解直接"贪婪地"取当前的最优方案即可。但动态规划的最优解(全局最优解)当然也是某个局部最优,但在递推过程中当前的局部最优解不一定包含在全局最优解之内。因此针对这类问题不能采用贪心的方法,而应该将所有的局部最优解都记录下来。因此采用哪种方法正确而高效关键在于对问题属性的准确洞察。

小节练习

1.金明的预算方案(NOIP2006 提高组,budget.cpp/.in/.out,1S,128MB)。

【问题描述】

金明今天很开心,家里购置的新房就要领钥匙了,新房里有一间金明自己专用的很宽敞的房间。更让他高兴的是,妈妈昨天对他说:"你的房间需要购买哪些物品,怎么布置,你说了算,只要不超过 N 元就行"。今天一早,金明就开始做预算了,他把想买的物品分为两类:主件与附件,附件是从属于某个主件的,下表就是一些主件与附件的例子:

主件	附件
电脑	打印机、扫描仪
书柜	图书
书桌	台灯、文具
工作椅	无

如果要买归类为附件的物品,必须先买该附件所属的主件。每个主件可以有 0 个、1 个或 2 个附件。附件不再有从属于自己的附件。金明想买的东西很多,肯定会超过妈妈限定的 N 元。于是,他把每件物品规定了一个重要度,分为 5 等:用整数 1~5 表示,第 5 等最重要。他还从网上查到了每件物品的价格(都是 10 元的整数倍)。他希望在不超过 N 元(可以等于 N 元)的前提下,使每件物品的价格与重要度的乘积的总和最大。

设第 j 件物品的价格为 v[j],重要度为 w[j],共选中了 k 件物品,编号依次为 j_1,j_2,……,j_k,则所求的总和为:

v[j_1] * w[j_1] + v[j_2] * w[j_2] + … + v[j_k] * w[j_k]。(其中 * 为乘号)

请你帮助金明设计一个满足要求的购物单。

【输入格式】

输入共 m + 1 行:

第 1 行,为两个用空格隔开的正整数 N 和 m(其中 N(< 32000)表示总钱数,m(< 60)为希望购买物品的个数);

第 2 行到第 m + 1 行,第 j 行给出了编号为 j−1 的物品的基本数据,每行有 3 个非负整数 v、p、q(其中 v 表示该物品的价格(v < 10000);p 表示该物品的重要度(1~5);q 表示该物品是主件还是附件,如果 q = 0,表示该物品为主件,如果 q > 0,表示该物品为附件,q 是所属主件的编号)。

【输出格式】

输出只有一个正整数,为不超过总钱数的前提下,物品的价格与重要度乘积的总和的最大值(<200000)。

【输入样例】
1000   5
800 2 0
400 5 1
300 5 1
400 3 0
500 2 0
【输出样例】
2200

2. 能量项链(noip2006提高组,energy.cpp/.in/.out,1S,128MB)。

【问题描述】

在Mars星球上,每个Mars人都随身佩戴着一串能量项链。在项链上有N颗能量珠。能量珠是一颗有头标记与尾标记的珠子,这些标记对应着某个正整数。并且,对于相邻的两颗珠子,前一颗珠子的尾标记一定等于后一颗珠子的头标记。因为只有这样,通过吸盘(吸盘是Mars人吸收能量的一种器官)的作用,这两颗珠子才能聚合成一颗珠子,同时释放出可以被吸盘吸收的能量。如果前一颗能量珠的头标记为m,尾标记为r,后一颗能量珠的头标记为r,尾标记为n,则聚合后释放的能量为m×r×n(Mars单位),新产生的珠子的头标记为m,尾标记为n。

需要时,Mars人就用吸盘夹住相邻的两颗珠子,通过聚合得到能量,直到项链上只剩下一颗珠子为止。显然,不同的聚合顺序得到的总能量是不同的,请你设计一个聚合顺序,使一串项链释放出的总能量最大。例如:设N=4,4颗珠子的头标记与尾标记依次为(2,3)(3,5)(5,10)(10,2)。我们用记号⊕表示两颗珠子的聚合操作,(j⊕k)表示第j,k两颗珠子聚合后所释放的能量。则第4、1两颗珠子聚合后释放的能量为:(4⊕1)=10*2*3=60。这一串项链可以得到最优值的一个聚合顺序所释放的总能量为:((4⊕1)⊕2)⊕3)。

【输入格式】

输入共2行:

第1行是一个正整数$N(4 \leq N \leq 100)$,表示项链上珠子的个数;

第2行是N个用空格隔开的正整数,所有的数均不超过1000。第i个数为第i颗珠子的头标记$(1 \leq i \leq N)$,当i<N时,第i颗珠子的尾标记应该等于第i+1颗珠子的头标记。第N颗珠子的尾标记应该等于第1颗珠子的头标记。

至于珠子的顺序,你可以这样确定:将项链放到桌面上,不要出现交叉,随意指定第一颗珠子,然后按顺时针方向确定其他珠子的顺序。

【输出格式】

输出只有一行,包含一个正整数$E(E \leq 2.1 * 10^9)$,为一个最优聚合顺序所释放的总能量。

【输入样例】
4
2 3 5 10

【输出样例】
710

3. 传球游戏(NOIOP2008 普及组,ball.cpp/.in/.out,1S,128MB)

【问题描述】

上体育课的时候,小蛮的老师经常带着同学们一起做游戏。这次,老师带着同学们一起做传球游戏。

游戏规则是这样的:n 个同学站成一个圆圈,其中的一个同学手里拿着一个球,当老师吹哨子时开始传球,每个同学可以把球传给自己左右的两个同学中的一个(左右任意),当老师再次吹哨子时,传球停止,此时,拿着球没传出去的那个同学就是败者,要给大家表演一个节目。

聪明的小蛮提出一个有趣的问题:有多少种不同的传球方法可以使得从小蛮手里开始传的球,传了 m 次以后,又回到小蛮手里。两种传球的方法被视作不同的方法,当且仅当这两种方法中,接到球的同学按接球顺序组成的序列是不同的。比如有 3 个同学 1 号、2 号、3 号,并假设小蛮为 1 号,球传了 3 次回到小蛮手里的方式有 1→2→3→1 和 1→3→2→1,共 2 种。

【输入格式】

一行,包含两个用空格隔开的整数 n 和 m。

【输出格式】

1 个整数,表示符合题意的方法数。

【输入样例】

3 3

【输出样例】

2

【数据范围】

对于 40% 的数据,$3 \leq n \leq 30, 1 \leq m \leq 20$;

对于 100% 的数据满足,$3 \leq n \leq 30, 1 \leq m \leq 30$。